소통과 화합의
말하기 비결

늘 감동의 시간!
오늘을 사시기 바랍니다!

..............................에게

..............................드림

소통과 화합의 말하기 비결

초판 1쇄 인쇄 2013년 11월 05일
초판 1쇄 발행 2013년 11월 15일

지은이   김 옥 희
펴낸이   손 형 국
펴낸곳   (주)북랩
출판등록   2004. 12. 1(제2012-000051호)
주소   서울시 금천구 가산디지털 1로 168,
           우림라이온스밸리 B동 B113, 114호
홈페이지   www.book.co.kr
전화번호   (02)2026-5777
팩스   (02)2026-5747

ISBN   979-11-5585-068-8   03370(종이책)
           979-11-5585-072-5   05370(전자책)

이 도서의 국립중앙도서관 출판시도서목록(CIP)은 서지정보유통지원시스템 홈페이지(http://seoji.nl.go.kr)와
국가자료공동목록시스템(http://www.nl.go.kr/kolisnet)에서 이용하실 수 있습니다.
(CIP제어번호 : 2013022847)

소통과 화합의 말하기 비결

김옥희

말 살림살이, 말 살림꾼

이영목

서울대학교 불어불문학과 교수

우리말로 흔히 '경제'라고 번역되는 단어 'economy'는 라틴어 'oeconomia'에서 왔고, 이 라틴어 단어 역시 고대 그리스어인 'οἰκονομία'(oikonomia)에서 유래했다. 그리고 후자는 'οἶκος'(집)와 'νόμος'(법)이라는 두 단어의 합성어다.

따라서 어원적으로 'economy'란 '가정을 현명하게 다스리는 일', 보다 간단히 말하면 '살림살이'를 뜻하는 말이었다.

살림살이를 잘하려면 알뜰해야 할 필요가 있기에 이 단어에 '검약'이라는 뜻이 덧붙여졌고, 다른 한편으로는 가정의 체계를 제대로 파악해야 할 필요가 있기에 '구조'라는 뜻이 더해졌다.

또한 살림살이는 개별 가정만이 아니라 가정들의 집합체인 국가에도 필요한 일이기에 'πόλις'(polis)의 살림살이를 뜻하는 단어인 'political economy'라는 단어도 생겨났다.

그런데 단어들이 여러 뜻을 가지다 보면 원래 가졌던 뜻이 때로는 잊혀지고,

또 외국의 개념을 가져다 우리말로 옮겨 쓰는 데는 언제나 한계가 있기 마련이기에, '정치 경제학'이라는 단어를 보고 과연 이것이 '정치(精緻)' 경제학인지, 아니면 '정치(政治)' 경제학인지 헷갈리는 경우가 생겨나기도 하고, 그것이 '정치(政治)' 경제학이라고 하니 과연 그것은 어떤 정치적 성향을 꼭 표현해야 한다는 말인가 하고 어리둥절해지기도 한다. 그리고 '경제학'과 '경제'가 가정의 문제가 아닌 국가의 문제처럼 생각되다 보니, 잘 따져보면 동어반복에 불과한 표현인 '가정 경제'(domestic economy)라는 단어마저 생겨나게 되었다.

인문학을 공부하고 가르치면서, 낱말 하나하나가 가지고 있는, 또는 가졌던 그 구체적인 뜻이 무엇인지 배우는 것이 인문학에서 가장 중요한 일이라는 것을 늘 깨닫게 된다. 'acharnement'이라는 단어를 하나 더 예로 들어보자. 학생들 대부분은 그저 '맹렬, 격렬', 또는 '열의'라는 사전에 주어진 추상적인 의미만을 기계적으로 암기한다. 그러나 그들에게 이 단어가 '살' 또는 '고기'를 뜻하는 'charn-' 또는 'carn-'에서 나왔고, 사냥개에게 고기 맛을 조금 보여줌으로써 사냥터에서 개의 투지를 북돋아주는 관습에서 나왔다고 설명해주면, 학생들은 '아!'하고 고개를 끄덕인다. 그리고 또 그 'carn-'라는 같은 어원에서 '고기를 먹는'이라는 뜻의 'carnivore', 또 고기를 먹는 것을 감사한 축제, 즉 사육제라고 번역되는 'carnival'이라는 단어들이 나왔다고 알려주면, 단어의 구체적 의미뿐만 아니라 여러 단어들이 가진 연관성도 파악하게 된다.

말의 참뜻이 모호해지는 것은 단지 추상적인 학문 세계와 관련된 문제만은 아니다. 그것은 우리들의 구체적인 삶에 직접적인 영향을 미친다.

'경제'가 '가정을 현명하게 다스리는 일' 또는 '살림살이'라면 우선 사람을 '살리는' 일에 전념해야 할 텐데, 과연 오늘날의 경제학이, 그리고 오늘날의 세계 경제 체제가 그 어원적 의무에 충실하고 있다고 믿는 사람이 얼마나 될까?

저자 김옥희의 작업은 낱말의 결과 짜임새를 살피고 그 원래의 뜻, 참뜻으로 거슬러 올라가는 일이다. 이는 지쳐 쓰러져가는 말에 힘을 주고 참뜻을 살리는 일, 말의 살림살이다. 그리고 그 살림살이는 그 원래 본분인 사람을 알고 살리는 일에 충실하다. 그런 의미에서 이 책의 핵심은 '집안 살림', '나라 살림'의 정신적 뿌리인 '말 살림살이'이며, 저자야말로 진정한 '말 살림꾼'이라고 정의하고 싶다.

25년이 넘는 동안 우리말로 '소통' 과 '화합' 강의를 하며
개인적인 고통을 통해 나름대로 깨달은 것을 정리했습니다.

말하기 지도를 하며
'무슨 말을 어떻게 표현하게 해야 할까?'
늘 고민했습니다.

'걱정과 근심이 없다는 밝은 땅' 배달에 말을 걸어
발표를 걱정하는 모든 사람들을 위로하며
발표에 대한 걱정과 근심,
불안과 긴장을 없애려고 노력했습니다.

모두들
마음을 낮추고 겸손하게 하하하(下下下),
너무 잘하겠다는 감정을 비우고 자유롭게 허허허(虛虛虛),
그리고 어떤 말하기 경우에도 좋아하며 호호호(好好好),
자신의 좋은 기운을 뿜어내는 기쁨으로 희희희(喜喜喜),
있는 그대로의 마음을 담담하고 떳떳하게
웃으며 표현할 수 있기를 바랍니다.

말할 때 많이 긴장하는 분들,
두려워하고 불안해하는 분들에게
이 웃음소리 하하하, 허허허, 호호호, 희희희가
소통과 화합의 단초라는 귀띔부터 합니다.

이 책을 읽고
모든 사람의 마음이 평화로워서
참말, 옳은 말, 할 말을 하며
홀가분한 마음으로 사랑을 펼치고
복된 삶을 영위하기를 기도합니다.

술이부작(述而不作)을 생각하며
저의 능력으로 표현하기보다는
선지자(先知者)가 섬세하고 적나라하게 묘사하였기에
말과 지혜를 넓히고자 그들의 서술을 삽입하였습니다.
은혜를 입었음에 고개 숙입니다.

언덕(言德)을 바라며
理安 김옥희 두 손 모읍니다.

제1부
소통

제1강

경청 - 결코 소극적일 수 없는 듣기

나의 정보를 소개

흰노루귀: 곽성근

" 경청 - 결코 소극적일 수 없는 듣기 "

요즘 신문에서 말하기 듣기는 잘하지만 소통은 모르는 아이,

덧셈 뺄셈은 잘하지만 나눔은 모르는 아이,

마음을 먼저 공부해야 하는 인성을 위한 광고를 보면서 많은 생각을 하게 됩니다.

그리고 실제로 모두가 다 소통과 나눔을 모르는 것은 아니라 할지라도 일반적으로 공감되는 소통과 나눔을 생각하게 됩니다.

우리의 말은 소통하고 공감하고 교감하며 화합하기 위해서, 해야만 합니다.

공자는 "아침에 도(道: 방법을, 말씀을)를 들으면 저녁에 죽어도 좋다(朝聞道夕死可矣)(논어 里仁편)"고 하셨습니다. 공자께서 아침에 듣고 저녁에 죽어도 좋을, 그토록 듣고 싶었던 말은 무엇이었겠습니까?

〈듣기〉에 대해 생각해 보는 시간을 가졌으면 좋겠습니다.

대부분의 사람들은 듣기가 말하기보다 소극적이라고 생각합니다.

그러나 듣지 않고 말하기가 어렵습니다. 상대의 말을 잘 듣는 것이 참으로 소중합니다.

성인 성(聖)자를 살펴보면,

소통과 화합의 듣기 비결 1

성인 성(聖)=귀 이(耳)+드리다. 드러내 보이다 정(呈)

먼저 귀를 드러내서 드린다는 뜻입니다. 성인이 된다는 것은 남에게 귀를 드러내 보임으로써 '말을 듣는다'는 형상입니다. 귀가 순해진다는 것은 남의 말을 제대로 듣는데 방해가 되었던 내 마음속의 장애물이 사라졌다는 뜻입니다.

경청(傾聽)이라는 뜻을 사전에서 찾아보면, "귀를 기울여 주의 깊게 듣다, 남의 말을 귀 기울여 주의 깊게 들음"입니다.

기울 경(傾)자를 살펴보면,

소통과 화합의 듣기 비결 2

기울 경(傾)=사람(亻)+비수 비(匕)+머리, 목, 목덜미 혈(頁)

상대가 말할 때에 대충 들어서는 안 됩니다. 대충은 인생을 망가지게 하는 큰 벌레(大蟲)입니다. 사람의 말이 비수가 되는 경우가 많습니다. 잘 들어야 합니다.

들을 청(聽)자를 살펴보면,

소통과 화합의 듣기 비결 3

들을 청(聽)=귀 이(耳)+임금 왕(王)+열 십(十)+눈 목(目)+하나 일(一)+마음 심(心)

귀를 왕보다 더 높이 드러내고 열 개의 눈을 한 마음으로 모으는 것이 듣는 것입니다.

집중해서 들어야 하는 것입니다. 귀가 두 개인 것은 좋은 말도 듣고 나쁜 말도 들을 수 있어야 한다는 의미입니다. 그런데 좋은 말도 나쁘게 듣는 경우가 있습니다. 칭찬도 욕처럼 듣는 것은 어리석음입니다. 나쁜 말도 그 사람의 입장을 생각하고 좋게 듣는 것이 지혜입니다. 집중해서 들어야 합니다.

그래야만 말할 수 있습니다.

듣고 말하기!

사람 관계에서 무엇보다 먼저 고려되어야 할 것은 상대방의 마음입니다.

상대방의 마음에 무엇이 담겨 있는지, 마음으로 진정 원하는 것이 무엇인지 알아야 거기에 어울리는 대응을 할 수 있습니다. 상대방의 마음을 잘 읽고 이해하기 위해서는 상대방의 말을 잘 듣는 길밖에 없습니다.

독일 작가 미하엘 엔데의 『모모』는 기적과 신비가 가득 찬 상상의 세계로 독자들을 인도하는 시간을 훔치는 도둑과 그 도둑이 훔쳐간 시간을 찾아주는 한 소녀에 대한 이상한 이야기로 모모와 친구들, 회색신사, 거북 카시오페이아 등이 등장합니다.

말하기보다 듣기에 능한 주인공 모모의 귀 기울임(경청)은, 자기 자신에 대해 절대 밝히지 않는 사람마저 진실을 말하게 할 정도입니다. 모모는 언제나 진심을 다해 사람들의 이야기를 들어주기만 할 뿐 어떤 답도 제시하지 않습니다. 하지만 사람들은 모모에게 이야기를 하면서 스스로 답을 찾고, 모모의 친구가 되며, 자신도 모르게 행복하고 긍정적인 생각을 갖게 됩니다. 모모가 이 소설의 주인공일 수 있었던 이유입니다. 경청(傾聽)은 '귀를 기울여 들음'을 말합니다.

'귀 기울여 듣는 행위'는 상대방에 대한 예의이자 배려입니다. 커뮤니케이션 전문가인 윌리엄 장은 효과적인 경청 방법으로 'YF & 6:4원칙'을 제시합니다. 'YF'는 'You First'로 상대방에게 말할 기회를 먼저 부여하면서 60% 이상을 말하게 하여 상대방에게 말할 기회를 충분히 주고 자신은 30~40% 이하로만 말한다는 전략으로 '말 잘하는 사람은 잘 듣는 사람(Best speaker is a best listener)'이란 서양 속담과 일치합니다. 우리 격언에도 '말 배우는 데 2년, 침묵 배우는 데 60년'이란 말이 있습니다. 그러므로 인간은 본능적으로 자신의 말을 잘 들어주는 사람을 좋아하게 마련입니다.

♣ 잘 들었는가?

1. 내용을 예측하며 들었는가?

2. 주요 내용을 메모하며 들었는가?

3. 믿을 만한 내용인가?(신뢰성)

4. 내용이 옳은가?(타당성)

5. 보편적으로 받아들일 수 있는 내용인가?(객관성)

6. 논리적이며 공평타당한가?(공정성)

7. 상황, 주제, 대상 등에 알맞은가?(적절성)

8. 과정적, 결과적 측면에서 이용 가치가 높은가?(효율성)

🍀 나의 듣기 태도 점검

- 나는 다른 사람의 말을 들을 때 뭔가 들을 만한 것이 반드시 있다고 생각하며 듣는가?
- 나는 중심생각이나 원리, 개념에 주의하며 듣는가?
- 나는 이해하기 어렵거나 어려운 내용도 열심히 들으려고 노력하는가?
- 나는 화자를 판단하기에 앞서 일단 그 사람의 말을 끝까지 들으려고 노력하는가?
- 나는 다른 사람의 말을 들을 때 미리 넘겨짚고서 반박할 궁리를 하고 있지는 않는가?
- 나는 화자의 말보다는 화자의 용모나 말솜씨 등에 더 신경을 쓰지는 않는가?
- 나는 들은 내용의 모든 것을 객관화하거나 평가하려고 하지는 않는가?
- 나는 다른 사람의 느낌이나 생각에는 주의를 기울이지 않고, 사실만 듣고자 하지는 않는가?
- 종합적으로 볼 때, 나는 좋은 청자라고 생각하는가?

크리스토퍼 리더십 이야기

〔경청〕 **마음으로 이해함.**

1. 경청하는 사람으로부터 받은 감동과 느낌
2. 경청함으로 얻은 깨달음과 오해의 해소
3. 상대 없는 경청인 독서로부터 얻은 삶의 지혜
4. 경청하고 싶은 이야기와 경청하기 싫은 이야기가 주는 의미
5. 자기 내면의 목소리에 경청함으로써 깨달은 자기의 참모습

" 나의 정보를 소개 "

가슴이 두근두근!

두근두근이 설렘이 될 수 있도록 최선을 다하겠습니다.

"화려하지 않아도 좋다. 평범해도 좋다."

사람은 누구나 여러 사람 앞에 서서 말하려고 하면 갑자기 자존감이나 자긍심, 자신감이 나 몰라라 하고 숨어버려서 얼굴이 붉어지고 가슴이 두근거리며 손에 땀이 나기 시작하거나 머릿속이 하얗게 되거나 앞이 캄캄해져서 정신을 못 차리고 얼떨떨해지면서 얼간이가 되려고 합니다. 당신은 이미 본능적으로 아는 것입니다.

첫인상의 특징은,

첫째, 한 번뿐이다.

둘째, 신속하다.

셋째, 일방적이다.(자기 마음대로 판단한다.)

넷째, 자기 상상과 연상을 한다.

그래서 첫인상은 준비해야 합니다. 첫인상은 겉모양을 보기에 얼굴 표정이 중요합니다. 첫인상이 각인이 되어 잘못 전달되면 평균 40시간을 투자해야 바뀐다고 합니다. 사람의 이목구비를 보는 것은 이성이고, 표정은 감성이기 때문에 미소하면 첫인상을 좋게 봅니다.

> 독일의 호이젤 박사가 실험한 결과, 목마른 사람에게 화난 사람 사진을 50분의 1초 간격으로 보여준 다음 물을 주면서 얼마를 기부하겠느냐고 물었을 때는 평균 10센트, 웃는 사진을 보여주고 기부 액수를 물었더니 평균 38센트였다고 합니다.

사람들은 밝은 것을 좋아합니다. 5, 6초 지나면 민망하게 됩니다. 일생에 단 한 번만 나를 보는 사람도 있을 것입니다. 그 한 번 보는 사람에게 우는 모습으로 기억되고 싶지는 않겠죠? 환하게 웃는 모습 연습하시기 바랍니다.

호감의 법칙은,

첫째, 생각이 통해야 하고

둘째, 느낌이 통해야 하고

셋째, 말이 통해야 합니다.

♣ 말이 안 통하는 예

- 빨래 개줘요(개켜주십시오). - 개를 줬다.

- 커튼 좀 쳐줘. - 커튼을 툭툭 쳐 준다.

- 세탁기 좀 돌려. - 낑낑대며 세탁기를 돌리고 있었다.

- 이것은 무슨 곡이에요? - 돼지고기.

용기를 내십시오.

요즘 광고에 나오던 용기 아시죠?

누군가가 할 거면 내가!

언젠가 할 거면 지금!

크리스토퍼 리더십 이야기

〔자아개방〕 **마음을 열고 다가감.**

1. 감추고 싶은 허물의 고백

2. 열린 마음으로 다른 이에게 받은 느낌

3. 솔직하지 못하여 후회되는 일

4. 자기답게 살아가는 모습

5. 진지한 대화를 통하여 이룬 화해

화나게 -환하게

'환하게'를 짧게 발음하면 '화나게'가 됩니다. 입을 크게 벌리고 가슴을 활~짝 펴고 화내지 말고 화~안하게 자기소개 비결을 말씀드리겠습니다.

🍀 자기소개 요령

자기소개는 인간관계의 시작이자, 사회생활의 기본입니다.

21세기는 자기표현의 시대요, 자기PR의 시대입니다. 입시, 취직, 사회생활의 성패가 모두 자기소개에 달려있다 해도 과언이 아닙니다.

PR에 대한 해석도 달라졌습니다. '피할 것은 피하고 알릴 것은 알리는'시대에서 지금은 '피 터지게 알려야'하는 시대입니다.

한 번 익혀 평생 써먹는 자신만의 PR방법을 익혀두는 것도 좋습니다.

"안녕하십니까?"

이어지는 자기소개는 나무의 그림을 연상하며 이어가도록 한다.

말의 순서가 짜이면 전개가 부드러워진다.

- 나무의 큰 기둥: 이름
- 큰 가지: 소속
- 잔가지: 취미나 특기, 관심사
- 잎: 현재의 느낌, 바람이나 다짐의 말

🍀 이름 소개하는 방법

1. 자신을 드러내는 문구를 마련하라.

　개성 있는 인사로, 자신의 이름에 수식어를 붙여라.

1) 여러분! 반갑습니다. 신선한 바람과 같은 남자, 아무개입니다.

　만나서 반갑습니다.

2) 인기 있는 사람보다는 인정받는 사람이 되고 싶은 남자, ○○○입니다.

　만나서 대단히 반갑습니다.

3) 반갑습니다. 이 시대 마지막 휴머니스트!

　가슴이 뜨거워 정이 넘치는 여자(남자) 아무개입니다.

4) 신세대의 선두주자, 톡톡 튀는 성격의 주인공!

　할 수 있다는 신념으로 항상 노력하는 멋쟁이 정일품입니다.

5) 레몬의 향기가 빛나는 산소 같은 여자, ○○○입니다.

6) 금방 봐도 또 보고 싶다, 자신감이 넘쳐서 하루가 짧은 여자(남자)

　아무개입니다.

7) 먹구름 속에서도 태양은 빛난다. 항상 희망이 샘솟는 여인 ○○○입니다.

8) 항상 감사하며 살아가는 여자(남자) 아무개입니다.

2. 이름을 이야기로 말하기

1) 삼행시 짓기

　홍: 홍수처럼 디지털이 난무하는 시대

　길: 길 위에서 아날로그적인 감성으로

　동: 동감을 끌어낼 수 있는 홍길동입니다.

2) 이름에 대한 유래, 이름에 얽힌 사연

3) 별명, 돌림자, 자기가문의 유명한 조상 등

3. 자신의 취미나 특기를 구체적으로 이야기하는 것도 좋다

　　예〉 영화 관람, 등산, 운동, 독서 등

자기소개는 짧게는 이름 석 자에서 길게는 자서전 같은 책이 될 수도 있습니다.

자기소개는 집단을 구성하고 있는 구성원 사이에서 이루어지는 의사소통의 한 방법으로 만난 지 얼마 안 되어 나를 잘 모르는 사람에게 내가 어떤 사람인지를 짐작하게 해 주고, 나에 대한 편견을 없애기 위해 필요한 활동입니다.

나와 관련된 많은 정보 가운데 어떤 정보를 어떻게 전달할 것인가를 결정해야 합니다.

이를 위해 먼저 해야 할 것은 자기 자신에 대해 정확하게 알고 자기 이해와 자기수용과 자기개방을 해야 합니다.

1. 자신이 가진 장점과 단점, 그리고 특기에 대해 말합니다.

2. 다른 사람(친구나 가족)이 보는 나의 장점과 단점에 대해 들어 봅니다.

국어사전에서 소개(紹介)를 찾아보면,

"알려 주어 연결해 주다, 잘 알고 있지 못하거나 알려지지 않은 것을 설명하여 알려 줌"이라고 기록되어 있습니다.

'이름'은 거기에 이른다는, 도착한다는 뜻입니다. '자'란 지금의 성인식에 해당하는 관례를 할 때 지어주는 또 다른 이름이고, '호'는 본명이나 자 이외에 허

23

물없이 부르기 위해 짓는 이름으로 대부분 남이 지어 주지만 스스로 짓는 경우도 있습니다. '휘'는 돌아가신 높은 어른의 이름을 말합니다.

'휘호'는 예전에, 왕비(王妃)가 죽은 후에 그 덕을 기리는 뜻으로, 시호(諡號)와 함께 올리는 칭호를 이르던 말입니다. '시호(諡號)'는 예전에, 임금이나 정승, 유현(儒賢)들이 죽은 뒤에 그들의 공덕을 칭송하여 주던 이름을 말합니다.

♣ 자기소개의 핵심

첫째, 출신과 성장 배경은 간략하되 재미있고 뼈대가 잘 부각되게 말한다.

둘째, 꿈을 실현하기 위해 이제까지 준비한 것, 앞으로 노력할 것들을 말한다.

셋째, 삶의 목표와 지원한 회사의 일을 수행하는 것 사이의 상관관계를 설명한다.

넷째, 일과 관련한 단점 중 치명적이지 않은 부분을 밝히고 극복방안을 제시한다.

♣ 자기소개 공식

'이사하는 계획, 가족 자랑 끝'

상황에 따라 소개하는 내용과 순서는 달라지지만, 대개 다음의 내용을 담아서 자기소개를 합니다.

• 먼저 소속과 이름을 말한다.

- 인사와 감사의 말을 한다.

- 때에 따라 하는 일이 무엇인지 간략히 말한다.

- 미래의 계획, 소망, 꿈, 각오 등을 말한다.

- 모임의 성격에 따라 가족관계를 말할 수도 있다.

- 특별히 남과 다른 점, 부각시키거나 내세우고 싶은 점을 말한다.

- 끝마무리를 한다.

이런 내용으로 말하되 제시된 순서를 그대로 지킬 필요는 없습니다.

이것을 머리에 떠올리려면 '이사하는 계획, 가족 자랑 끝' 이라고 외워 두기를 권합니다.

'이름 - 인사 - 하는 일 - 계획 - 가족관계 - 자랑(내세울 것) - 끝마무리' 의 줄임말입니다.

- 조관일, 『 멋지게 한 말씀』 에서

🍀 간단한 자기소개 요령

첫째, 나만의 핵심어를!

1분 자기소개를 준비할 때 가장 좋은 방법은 자신에 대한 핵심어를 정리해 나가는 것입니다. 출신학교, 전공, 동아리활동, 해외경험 등 본인만의 경험들을 찾아 나열해 보면 분명 아주 다양한 핵심어들이 만들어질 텐데 이 중에서 가장 잘 맞는 경험을 살려 핵심어를 만드시기 바랍니다.

둘째, 정보 수집!

지원하는 곳의 정보에 대해서는 미리미리 알아두는 것이 좋습니다.

셋째, 시간조절!

보통 많은 지원자들이 실수하는 것 중의 하나가 너무 많은 장점들을 드러내려고 하다 보니 이야기가 길어지고 지루하게 될 수 있습니다. 너무 과하지도 부족하지도 않을 만큼 평소에 시간에 맞춰 연습하여 시간조절을 잘하십시오.

🍀 예문을 이용한 1분 자기소개 비결

어떤 일을 하든지 가장 중요한 것은 자신의 스타일을 찾는 것이지만 처음부터 자신의 스타일을 찾는 것은 불가능합니다. 그렇기 때문에 인터넷에 떠도는 많은 예시들과 예문들을 이용하셔야 보다 멋진 1분 자기소개를 완성할 수 있는 것입니다. 그 방법으로는 여러 가지가 있는데 한번 알아보도록 하겠습니다.

첫째, 명언과 글귀를 이용하십시오!

유명한 명언이나 글귀를 사용하면 좀 더 힘 있고 강하게 자신의 장점을 표현할 수 있습니다. 너무 과한 자기자랑보다는 실패를 통한 이야기나 경험들을 짧게 말하는 방법을 찾아보시기 바랍니다.

둘째, 근거를 제시하십시오.

자신을 소개하면서 장점을 이야기한다면 그에 맞는 근거를 꼭 제시하시기 바랍니다. 세세하게보다는 간단하게 궁금증을 유발할 수 있게 해준다면 더 좋습니다.

셋째, 목소리 크기를 조절하십시오.

목소리 크기도 아주 중요합니다. 너무 큰 소리로 온 힘을 다해 자기를 소개하면 역효과를 낼 수 있습니다. 너무 크지도 너무 작지도 않은, 적당한 소리를 유지할 수 있도록 평소에 연습해두는 것이 좋겠습니다.

♣ 1분 말하기 예문을 통해, 개인이나 단체가 대중의 관심을 끌기 위해 어떤 사실을 널리 알리는 방법

취업전문사이트의 통계정보로 보았을 때 면접에서 가장 중요한 것은 바로 첫인상이었습니다. 외부적인 요소의 첫인상이야 자신을 꾸미고 가꾸는 것에서부터 시작되지만 그를 바꿀 수 있는 부분이 바로 목소리 그리고 행동입니다.

- 절망스러운 상황은 없다. 절망한 사람만 있을 뿐이다. - 클레어 루스

  예문1) 주어진 상황은 누구나 비슷하다고 생각합니다. 저는 클레어 루스의 "절망스러운 상황은 없다. 절망한 사람만 있을 뿐이다"를 생각합니다. 어떤 상황에서도 낙관적으로 보며 열심히 하겠습니다.

- 하늘은 스스로 돕는 자를 돕는다. - 스마일즈

  예문2) 저는 하늘은 스스로 돕는 자를 돕는다고 생각합니다. 제가 할 수 있는 최선을 다하고 나서는 결과에 연연하지 않습니다. 스스로 최선을 다했다고 생각하고 나면 남이 보는 결과는 좋지 않더라도 저 자신이 성장했음을 알 수 있습니다. "하늘은 스스로 돕는 자를 돕는다"고 생각합니다.

- 믿음은 바라는 것의 실상이다. - 성경말씀

  예문3) 성경말씀에는 "믿음은 바라는 것의 실상이다"고 했습니다. 제가 믿고 있다는 것을 알아주십시오.

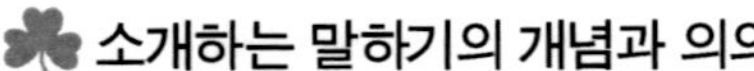
🍀 소개하는 말하기의 개념과 의의

1. 소개하는 말하기의 개념

소개하는 말하기는 청자에게 대상에 대한 정보를 처음으로 알려 주는 말하기입니다.

2. 소개하는 말하기의 의의

무엇인가를 소개하는 것은 자신이 알고 있는 것을 다른 사람에게 알려 주는 것입니다. 이를 통해 듣는 이는 잘 몰랐던 것을 알게 될 뿐만 아니라 상대방의 이야기를 나눔으로써 서로의 관계 또한 돈독하게 할 수 있습니다.

상대방에게 몰랐던 것을 알게 해 주는 정보 전달의 역할을 하며 말하기를 통해 서로의 관계를 돈독하게 형성할 수 있게 도와주는 역할을 합니다.

🍀 소개하는 말하기의 과정과 예

1. 관련 있는 내용 선정하기: 인물의 이름, 외모, 별명, 성격, 관련 일화, 특기 등
2. 내용 조직하기: '처음 - 중간 - 끝' 의 구성 단계에 맞추어 내용 조직하기, 대상의 특성에 따른 내용 조직 방법

   1) 시간의 흐름에 따라: 인물의 일생 소개하기

   2) 과정과 단계에 따라: 음식 만드는 법 소개하기

   3) 원인과 결과에 따라: 과학적 현상 소개하기

   4) 공간적 순서에 따라: 관광지 소개하기

3. 인상적인 표현 만들기: 별명, 특기 등을 비유적인 표현으로 만들어 보기

4. 내용 정리하기: 인상적인 표현을 활용하여 글로 써 보기

5. 소개하기: 친구들 앞에서 적절한 몸짓과 목소리로 발표하기

🍀 소개하는 말하기의 일반적인 내용 조직

1. 처음: 전체적인 안내나 들어가는 말로, 소개하는 대상을 제시하는 부분
   이다.
2. 중간: 본격적으로 자기가 이야기하고자 하는 내용을 포함하는 중심 부분
   이다. 소개할 대상에 대한 특징 설명, 소개할 대상에 대한 생각이 들어갈
   수 있다.
3. 끝: 마무리하는 내용으로, 소개한 이후의 바람이나 끝 인사가 들어갈 수
   있다.

🍀 소개하는 말하기의 유의점

대상의 특성이 잘 드러나도록 대상에 따라 내용을 조직한다.
1. 인물 소개하기: 소개할 사람의 이름, 나와의 관계, 특징, 취미, 특기 등으로
   조직함.
2. 책, 영화 소개하기: 책이나 영화의 제목, 줄거리, 가장 인상적인 내용,
   책이나 영화에 대한 느낌 등으로 조직함.

1) 듣는 이가 인상 깊게 기억할 수 있도록 해설을 붙여 대상을 소개한다.

2) 적절한 어휘나 문장 표현을 사용하여 표현한다.

3) 반언어적 표현(목소리의 크기와 높낮이)과 비언어적 표현(눈빛, 몸짓)에 유의하며 말한다.

4) 사진, 그림, 동영상 등의 보조 자료를 활용한다. 소개할 때에는 자신을 알리는 데 도움이 되는 내용들을 자유롭게 생각하고, 듣는 이들에게 깊은 인상을 주기 위해서는 어떤 내용을 주로 소개하는 게 좋을지 생각해 본다.

🍀 친구 소개하기

- 친구의 별명 사용하여 소개
- 친구와의 일화 사용하여 소개
- 비유적인 표현의 효과
  예) 생글이 유민지
  　　배려하는 착한 마음씨
  　　마법의 손을 가진 친구

🍀 책을 소개하는 말하기의 내용 구성

- 책을 읽게 된 동기 및 이유
- 책에 대한 간단한 소개 및 작가 소개
- 책의 수상 내역
- 책의 내용 및 줄거리
- 책에 대한 해설
- 가장 기억에 남는 구절
- 책에 대한 나의 평가
- 책을 읽고 난 후의 감상
- 책이 나에게 미친 영향

- 『중학교 1학년 1학기 국어 자습서』 에서

존 맥스웰은 그의 저서 『성공한 사람들의 태도 101』에서 애티튜드(attitude)가 성공의 핵심이라고 역설했습니다. 애티튜드란 각 개인의 인생관은 물론 대인관계와 '성공과 실패의 유일한 차이'를 일으키는 것이라 얘기하고 있답니다.

진대제 전 정보통신부 장관 또한 삶의 변화에 있어 '애티튜드'가 중요함을 역설한 바 있습니다. '인생은 마음먹기에 달려 있다. 애티튜드에 따라 당신의 인생은 100점짜리가 될 수 있다'는 말들을 강조했습니다. 다시 말해 애티튜드가 좋지 않으면 거꾸로 그 인생은 0점짜리 인생이 될 수도 있다는 뜻이기도 합니다.

애티튜드란 라틴어 '앱투스(aptus)'에서 유래된 단어로 '준비' 또는 '적응'이라는 의미를 가진 말이라고 합니다. 올포트라는 학자는 '애티튜드란 어떤 사람에 대하여 특정한 방식으로 생각하고 느끼고 행동하는 학습된 성향이다'고 하며, 분석

심리학자 융은 '어떤 특정한 방향으로 행동하거나 반응하는 정신의 준비태세'라 합니다. 이는 다른 사람들이 각 사람의 애티튜드를 보고 그 사람을 평가하는 것으로 생각하면 될 것 같습니다.

다시 말해 애티튜드란 어떠한 행동을 하기 위한 준비상태이고, 준비상태 중에서도 마음이 몸보다는 우선이라는 '마음과 몸의 표현'이라 할 수 있습니다. 그래서 혹자는 애티튜드를 우리말로 풀이하기를 '마음과 몸의 가짐'이라고도 하며, 후천적 노력을 통해 얻을 수 있고 학습과 경험을 통해 얼마든지 바꿀 수 있습니다.

인생을 100점짜리로 만들기 위한 조건은 영어 알파벳의 A, B, C, D…… 순서에 따라 A는 1점, B는 2점, C는 3점…… Y는 25점, Z는 26점으로 점수를 매기고, 관련 있는 단어들의 점수를 매겨보면 참 재미있는 현상을 볼 수 있습니다.

운(luck=47점)

돈(money=72점)

리더십(leadership=89점)

열심히(Hard work=98점)

지식(knowledge=96점)

그렇다면 마음먹기 즉 애티튜드(attitude=100점).

인생은 마음먹기에 따라 100점이 될 수 있답니다. 이것이 인생을 만드는 작은 진실이라면 즉 마음먹기 태도는 인생의 모든 것입니다.

봄입니다. '보다'의 명사형 봄!

우리 모두 좋은 것만 보며 긍정적인 체인지(((體仁知)하시기 바랍니다.

인생은 B to D.

어떤 이는 B(Birth)태어남과 D(Death)죽음 사이에 C(Choice)선택이 있다고 합니다.

또 어떤 이는 Change(변화)가 있다고 합니다. 구체적인 변화는 체인지(體仁知)라고 합니다.

변화하려면,

나의 몸이 어떤 장소에 있는가?

내가 이루고자 하는 그 일이 있는 곳에 내 몸이 있는가?

내 꿈을 위해 어떤 사람을 만나고 있는가?

그리고 그의 입장이 되어서 이해하는가?

어떤 책을 읽고 무엇을 알고자 하는가?

이런 것을 알아야 할 것입니다.

실컷

실컷 해서는 안 됩니다.

바람은 희망을 말합니다. 우리는 욕망의 노예입니다. 내 속을 시원하고 말끔하게 치워놓고 희망을 맞아 들여야 합니다. 재미있고 좋은 것은 무엇이든지 실컷 해보고 싶어 하고, 실컷 누려보고 싶어 하고, 실컷 먹어보려고 합니다.

그런데 양(量)은 정해져 있습니다.

그토록 맛있는 것도 일정 양을 먹고 나면 배가 터질 것 같고 급기야 배탈이 나기도 합니다. 그토록 자고 싶은 잠도 이틀을 자고 나면 허리가 아픕니다.

늘 정량(定量)을 벗어나다가 탈이 납니다.

실컷 해보는 것은 금방 싫증나기에 올바른 삶이 아닙니다. 자제하고 절제하는 삶을 살아야 돋보입니다. 자신의 돈으로 실컷 자신의 몸을 먹이고 입히고 하는 것이 무엇이 문제냐고 하겠지만 결국 자신의 삶을 해롭게 하기에 실컷은 하지 말아야 합니다. 절제하고 자제해야 합니다.

싫음은 욕망이란 뜻입니다. 싫음(욕망)이 없어지면 시름(번뇌)도 없어집니다. "나쁜 듯이 먹어라"가 맞는 말입니다. 조금 부족한 듯이 먹는 것이 좋습니다.

흔히 욕심(慾)은 줄이고 의욕(欲)은 가지라고 합니다. 욕(慾)과 욕(欲)은 마음 심(心)이 있고 없고의 차이입니다. 삿된 마음을 줄이는 것입니다.

다시 말해서 욕망을 줄이자는 것입니다.

우리 마음속에 걱정과 근심은 구름 낀 흐린 날과 같습니다.

구름이 끼거나 안개가 자욱하면 앞이 잘 보이지 않습니다.

맑은 날은 먼 곳까지 볼 수 있지만 흐린 날은 그저 잿빛으로 잘 보이지 않습니다.

우리의 걱정과 근심이 앞이 보이지 않게 합니다. 걱정과 근심을 없애고 맑은 생각 긍정적인 생각을 하게 되면 앞날이 창창(蒼蒼)하게 됩니다. 비바람 부는 날에 기도하기란 참 어렵습니다. 늘 희망을 가진다는 것도 어렵습니다.

그런데 비와 바람은 꼭 필요합니다. 비가 오지 않고 바람이 불지 않으면 사람들은 기도합니다.

"비를 내려주십시오." 기우제를 지내고 답답하면 시원한 한 줄기 바람을 갈구합니다. 우리가 빌고 바라는 것이 비바람입니다.

사람은 실망을 하다가 희망을 찾습니다.

우리는 무한히 사는 것을 원하고 정신이 살기를 원합니다.

그렇지만 '나'의 일만 보아주는 하느님이 아닙니다.

하느님은 공정하고 사사로움이 없습니다.

그래서 우리가 실컷 육체의 만족을 꺼리는 동시에 우리에게 배울 것을 요구합니다.

선지자의 진리를 배우는 것이 우리가 해야 할 일임을 깨달아야겠습니다.

사람과 사람 사이의 지식도 얻어서 바람이 불어도 흔들리지 않는 확고한 정신 상태를 만들어야 합니다.

제2강

올바른 호흡

발표요령

해국 곽성근

" 올바른 호흡 "

호흡(呼吸)은 내쉬는 숨 호(呼)와 들이마시는 숨 흡(吸)이 있습니다.

긴장이 극도에 이를 때에는 우리는 가장 기본 운동인 숨쉬기를 제대로 하지 않습니다. 긴장이 될 때, 불안할 때 제대로 숨쉬기를 해야 합니다.

남모르게 깊이 호~~~ 내쉬고, 흡 들이마시고, 내쉬는 숨을 조금 더 길게 하시면 긴장이 없어지고 가슴이 편안해짐을 느낄 수 있습니다.

말을 할 때 숨쉬기 운동!

아주 중요합니다.

제1부 소통

🍀 1. 어려운 발음 훈련

'있다'와 '잊다'는 발음이 똑 같습니다. 있는 사실을 잊고 사는 건 아닌지.

'없다'와 '업다' 역시 장단이 다를 뿐 발음은 같습니다. '업은 아이 석 달 열흘 찾는다'는 말처럼 없어진 줄 알았는데 실은 등 뒤에 업고 애타게 찾아다닌 건 아닌지도 생각해 봐야 할 것 같습니다.

발음이 부정확한 원인

1) 자신감 부족으로,

2) 입을 안 벌려서,

3) 혀를 잘 안 움직여서,

4) 습관적인 것 때문에

5) 발성기능이 경직이 되어

발음이 잘 안 될 때가 많습니다. 참고로 'ㄹ' 발음이 정확하지 않은 사람은 혀를 잘 안 움직여서 일 때가 많습니다.

🍀 2. 발음하는 방법

모음자음 훈련, 어려운 발음 훈련, 입을 크게 벌리고 훈련하기, 나무젓가락 물고 훈련하기

☘ 3. 발음 연습의 장점

1) 어려운 발음이 잘 나옵니다.

2) 막히는 발음이 잘 나옵니다.

3) 더듬는 발음이 잘 나옵니다.

☘ 4. 발음 훈련 예시

1) 밤섬 봄 벚꽃 놀이는 낮 봄 벚꽃 놀이보다 밤 봄 벚꽃놀이가 더 좋다.

2) 뜰의 콩깍지는 깐 콩깍지인가 안 깐 콩깍지인가, 깐 콩깍지면 어떻고 안 깐 콩깍지면 어떠냐, 깐 콩깍지나 안 깐 콩깍지나 콩깍지는 다 콩깍지인데.

3) 내가 그린 기린 그림은 잘 그린 기린 그림이고, 네가 그린 기린 그림은 잘 못 그린 기린 그림이다.

4) 작년에 온 솥장수는 새 솥장수이고, 금년에 온 솥장수는 헌 솥장수이다.

5) 저기 계신 저분이 박 법학박사이시고, 여기 계신 이분이 백 법학박사이시다.

6) 멍멍이네 꿀꿀이는 멍멍해도 꿀꿀하고, 꿀꿀이네 멍멍이는 꿀꿀해도 멍멍하네.

7) 생각이란 생각하면 생각할수록 생각나는 것이 생각이므로 생각하지 않는 생각을 좋은 생각이라 생각한다.

8) 고려고 교복은 고급 교복이고 고려고 교복은 고급원단을 사용했다.

9) 앞집 안방 장판장은 노란꽃 장판장이고,

　　뒷집 안방 장판장은 빨간꽃 장판장이다.

10) 내가 그린 구름 그림은 새털 구름 그린 그림이고,

　　네가 그린 구름 그림은 솜털 구름 그린 그림이다.

11) 정경담당 정 선생님 상담담당 성 선생님.

12) 작은 토끼 토끼통 옆에는 큰 토끼 토끼통이 있고,

　　큰 토끼 토끼통 옆에는 작은 토끼 토끼통이 있다.

13) 저기 저 한국항공화물항공기는 출발할 한국항공화물항공기인가,

　　출발 안 할 한국항공 화물항공기인가.

14) 호동이 문을 도로록, 드르륵, 두루룩 열었는가,

　　도루륵, 드로록, 두르룩 열었는가.

15) 땅바닥 다진 닭발바닥 발자국, 땅바닥 다진 말발바닥 발자국.

16) 박 법학박사 뿔물 뿌리는 소뿔물 뿌리고,

　　곽 법학박사 뿔물 뿌리는 양뿔물 뿌리다.

17) 백합백화점 옆 백화백화점, 백화백화점 옆 백합백화점.

18) 동해파도 철썩찰싹 철찰싹, 남해파도 찰싹철썩 찰철썩.

19) 된장공장 주방장과 김공장 주방장은 박 주방장이고,

　　마늘공장 주방장과 파공장 주방장은 곽 주방장이다.

20) 양양역 앞 양장점은 양양양장점이고, 영양역 옆 양장점은 영양양장점
　　이다.

21) 십년삽장사 헛 삽장사, 삼십년 삽장사 헌삽장사.

22) 복씨 땅콩 장수의 막 볶은 따뜻한 땅콩,

　　안씨 땅콩 장수의 들볶은 뜨뜻한 땅콩.

23) 건넛마을 김부자댁 시렁위에 얹힌 푸른 청청 조좁쌀은, 쓿은 푸른 청청
　　조좁쌀이냐 안 쓿은 푸른 청청 조좁쌀이냐.

24) 앞집 꽃집은 장미꽃 꽃집이고, 옆집 꽃꽂이 집은 튤립 꽃 꽃꽂이 집
　　이다.

25) 신랑은 신신애 신사와 실랑이를 벌이고 있다.

🍀 말하기 훈련 방법

1. 기본 발성훈련 → 목소리에 대한 자신감을 얻기 위하여 10단계, 충격발
　성, 3단계발성, 변칙발성, 모방발성, 음악발성법, 고저장단 강약 발성훈
　련, 웅변식 발성훈련, 구호식 발성훈련

2. 발음훈련 → 발음을 정확하게 하기 위하여

겹받침의 발음

　우리말의 겹받침에는 'ㄳ, ㄵ, ㄶ, ㄺ, ㄻ, ㄼ, ㄽ, ㄾ, ㄿ, ㅀ, ㅄ' 등이 있다.
이들 겹받침의 발음은 그 발음 양상이 일률적이지 못하다. 그래서 이들
을 따로 익혀 두어야만 한다.

　먼저, 이들 겹받침은 어말이나 자음 앞에서 둘 중 하나만 발음되고 하나
는 탈락하는데, 첫 번째 자음이 발음되고 두 번째 자음이 탈락하는 부류와
첫 번째 자음이 탈락하고 두 번째 자음이 발음되는 부류가 있다.

　'ㄳ, ㄵ, ㄶ, ㄼ, ㄽ, ㄾ, ㅀ, ㅄ'은 전자에 해당하고, 'ㄺ, ㄻ, ㄿ'은 후자에 해당
한다.

ᆪ넋[넉], 넋과[넉꽈], 넋도[넉또]ᆬ앉다[안따], 앉고[안꼬]ᆭ많다[만타], 많고[만코]ᆲ여덟[여덜], 여덟도[여덜도]/ 넓다[널따], 넓고[널꼬]ᆳ외곬[외골]ᆴ핥다[할따], 핥고[할꼬] ᆶ싫다[실타], 싫고[실코]ᆹ값[갑], 값도[갑또]/ 없다[업:따], 없고[업:꼬]ᆰ흙[흑], 흙도[흑또] / 읽다[익따], 읽지[익찌], 읽는[잉는] ᆱ삶[삼:], 삶도[삼:도] / 삶다[삼:따]ᆵ읊다[읍따], 읊고[읍꼬]

그런데 위와 같은 일반 원칙에서 벗어나는 경우도 있다. '래' 받침을 갖는 단어 중에서 '밟다, 넓죽하다, 넓적다리' 등은 [밥:따], [넙쭈카다], [넙쩍따리]로 발음해야 한다.

또한 'ᆰ' 받침을 갖는 단어가 용언인 경우, 뒤에 'ㄱ'으로 시작되는 어미가 오면 두 번째 자음 'ㄱ'이 탈락하고 'ㄹ'이 발음된다.

예를 들면 '맑고[말꼬], 맑거나[말꺼나], 읽고[일꼬], 읽거나[일꺼나]'처럼 발음해야 한다.

그러나 체언의 경우는 '흙과[흑꽈]'처럼 발음해야 하므로 유의할 필요가 있다. 겹받침이 모음으로 시작되는 조사나 어미, 접미사와 결합할 때에는 뒤의 것만을 다음 음절의 초성으로 옮겨 발음하면 된다.

예를 들면, '흙이[흘기], 흙을[흘글], 닭이[달기], 여덟이[여덜비], 여덟을[여덜블]'처럼 발음해야 한다.

3. 감정 표현훈련 → 희로애락의 감정표현을 잘하기 위하여, 감정처리에 대한 자신감을 얻기 위하여, 두렵고 어색한 감정을 없애기 위하여

1) 희로애락의 다양한 감정 표현훈련

2) 주제에 맞추어 감정표현훈련

3) 결심하기 감정표현 훈련

4) 오버액션 감정표현 훈련

5) 생활연기 훈련

인사하기, 칭찬하기, 충고하기, 감사표현하기, 전화 걸고 받기, 부탁하기 거절하기, 호통치기, 소개하기, 성대모사, 웃는 연기, 물건팔기, 애교부리기, 설명하기, 설득하기, 각종 액션 취하기, 일상적 행위 하기, 패션쇼 등 100여 가지 훈련하기

예〉 자기소개하기

나는 긍정적이고 낙관적인 사람입니다.(이유 3가지)

첫째: ……

둘째: ……

셋째: ……

6) 자기 장점 10계명 찾아내 10단계 발성 훈련하기

10도: 저는 부지런하고 성실합니다.

20도: 저는 정직하고 솔직합니다.

30도: 저는 매우 지혜롭습니다.

100도: 저는 의지가 강하다고 이 연사 ○○○는 힘차게 주장합니다.

7) 주제에 맞추어 정해진 시간 안에 효과적으로 재미있게 표현하기

예〉 긍정적이고 낙관적인 생활을 하면?

1. 삶의 의욕이 높아진다.

2. 도와주는 사람이 많아진다.

3. 결과가 좋아진다.

8) 다양하게 연설하기

프레젠테이션, 즉흥연설, 선동연설, 인터뷰, 토론, 좌담, 비유법연설, 주장하기, 입후보연설, 메모식 연설 등

9) 자유연설

연설문 기본 원고를 가지고 웅변식, 낭독식, 대화식, 연극식 화법 등으로 음성연출 화법

(1) 음성과 화법의 구분

일상회화, 1:1, 상담, 면담, 속삭임, Communication, 좌담, 회의, 토의, 연설, 강연, 설교, 강의, 웅변, 연극 등

① 음량 - 음성의 크고 작은 것(단계별)

② 음폭 - 음성의 굵고 가는 것(ㄱ,ㄲ,ㅋ,ㄷ,ㅂ,ㅃ,ㅍ)

③ 음질 - 음성의 맑고 탁함(설음발성)

④ 음색 - 구별하는 목소리(성문)

⑤ 고저 - 음성의 높고 낮음(단계별)

⑥ 강약 - 음성의 강함과 약함

⑦ 속도 - 음성의 빠름과 느림

(2) 화술의 기본음성 5단계 발성법

① 0도 → 가장 낮은 음성 / 속삭일 때의 음성

② 25도 → 낮은 음성 / 1:1대화 때의 음성

③ 50도 → 보통 음성 / 중요한 부분을 말할 때의 음성

④ 75도 → 클라이맥스 때의 음성

⑤ 100도 → 발악할 때의 음성

⑥ 속도를 낮출 곳: 강조할 때, 다짐할 때, 엄숙한 내용, 숫자, 이름, 지
　명 등

⑦ 속도를 빨리할 곳: 상식, 중요치 않는 사항, 클라이막스(손에 땀을 쥐게
　하는 곳)

♣ 발성: 음도분리연습

1. 목소리 3단계

30도음: 자신이 없어도 외치면 자신이 생긴다.

60도음: 용기가 없어도 외치면 용기가 생긴다.

90도음: 뱃장이 없어도 외치면 뱃장이 생긴다.

2. 목소리 5단계

20도음: 생각이 바뀌면 행동이 바뀌고

40도음: 행동이 바뀌면 습관이 바뀌고

60도음: 습관이 바뀌면 생활이 바뀌고

80도음: 생활이 바뀌면 인생이 바뀌고

100도음: 인생이 바뀌면 운명이 바뀐다.

언어는 그 사람을 말해주는 지표입니다.

말은 성대의 진동을 통해 외부로 흘러나오게 됩니다. 단순한 구조에서 나오
는 것 같지만 그 말 속에는 보이지 않는 강력한 힘이 있습니다. 입 안에는 입
천장을 따라서 피아노 건반과 같은 84개의 극점이 있습니다. 높은 경지의 수

행자들은 이 84개의 극점을 수행의 도구로 사용합니다.

실제로 인도에서나 티베트, 몽골 같은 곳에서는 입속으로 흥얼대는 중얼거림을 '만트라' 라고 하는데 그러한 명상의 상태에서 아주 깊은 내면의 수행으로 들어간다고 합니다. 이것은 우주로 가는 길이며, 우주와 내가 하나가 되는 길이기도 합니다.

수많은 인생에서 빛을 낸 사람들은 자신의 일에 대한 자신감, 소신이 꽉 들어차 있고, 만트라 요법같이 "나는 빛이 난다. 나는 강력한 긍정의 힘이 있다"를 주문으로 활용하는 것을 배울 수 있습니다.

그러나 말의 신중함은 무엇보다 중요합니다. 말을 많이 하면 그만큼 노출되는 것도 많아지기 때문입니다. 타인의 말에 귀를 기울이고 말을 시작하는 시간을 한 박자 늦추도록 합시다. 한 번 늦춤으로서 신중함을 인식시키고 한 번 신중함으로써 한 번의 실수를 피할 수 있습니다.

당나라 때 주요 관직에 있다가 당이 망한 후에도 진과 한 등에서 벼슬을 지낸 처세의 달인 '풍도'가 쓴 설시의 한 구절을 인용합니다.

입은 곧 화에 이르는 문이요

혀는 곧 몸을 베는 칼이니

입을 닫고 혀를 깊숙이 감추면

가는 곳마다 몸이 편할 것이라

옛사람들은 이렇게 말을 적게 하는 것을 중요시했습니다. 실제로 말 한 마디 때문에 설화를 입고 패가망신한 사례가 무수히 많습니다. 그만큼 말은 중요한 것입니다. 하지만 현대사회에 이 원리를 무조건 적용할 수는 없습니다.

요즘은 말로 자신을 적극적으로 표현하는 시대이므로 풍도의 처세법대로 살다가는 오히려 자기주장이 없거나 무능력한 사람으로 취급받기 쉽습니다.

많은 말에는 반드시 득과 실이 있습니다. 아무리 표현의 시대라고 해도 말에는 질서가 있고 설득의 힘이 깃들어 있어야 합니다. 누군가 한 마디를 하면 내 머리는 즉각적으로 반응을 하는데, 이는 말은 원래 주고받는 것으로 습관이 되어 있기 때문입니다.

하지만 생각보다 말이 먼저 나가면 반드시 실언을 하게 됩니다. 언어의 순발력은 속도가 아니라 효용성이므로, 생각이 언어로 바뀌어 입으로 나가기 전에 다시 한 번 걸러주는 과정이 꼭 필요합니다. 이런 과정을 답답해하거나 초조해할 필요는 없습니다.

대화중에 내가 한 번 더 생각하는 동안 상대는 자신의 허점을 곳곳에 흘려놓게 됩니다. 누군가 말을 많이 쏟아내면서 좌중을 압도하고 있다면 그는 그 자리의 좌장이 아니라 모든 이에게 공격의 대상이 됩니다. 스스로 좌중을 압도했다고 생각하는 만큼 신뢰를 잃고 맙니다.

말에서 중요한 첫 번째 덕목은 호흡인데, 호흡을 고르기 위해서는 대화 도중 딱 2초만 쉬면됩니다. 호흡은 긴장감이 들 때에도 반드시 해야 합니다.

긴장이라는 것은 세포를 작게 만듭니다. 긴장되어 작아진 세포에 산소를 공급하게 되면 몸의 긴축됨을 없게 하고 평상심을 유지하게 됩니다. 말하기 전에 호흡을 고르는 것은 어눌하거나 표현력이 부족한 것과는 다릅니다. 말은 늦추되 일단 내뱉는 말은 충만해야 합니다. 호흡을 고르면서 내 말에서 치명적인 실수를 제거할 수 있습니다.

두 번째는 설득력입니다.

나는 과연 설득하는 말하기를 하고 있나? 아니면 스스로를 과시하고 있는가? 그것도 아니면 말로써 부족함을 달래고 있는가? 우리는 종종 말을 하는 이유가 타인에게 내 뜻을 전하기 위해서라는 사실을 잊어버립니다. 원래 말의 목적은 설득입니다. 즉 말의 대상은 타인입니다. 타인은 나만큼 나에게 관대하지 않고 늘 차가운 시선으로 나를 바라보기 때문에 타인이 보는 나의 인상은 순간의 실수로 뒤집힐 수 있습니다. 인간은 자기가 보고 싶은 것만 보기 때문에 타인에게 나는 늘 경계의 대상이라는 사실을 잊지 말아야 합니다.

인간은 원시시대 이후 늘 타인과 관계를 맺으며 살아왔지만 타인은 언제나 불안의 원인이었습니다. 좁은 엘리베이터 안에서 전혀 모르는 타인과 함께 있으면 우리는 대부분 불안해집니다. 이런 불안은 상대를 알아갈수록 줄어들지만 문제는 그 안다는 사실의 정확성입니다. 그가 나를 안다고 생각하면 나에 대한 그의 불안은 옅어지겠지만 사실 그가 안다고 생각하는 것들은 나에 대한 부정확한 정보에서 출발한 것입니다. 그는 나에게서 스스로 보고 싶은 것만 보았을 테니 말입니다. 그래서 그의 무의식은 나에게서 추가적인 정보를 얻고자 분주할 것이고, 그 분주함의 대상이 바로 나의 말인 것입니다.

🍀 공개선언의 효과

결심을 공개적으로 선언해야 하는 이유는 사람들은 자기가 뱉어낸 말과 행동을 일치시키려는 원초적 본능을 갖고 있기 때문입니다.

말이나 글로 생각을 공개했을 때 그 생각을 끝까지 고수하려는 경향을 공개선언의 효과라고 합니다.

대체로 결심을 공개하지 않으려고 하는 데는,

첫째, 시시콜콜한 개인적 이야기는 미숙한 사람이라는 고정관념과

둘째, 은밀하게 실천해야 경쟁자들을 자극하지 않고 예상치 못하게 해서 다른 사람을 깜짝 놀라게 할 극적효과를 노리거나

셋째, 결심을 공개했다가 중도에 포기하면 체면이 구겨지고 비난을 받을 수 있지만 혼자 결심하면 실패해도 비난과 책임을 피할 있기에 중도 포기 가능성을 염두에 두기 때문에 공개하지 않으려고 하는 것입니다.

좋은 결심을 하고 발표를 하면 도와줄 사람이 나타날 수도 있습니다. 당신의 말이 당신을 만듭니다.

깽깽이풀 곽성근

" 발표 요령 "

1. 도입부

- 인사, 칭찬

- 일화

- 인용문

- 비교

- 뉴스

- 목차

- 질문

- 역사적 내용

- 효과 도구

  1) 청중의 주의를 끌면서 주제의 배경을 설명하려는가?

  2) 주제가 청중에게 중요한 이유를 설명하려는가?

  3) 연사의 공신력을 적절히 설정했는가?

  4) 스피치의 목적과 내용(소주제)을 올바르게 표현하는가?

2. 본문

  5) 구성이 분명하면서 주된 논점이 분명한가?

  6) 접속부를 적절히 사용하는가?

  7) 다양한 인용을 했는가?

3. 결론

  8) 논점을 분명히 요약했는가?

  9) 생생한 끝맺음을 했는가?

4. 말하기

  10) 눈 맞춤을 잘했는가?

  11) 몸의 움직임이 자연스러웠는가?

  12) 분명하게 발음했는가?

  13) 목소리의 크기는 적절했는가?

  14) 말의 속도는 적절했는가?

  15) 비언어적 군말('마', '어', '저'등)을 안 사용했는가?

16) 잠시 멈추기를 효과적으로 했는가?

17) 목소리의 높낮이와 강약이 적적히 구사되었는가?

18) 준비되고 내면화된 스타일이었는가?

5. 전반적인 면

19) 창의적인 주제전개로 연설의 취지에 합당했는가?

20) 적정한 시간 안에 마쳤는가?

제게 온 사람들은 거의 모두가 자신감이 없다고 합니다. 저는 어디서 자신감을 사다 나눠주고 싶은 마음이 간절합니다. 자신감(自信感)은 스스로를 믿는 것입니다.

🍀 말하기의 요령

1. 주제를 선언한다.

- 주제는 가능한 좁게 잡는다.
- 너무 뻔한 내용은 효과가 적다.

2. 화제를 전개한다.

- 주제란 어디까지나 추상적인 이론이다.
- 듣는 사람을 이해시키기 위해서는 추상적인 이론을 뒷받침할 사례를 들어 말해야 한다.

- 그림을 그리듯이 말한다.

3. 재미있는 예화를 들도록 노력해야 한다.

- 구체적인 예화를 든다.

- 자기와 관련된 이야기가 더 효과적이다.

- 구체적이고 자기와 관련된 이야기라도 입체적인 예화가 더욱 효과적이다.

4. 자기의 느낌과 끝맺음은 짧게

주제를 선언하고 화제를 전개했으면 그것에 대한 간단한 자기의 느낌을 말한다. 예화란 하나의 사건 소개이다.

5. 끝마무리로 주제를 반복한다.

♣ 말하기 요령과 3분 스피치 예화

말하기 요령

〈1. 주제선언〉

오늘은 〈시간의 소중함〉에 대해서 말씀드리겠습니다.

〈2. 화제전개〉

화살과 같이 흐르는 시간이라고는 하지만 시간의 흐름이 진정 빠르다는 것, 그리고 우리가 허송세월을 보내고 있는 시간이 엄청나다는 사실을 느낄 수만 있다면 내일, 내일하고 미루는 악덕은 없을 것입니다.

〈3. 예화〉

하늘의 악마들이 모여 어떻게 하면 인간들을 망쳐놓을까를 의논하고 있었습니다.

첫 번째 악마가 나타나,

"그야 쉽지. 자기들끼리 서로 헐뜯게 만들면 돼." 하고 말하자

두 번째 악마는,

"아니야, 그보다는 인간의 마음을 더럽혀 서로 사랑하는 마음을 갖지 못하게 하면 돼." 하고 자신 있게 말했습니다.

마지막으로 등장한 악마는,

"흥, 그까짓 거야 인간들이 모두 갖고 있는 건데 무슨 소용이 있겠나? 나는 오히려 훌륭한 계획을 세우는 법과 지혜를 줘서 용기를 북돋아 주겠네." 라고 말하는 것이었습니다. 그러자 앞서의 두 악마는 깜짝 놀랐죠.

"아니, 우리는 인간을 멸망시킬 계획을 짜고 있는데 도리어 인간을 돕잔 말인가? 그건 말도 안 돼!"

동료들의 추궁을 받은 마지막 악마는 그러나 여유 있게 웃으면서 말하는 것이었습니다.

"물론 우리 계획하고는 안 맞는 것처럼 보이지. 그렇지만 인간들에게 그런 용기와 꿈을 잔뜩 심어준 다음 서두를 필요는 없다는 말을 덧붙이는 거야. 그래서 내일 내일하게 만들지."

마지막 악마의 말을 듣고서야 두 악마들은 고개를 끄덕이며 박수를 쳤다고 합니다.

〈4. 자기의 느낌과 끝맺음〉

그렇습니다. 아무리 좋은 계획과 훌륭한 꿈이 있으면 무얼 하겠습니까?

실천하지 못하는 계획은 공상일 뿐이며 행동하지 못하는 일은 쓸데없는 잡념일 뿐이죠. 시간은 우리를 결코 기다려 주지 않습니다.

오늘을 중요시하는 데서 짜임새 있는 인생의 설계는 펼쳐지는 것입니다.

오늘을 소중하게 생각합시다.

"진정 인생을 사랑한다면 시간의 소중함을 생각하라"는 프랭클린의 교훈을 기억합시다.

〈5. 끝마무리: 주제 반복〉

오늘은 〈시간의 소중함〉에 대해서 말씀드렸습니다.

소통과 화합의 말하기 비결 3 ···

자신감(自信感)

자신감은 내가 할 수 있는 일에는 긍정적인 반응을 보이는 것이고 내가 할 수 없는 일에는 침묵하는 것입니다.

신뢰의 핵심은 '예측 가능성'입니다. 신뢰가 작동할 수 있는 포괄적 상호주의가 적용되기 위해서는 두 가지 전제조건이 있습니다.

첫째는 장래에 다시 만날 가능성입니다. 그래야 외상 거래가 가능합니다.

둘째는 제3자의 존재입니다. 신용 있는 고객을 지키려고 덤을 주고 값을 깎아 주는 것은 그 때문에 손해를 본다면 제3자에게 벌충할 수 있기 때문입니다.

신뢰의 핵심은 선의에 있는 것이 아니라 원칙에 따른 행동이 주는 예측 가능성에 있습니다. 도전에는 응전으로, 협력에는 보상으로 응수하는 상호주의의 실천이 신뢰의 원칙이 돼야 합니다.

자신감, 일에 대한 확신에서 나오는 열정적이고 정확한 표현이며, 나 자신에게 해주는 중요한 표현입니다. 내가 나 자신을 격려하며, 스스로 감동할 때 은근히 피어오르는 것입니다.

GEL 화법

겔(GEL)화법은 친화력이 있는 말랑말랑한 말하기입니다.

G는 Goodfinder입니다. 단점보다는 장점을 찾는 사람이 되었을 때 말랑말랑 살가운 관계가 되는 것입니다.

E는 Expect the best입니다. 최상의 기대를 하는 것입니다. Expect는 '기대하다, 예상하다'입니다. 잘 될 것을 믿으면 잘됩니다. 기대가 사람을 키웁니다. 사람은 누구나 상대의 기대에 어긋나지 않으려고 노력합니다. 잘 될 것을 믿고 있다는 최상의 기대를 드러내는 것이 중요합니다.

L은 Loyalty는 '충성, 성실, 의리'라는 뜻을 가지고 있습니다. 충성은 개인과 국가 간에 한정해서 쓰는 경우가 많은데 상대가 성공하도록 돕는 것입니다.

O-key화법

제 이름 '옥희'를 발음대로 하면 '오키'가 됩니다. 구슬 옥(玉)은 점 하나를 지우면 왕(王)이 됩니다. 욕심을 비우는 점 지우기, 남이 님이 되고, 포로가 프로가 된다고 합니다.

열쇠는 아주 작은 쇠붙이이지만 잘 맞추면 밖과 안을 연결하는 중요한 물체입니다.

오(O)~키(Key)! 말하기의 열쇠! 마음을 여는 열쇠!

이야기의 마술: 3가지 필수요소

오~~~~~~키!(Oh-KEY)

- O: 목적(object)

목적에 맞추어서.

- K: 지식(knowledge)

철저히 이해하고 아십시오. 10분이 아니라 10년 동안 준비해야 하므로 이것을 할 수 있는 유일한 방법은 개인적 경험과 함께 해야 합니다. 주제를 철저히 알아야 합니다. 청중을 알아야 합니다. 청중의 소망, 희망, 편견과 경험을 알아야 합니다.

적절한 언어수준을 선택하십시오. 일반인을 상대로 말하고 있다면 전문용어를 피하십시오.

- E: 열정(Enthusiasm)

강하게 느끼십시오. 삶을 깨닫게 해주었던 경험, 삶을 바꿀 수도 있었던 것. 여러분이 어떤 사람인지 알게 해준 경험을 나누십시오. 자신을 끌어당기거나 흥분시키는 무언가에 대해서 이야기하십시오. 자신의 본성으로부터 단어와 생각을 끌어내십시오.

확신을 가지고 알기 쉽게, 진실 되게 이야기하십시오. 이야기 속으로 더 많은 생각과 준비를 할수록, 더 열정적으로 전달할 수 있습니다.

- Y: 당신 자신(Yourself)

자기 자신이 되십시오. 자연스럽게 대화하듯이 이야기할 수 있는 경험을 나누십시오. 사람들은 독창적이고 유일한 여러분의 이야기듣기를 원합니다. 다른 사람을 아무리 존경할지라도, 그 누구도 모방하지 마십시오.

통조림 과일보다 신선한 과일이 더 매력적입니다. 자신의 삶속에 있는 신선한 작품을 제공하십시오. 자신의 생각과 느낌을 이야기하고, 자신들의 강점에 대해 기뻐하십시오.

오~~~~~~키!(Oh-KEY)

O(Occasion): 상황에 맞는 말

K(Knowledge): 지식을 갖추고

E(Enthiasm): 열정을 가지고

Y(Yourseif): 당신 자신의 생생한 이야기를 해야 합니다.

이야기 구성방법

목적

1. 정치적 연설처럼 청중을 선동하거나 확신시키기 위한 것인가?

2. 만찬 후 연설처럼 청중을 재미있고 즐겁게 해주기 위한 것인가?

3. 세미나나 강의처럼 청중에게 유익한 정보를 주기 위한 것인가?

4. 청중에게 구체적인 행동을 요구하는 이야기처럼 동기부여를 위한 것인가?

그래서

- 나는 상대의 처지와 의견을 존중하며 말하였는가?

- 나는 상대의 말을 비난하거나 무시하지 않고 공감하려고 노력하였는가?

- 나는 진실한 마음으로 이야기했는가?

  종합적으로 볼 때, 나는 올바른 태도로 말하였는가를 반성해 보아야 합니다.

나의 말하기 태도 평가

- 나는 상대가 지금 어떤 처지인지를 먼저 파악하고 말하는 편이다.

- 나는 친구가 나에게 무엇인가를 물어 보면 왜 그렇게 묻는지를 먼저 생각해보고 말한다.

- 나는 말하기 전에 세 번 이상 생각을 해 본다.

- 나는 내가 한 말만큼은 끝까지 책임을 져야 한다고 늘 생각하고 있다.

- 나는 지금까지 적어도 말을 하는 순간에는 늘 진실했었다.

- 나는 내가 한 말과 내 행동이 크게 다르다고 생각하지 않는다.

- 나는 내가 말하고 싶은 것이 있으면 어떤 상황이든지 말한다.

- 나는 지금 화제가 무엇인가보다는 내가 말할 내용이 무엇인가가 더 중요하다고 생각한다.

- 나는 보통 말을 할 때 목소리가 크고 빠른 편이다.

- 나는 친구가 하는 말을 이해할 수가 없어서 가끔씩 화를 내는 편이다.

내가 생각할 때 나는 훌륭하게 말하는 사람인가?

나 스스로 평가한다면 몇 점을 주겠는가?

주요사마

- 주의 끌기: 청중은 자신의 생각에 사로잡혀 있으며 지루함과 무관심속에 있는 것이다. 열정적이고 깜짝 놀라게 이야기를 시작함으로써 청중을 내 이야기 속으로 끌어들이는 것이다. 청중은 "무슨 말을 할 작정이지?" 하고 생각하게 된다.

- 요점: 전달하고자 하는 메시지이다. 목적, 주제, 견해를 이야기한다. 이야기가 진행될 방향을 제시한다.

- 사례: 요점을 설명하고 근거를 제시한다. 개인적 삶과 경험을 사실적으로 묘사할수록 좋다. 책, 친구이야기, 텔레비전, 통계학적 자료, 실화 등 사례가 되겠지만 개인적인 경험만큼 강한 설득력을 갖지는 못한다.

- 마무리: 이야기의 결론이다. 청중에게 남기고 싶은 메시지를 전하는 것이다. 요점과 밀접하게 연관 짓는 것이 좋다.

화젯거리가 급할 때

주여! 신식의사가 천생연분이오

주: 주택, 부동산 정보 등에 관한 내용

여: 여행에 얽힌 내용

신: 신문, 뉴스, 소문

식: 식생활, 음식, 맛있는 집

의: 의복, 옷차림, 액세서리

샤: 사업, 업무, 일

가: 가족관계, 집안의 애경사

천: 천재지변, 기후, 일기

생: 생명, 건강

연: 연애, 결혼, 가벼운 성적농담

분: 분위기(대화, 장소 등), 환경

이: 이웃, 친지

오: 오락, 취미, 운동

일 이 삼 사 오

일 이 삼 사 오

일: 한 가지 주제.

  즉석에서 한 말씀한다면 주제를 여럿으로 분산시킬 수가 없습니다. 한 가지만 제대로 말하면 됩니다. 그것으로 족합니다. 한 가지 핵심주제만 있으면 됩니다.

이: 이야기하듯이 자연스럽게.

  즉석에서 지명된 한 말씀이라면 비공식적인 말하기라 할 수 있습니다. 따라서 지나치게 격식을 갖추기보다는 자연스럽게 말해야 합니다. '이야기하듯이’ 라는 말은 편안하면서도 자연스럽게 ‘본 대로 느낀 대로’ 하라는 말입니다. 즉석에서 지명당해서 긴장이 될 때에는 “전혀 예상치 못했는데 갑자기 마이크를 잡게 되니 긴장이 됩니다” 라고 솔직하게 말하면 됩니다.

삼: 삼삼한 표현.

‘삼삼하다’ 는 ‘마음에 끌리게, 잊히지 않고 눈앞에 보이듯 또렷하게’ 라고 합니다. 이야기하듯이 말하되 청중의 마음이 끌리게 해야 합니다. 눈앞에서 펼쳐지듯이 또렷하게 표현하는 것입니다. 현학적이거나 문어체인 표현을 삼가는 것입니다. 사람들이 즐겨 사용하는 현장감이 드러나는 표현을 해야 합니다. ‘춘우(春雨)’ 보다는 ‘봄비’ 가 훨씬 생동감 있습니다. 여러분이 전달하고자 하는 생각을 청중이 알아듣기 쉽게 감정을 담아서 열심히 말하십시오.

샤: 사건, 사연.

한 가지 주제를 설명하면서 사건, 사연을 동원하십시오. 사람들의 흥미를 불러일으키는 것은 다름 아닌 ‘사건·사연’ 입니다. 즉석 말하기든 준비된 연설이든 최고의 화젯거리는 사례, 예화입니다. 그러나 모두가 알고 있는 사건이나 사연은 흥미를 반감시킵니다. 어쩔 수 없는 경우에는 본인이 그것을 본인만의 논리로 재해석하는 것이 좋습니다.

예를 들면, 맹모삼천지교를 어떤 이는 교육적인 환경을 위해 이사한 말만 하지만 따지고 보면 공동묘지에서 생과 사를 어느 정도 알고, 시장에서 경제를 알고, 학교 근처로 가서 배움에 충실해서 진짜 학문을 할 수 있을 것입니다. 자기만의 철학이 없이 그리고 경제관이 없이는 대철학자 맹자를 이해할 수 없습니다. 공부만 하는 우리나라의 학군에는 문제가 있다고 할 수 있습니다. 또 어떤 분은 공동묘지 근처에서 더 오래 살게 두었다면 더 큰 철학자가 되지 않았을까? 그리고 시장근처에서 더 오래 살았다면 더 큰 부자가 되었을지도 모릅니다. 어머니가 너무 성급해서 더 큰 사람이 될 수도 있었던 기회가 박탈당했다는 재해석도 가능해지는 것입니다.

오: 오래 끌지 마십시오.

즉석말하기는 3분이면 충분합니다. 사람들은 2분 30초가 넘어가면 지루함을 느낀다는 통계가 있습니다,

- 조관일, 『멋지게 한 말씀』에서

웅변

웅변(雄辯)이란 말은 글자를 보면 알 수 있듯이 "수컷의 말 잘하기"입니다. 그러나 요즘은 남자 여자 가릴 것 없이 말을 잘해야 하는 시대입니다.

여자의 참정권이 없던 시대의 말하기였습니다. 요즘은 여성의 사회활동이 활발하고 나라의 대표도 여성이다 보니 큰 소리로 말하는 남성만이 하던 말하기(웅변)는 사라지고 있는 것 같습니다.

말 잘할 변(辯)도 자세히 보면 매울 辛(신) 사이에 말씀 言(언)이 들어 있습니다. 말을 빛나게 잘한다는 것은 준비하고 말할 때에도 고통을 뜻하고 하고 끝난 뒤에도 설화를 생각하라는 뜻입니다.

웅변의 뜻은 영어의 오라토리(Oratory)에 해당되는데 오라토리는 라틴어의 오라토리아(Oratoria)에서 온 것이며, 웅변을 뜻하는 라틴어는 오라티오(Oratio)의 어간,

몸통은 이성과 지성이라는 뜻의 라티오(Ratio)라고 합니다.

말하기에서 상황만 좇는 것은 대중의 인기에만 급급한 것이 됩니다. 오라토리아는 같은 라틴어인 오라레(Orare)에 연유합니다. 오라레라는 말은 '기도한다'라는 뜻으로서 옛날에는 기도하는 곳을 오라토리움(oratorium)이라고 했습니다.

따라서 웅변의 기원은 종교적인 것이며, 오늘날에 영어의 오라토리가 '웅변'이라는 말 이외에 '기도당' 또는 '예배당'이라는 뜻으로 사용되는 것도 그러한 이유입니다.

그러나 오늘날에 와서 웅변은 특별히 종교적 의의에만 한정된 것이 아니라 일반적으로 자기의 의사를 대중 앞에서 정확하고 힘 있게 발표함으로써 청중을 감동시키고 또 공명케 한다는 뜻으로도 사용됩니다. 하지만 동서고금을 통해서 웅변가가 가장 많이 배출된 것도, 또 웅변술이 깊이 연구된 것도 종교가들 사이에서였습니다.

그것은 웅변의 중요한 요소가 신념과 사상인데 종교가는 그 신념과 사상에 있어서 다른 사람들보다 뛰어났기 때문이기도 하지만 교리를 전파하기 위해서 청중을 감동시킬 수 있는가를 연구했기 때문입니다.

왕필은 말의 목적이 '형상을 분명하게 하는 것'이고, 형상의 목적은 '마음속의 생각을 드러내는 것'이라고 했습니다.

"뜻은 형상을 통해 표현되고, 형상은 말을 통해 뚜렷해지며, 뜻을 다하는 것은 형상만한 것이 없고, 형상을 다하는 것은 말만 한 것이 없습니다."

로도스 성의 학원장 몰론은 키케로(기원전 106~43)에게 이렇게 가르쳤다고 합니다.

"바로 핵심을 말하라. 청중을 웃기고 울려라. 청중이 열광하면 얼른 자리에 앉아라. 눈물처럼 빨리 마르는 것이 없다."

말하는 기술이 없으면 지식이 힘을 못 쓰지만, 지식이 없이 입으로만 하는 웅변은 쓸모없다고 가르쳤습니다. 이러한 의미에서 보면 석가나 공자, 예수와 같은 이들은 모두 뛰어난 웅변가였습니다.

言: 발언하는 것으로 자신이 하는 말을 신에게 하는 뜻을 갖고 있습니다.
語: 상대의 말을 포함한 말하기입니다.

모든 사람으로부터 구원을 받게 하는 언어!
사람으로 하여금 신과 합하는 데에 이르도록 하는 언어!

예부터 언론의 자유가 있었던 사람은 직위를 가지고 있거나 어른이었습니다.
"애들이 무슨 말이 많나?" 하거나 직위가 낮은 사람의 말은 잘 듣지 않으려고 하거나 무시하는 경우가 많았습니다. 아랫사람에서 윗사람으로 바뀌는 순간 언어도 바뀌어야 합니다.

안정되면 편안한데 바뀌는 순간은 늘 혼란스럽기 때문에 떨립니다. 그리고 바뀌는 것에 급급해서 아무 생각도 안 나고 무슨 말을 했는지 알 수가 없게 됩니다.

올라가는 모든 것은 늘 위험 부담이 있습니다. 말을 잘하고, 잘할 수 있게 되면 지위가 올라갔거나 어른이 된 것이기 때문에 그 과정이 힘든 것입니다. 세상을 살면서 발표할 때처럼 긴장하고 떨릴 일이 없다고 합니다.

미국의 한 발표에 따르면, 여러 사람 앞에서 발표할 때의 스트레스 지수가 산에서 갑자기 호랑이를 만났을 때의 스트레스 지수와 같다고 합니다. 얼마

전에 상영되었던 영화 킹스 스피치는 말더듬이 영국 왕이 두려움에 떨면서 대중 연설에 성공해가는 과정을 그린 것이었습니다.

말하기에도 왕도가 없다는 사실!

제대로 연습하고 또 연습하는 길 외에는 방법이 없습니다.

당신의 고귀한 액체. 피와 땀과 눈물만큼 당신이 포기하지 않고 노력한 만큼 그 대가가 주어집니다. 백 번 시도해서 아흔 아홉 번을 실패하고 백 번째에 성공하면 그 아흔 아홉 번의 실패가 백 번째의 성공을 더욱 빛나게 합니다.

대가(大家)가 되려면 반드시 대가(代價)를 지불해야만 합니다.

사람들은 지도자는 수양을 해야 하고 내공이 쌓여야 한다고 합니다.

그런데 수양(修養)은 무엇일까요?

수(修)는 '닦다, 다스리다, 고치다'는 의미를 가지고 있습니다. 양(養)은 '기르다, 성장시키다'는 의미를 가지고 있는데 무엇을 닦아서 무엇을 기른다는 말일까요?

저는 울음을 닦아서 웃음을 기르는 일이 수양이라고 생각합니다. 걱정과 근심, 불안, 불편함, 소극적이고 부정적이고 책임을 회피하는 것이 울음이라고 생각합니다. 웃음은 편안하고 기쁘고 즐겁고 적극적이고, 긍정적인 것이라고 생각합니다. 수양은 결국 울음을 닦아서 웃음을 기르는 일이라고 생각합니다.

그렇다면 울음을 닦는 걸레는 무엇이겠습니까?

희망, 성실, 감사가 희망을 닦는 걸레라고 생각합니다.

울음에 직면하는 상태는 어떤 상태일까요?

가난, 비난, 실연, 늙음, 병듦, 죽음의 상태라고 생각합니다.

그러나 이 상태에 있다고 해서 다 울고 있지는 않습니다.

희망을 가지고 성실하고 어려운 상황에서 감사함을 찾을 수 있는 사람은 울지 않습니다. 부유하고 칭찬받고 사랑받고 젊고 건강하고 삶의 상태라고 해서 웃음의 상태라고 할 수는 없습니다. 부정적이고, 소극적인 생각을 가지고 불안해한다면 다 가지고도 울 수밖에 없는 것이 삶입니다.

🍀 낭독

어떤 글을 소리 내어 읽는 것을 음독이라 하는데, 여기에다 그 글의 내용에 따른 감정을 살려 읽을 때 이를 낭독이라고 합니다.

언어생활의 폭이 넓어지고, 무대예술 내지 매스컴의 발달로 낭독의 범위가 넓어져 낭독도 하나의 예술의 범주에까지 이르게 되었습니다. 최근에는 시 낭독회, 문학작품 낭독회 등이 자주 열리고 의식행사가 많아짐에 따라, 미리 준비한 원고의 낭독이 더욱 많아지고 있습니다.

낭독할 때 주의할 점

- 발음을 똑똑하게 한다. 발음을 잘못하면 구별하기 어려운 음문들이 많다.

  (ㅐ와 ㅔ, ㅚ와 ㅔ, ㅙ와 ㅞ, ㅡ와 ㅓ)

- 목소리를 잘 다듬어 고운 목소리로 낭독하여, 듣는 사람이 피곤하지 않아야 한다.

- 높고 낮음, 길고 짧음을 분명히 하여 그 뜻을 올바르게 전달한다.

  이것이 잘못되었을 때 그 뜻이 달라지는 경우가 많다.

  (말/말, 눈/눈, 밤/밤, 발/발, 사과/사과, 전기/ 전기)

- 가급적 천천히 읽되 입을 크고 정확하게 벌려야 한다.

  (너무 느리면 듣는 사람이 지루하다.)

- 띄어 읽기를 정확하게 해야 한다.

- 각종 음운 법칙에 의한 음운변화대로 정확하게 발음한다.

- 마이크 사용 시 주의점도 알아야 한다.(숨소리, 거리 조정 등)

- 잘못 낭독하였을 때는 당황하지 말고 틀리게 읽은 부분을 바르게 고쳐서 한 번 더 읽으면 된다.(변명이나 사설을 늘어놓을 필요는 없다)

- 낭독할 내용물을 미리 읽어서 그 내용을 충분히 이해하여야 한다.

- 암송과 낭독은 다르므로, 아무리 자신 있는 것이라도 원고를 꼭 휴대하고, 그것을 보며 낭독해야 한다.

프레젠테이션을 잘하려면

1. 무엇보다 중요한 것은 전달해야 할 내용에 초점을 맞추는 일이다.

먼저 내용이 명료하게 정리되어 있어야 한다. 주어진 시간에 비해 내용이 너무 많으면 청중의 주의력이 산만해지고, 너무 적으면 빈약하여 전문성을 의심받게 된다.

2. 이야기를 엮는 것이다.

사례를 들고 그 사례로부터 일반적인 원칙을 이끌어낸다. 그리고 그 원칙을 주장하려는 주제에 적용한다. 어떤 과정과 순서를 거쳐 핵심으로 접근할까? 이 질문에 답하라.

3. 일반적 도구를 고유한 방식과 잘 섞어 활용해야 한다.

논리적 단계로 이야기가 구성되면 그 하나하나의 장면을 어떻게 시각화하고 청각화할 것인지를 검토해야한다. 오감을 자극할 수 있으면 좋다.

4. 모든 실수를 무마시켜줄 비장의 무기를 하나 정도 가져야 한다.

이때 쓸 수 있는 대표적인 것이 유머와 열정이다. 유머는 실수를 돌연 느닷없는 친밀감으로 전환시켜준다. 유머감각이 발달해 있지 않은 사람들은 몇 가지 대안과 행동원칙을 미리 만들어 두는 것이 좋다. 그러나 역시 가장 좋은 것은 열정이다. 모든 설득은 열정에서 온다. 열정이 논리적 빈곤을 보완하고 의심을 믿음으로 치환하게 만들어 준다. 열정이 세상을 설득하는 것이다.

5. 다른 사람을 따라하지 않는다.

먼저 내용으로 승부하고 싱싱한 언어로 감동시키고 차분한 논리로 설득한다. 가장 나답기 때문에 다른 사람에게서 구할 수 없는 차별적 매력이다. 자기 스타일은 언젠가 스스로 만들어 내야한다.

그러나 그 전까지는 프레젠테이션의 일반적 방법을 배우고 자신에게 맞도록 훈련하는 것이 중요하다. 마치 검을 배우는 사람은 먼저 그 초식을 익히는 것과 같다. 일반적 기초를 익혀 익숙해지면 그때 자신만의 변주를 실험해 볼 수 있는 것이다.

프레젠테이션 할 때 청중을 사로잡는 노하우 3가지

첫째, 다 보여주지 말라.

파워포인트 발표 화면에는 말하고 싶은 핵심 내용의 일부만 넣는다. 화면에 핵심이 다 소개돼 있으면 청중은 다음 이야기를 예측해 집중도가 떨어진다.

둘째. 감성을 자극하라.

대부분 PT자료가 텍스트로 만들어져 있는데, 갖고 있는 디지털 카메라 및 캠코더를 사용해 보는 것도 좋다. 환경을 주제로 하는 발표라면 오염돼 가는 강물이나 죽어가는 새의 사진을 제시하면 효과적이다.

셋째, 추가 자료를 준비하라.

가능하다면 발표 이후 중간 중간 제공할 수 있는 추가 자료를 준비해 보라. 풍부한 주석과 상세한 예시 자료가 있는 자료라면 청중의 집중도를 더욱 높일 수 있다

강의를 잘하기 위한 기본

1. 전문성을 기른다.
2. 다양한 접근법을 개발한다.(수업 모형의 적용 및 새로운 것)
3. 많은 경험을 하도록 한다.(경험이 없는 강의는 영혼이 없는 강의)
4. 강의 형태를 결정하고 그에 맞는 준비를 한다.(충실한 준비)
5. 강의 자료를 조합하고 시간에 맞는 규모로 만든다.
6. 대상에 맞는 내용으로 이해가 쉽도록 한다.
7. 언어를 정화하고 청중과 어울리는 단어를 선택한다.
8. 지루하지 않게 하고 압축하여 전달한다.
9. 예를 만들고 그 예를 들고, 즐겁고, 쉽게 알아듣도록 한다.
10. 목을 풀고, 발성법을 연구하여 익히는 게 좋다.
11. 예의를 갖추고 활달하게 진행한다.
12. 확신을 가지고 신념 있는 태도로 임한다.

아버지가 가르쳐 주셨던 이야기

우리말에서 '무섭다'는 뜻은 말미가 무엇이며 어떠한지를 알고 있을 적에 빚어지는 느낌을 말하고 '두렵다'는 뜻은 힘의 말미가 무엇이며 어떠한지를 모르고 있을 적에 빚어지는 느낌을 말한다고 합니다.

저는 부모님이 연세가 든 뒤에 태어나서 아버지께서는 늘 당신 사후에 딸이 어떻게 살까? 걱정하셨던 모양입니다. 제가 초등학교 5학년 때에는 담력을 키우기 위해서 한 밤중에 공동묘지에 데리고 가서 아버지의 옷을 꽉 잡은 저의 손을 뿌리치고 달아나신 적도 있었고 눈에 보이지 않는 것은 믿지 말고 두려워하지 말라고 하시며 제게 현실직시(現實直視)를 주문하셨습니다.

태조 이성계의 아버지 이자춘의 이야기를 하시며 신 앞에서도 당당하게 배짱을 가지라고 하시며 정직한 말을 왜 당당하게 못하느냐? 입안에 넣고 우물우물하는데 누가 알아듣겠느냐? 단음을 장음으로 발음하거나 그 반대로 하셨을 때에도 즉각 고쳐 주셨습니다. 밝혀 두지만 제 말하기 스승은 아버지셨습니다.

우리의 인생을 마음속으로 당당하게 생각하지 못할 때 기억하라고 말씀드리고 싶습니다. 인생을 묻겠습니다. 어떻게 질문하느냐는 결과에 굉장한 영향을 미칩니다.

태조 이성계의 아버지 이자춘은 기골이 장대한 사나이였다고 합니다. 그런데 젊은 시절에 노름에 빠져 빚을 지게 되어 쫓기는 신세가 되어 남의 집에 머슴살이를 하게 되었습니다. 대단한 배짱을 가진 야심가였다고 합니다. 이 배짱으로 신과도 거래한 전해오는 이야기가 있습니다.

이자춘은 자신의 신세가 한탄스러웠을 것입니다. 쫓기는 신세가 되어 남의 집 머슴살이나 하고 있었으니…….

그런데 산에서 나무를 하다가 지게를 베고 깜빡 잠이 든 이자춘의 귀에 두런두런 소리가 들렸습니다.

71

"여기 이 터에 묘를 쓰면 왕이 날 자리야."

주변을 둘러보니 노스님과 젊은 스님이 보였습니다.

기골이 장대하고 힘센 사나이 이자춘은,

"어디에? 어디에 쓰면 왕이 난다고?"

"너 같은 머슴 주제에 가르쳐 주면 아까운 땅만 버리는 꼴인데……. 세상에 공짜는 없는 법! 이 땅을 제압하려면 소를 백 마리나 희생제물(犠牲祭物)로 바쳐야 땅이 제압이 될 텐데. 끌끌."

스님들을 어르고 협박한 이자춘은 어떻게 하면 되는지 방법까지 알게 되지만 그의 힘은 소 한 마리도 구할 수 없는 처지였습니다. 이자춘은 고민했습니다.

그 당시 농경사회는 사람 목숨보다 더 비싼 것이 소였는데 한 마리도 아니고 백 마리를 제물로 쓰라는 데 처음에는 자신의 후손이 왕이 된다는 데 부푼 희망, 바람이 가득했지만 현실을 보니 일시에 그 희망이 그 바람이 걱정으로 한 숨이 되어 바람이 빠져 나가고 있었습니다. 그러나 그의 바람이 그렇게 쉽게 절망이 될 수는 없었습니다.

이자춘은 봄비가 부슬부슬 내리는 어느 날, 새끼를 꼬다가 방 밖을 내다보게 되었습니다. 주인집의 소가 흰색이었습니다. 그는 옳다구나! 무릎을 치며 그 길로 주인집의 흰 소를 몰고 가서 죽을 각오로 흰 소의 목을 쳐서 피를 뿌리며 "산신령님! 흰 소(白牛)나 백 마리의 소(百牛)나 백우는 같지 않습니까? 이 터를 부디 제 후손이 왕이 되도록 도우소서!"

신 앞에서도 당당하게!

백우(白牛) = 백우(百牛)

필사즉생(必死卽生) 필생즉사 (必生卽死)

배짱, 믿음, 기지!

흰 백(白)자나 백(百) 발음은 같습니다.

다시 주인집으로 돌아갈 수도 없고, 죽을 각오로 거사를 마치고 도망치는 과정에서 여인을 만나 이성계를 낳게 되는 것입니다. 이런 아버지를 가진 이성계는 성장에너지를 타고 난 행운아였던 셈입니다. 아버지의 이런 삶의 이야기를 들은 아들 이성계의 왕이 되고자 하는 동기유발은 강한 것이었습니다.

자신의 인생을 알고 싶었겠지요?

용한 점쟁이를 찾아가게 됩니다. 그 점쟁이는 그 사람이 좋아하는 글자를 보고 점을 친다고 했습니다. 이성계도 일반인은 아니어서 쉽게 자신을 노출하고 싶지는 않았을 것입니다.

자기 옷을 벗어 거지에게 입힌 뒤에 "인생을 묻겠습니다." 하는 물을 문(問)자를 써서 그 용한 점쟁이에게 보냅니다.

그 점쟁이는 "너는 거지다. 왜냐하면 문(門)에다 입(口)을 걸고 다니지 않느냐?" 고 말했다고 합니다. 이 사실을 들은 이성계는 거지 옷을 입고 역시 "인생을 묻겠습니다." 하는 물을 문(問)자를 들고 갔다고 합니다.

이 용한 점쟁이는 어떻게 해석을 했겠습니까?

"당신은 이렇게 해도(君) 저렇게 해도(君) 임금이 될 것이오"라고 했다고 합니다.

그가 설령 거지 옷을 입었다고 하나 그의 태도를 보면 알 수 있는 것입니다.

당신도 알고 있겠지만 인생을 백점으로 만드는 방법은 태도에 달렸다고 합니다.

인생을 묻겠습니다. 물을 問

물을 문(問)자 한 글자를 놓고도 해석을 달리할 수 있습니다.

물을 問=문 문(門)+입 구(口)로 해석하면 언제나 문 앞에 서성이는 꼴입니다.

문 앞에서 서성이는 것은 거지이거나 초보입니다.

물을 문(問)은 이렇게도 볼 수 있습니다.

물을 問=임금 군(君)+임금 군(君)

이렇게 해도 임금 君! 저렇게 해도 임금 君을 생각하시며 자신의 미래를 믿어야 합니다. 그러면 무섭거나 두려운 상태, 불안감에서 자유로울 수가 있고 당당한 삶을 살 수 있습니다. 쓸데없는 불안이 우리를 꼼짝 못하게 하는 경우가 많습니다.

또 불안해서 더 열심히 달리는 경우도 있습니다. 불안이 우리를 공처럼 튀게 만드는 지도 모릅니다.

'공'이라는 글자를 자세히 보면 당신도 알 것입니다.

운을 돌려보면 '공'자가 되는 것을!

운 + 바람 = 꿈

공 + 바람 = 골인(목표 안으로 들어가야 한다)

운이나 공에는 바람이 들어 있어야 합니다.

운에는 활기가 가득한 바람. 바에다 강세를 두는, 바라는 바 소망이 많은 바람이 가득해야 이뤄지고 공에는 공기가 가득한 바람이 가득해야 통통 튀는 것입니다.

공 .... 운

바람 .... 바람

공기 .... 활기

목표(goal) .... 꿈

운도 공처럼 튑니다. 그렇기 때문에 제대로 바람이 들어야 됩니다. 그리고 운도 공도 제대로 쳐야 됩니다. 운이 좋을 때에는 우리가 상상할 수도 없이 공처럼 튀게 되어 있습니다.

이때 필요한 것이 위치 찾기, 중심잡기, 균형 맞추기입니다. 운은 공과 같아서 바람(소망)이 강해야 튈 수 있습니다. 공에 바람이 빵빵하게 들어 있어야 잘 튑니다. 그러나 잘 튀는데 그쳐서는 안 됩니다. 공은 골인(goal in)이 되어야 합니다. 목표 안으로 들어가야 합니다. 아무리 운동장을 달리고 달려도 골인이 되지 않으면 소용이 없습니다.

운도 그렇습니다. 바람만 가득하여 활기는 있지만 남을 부러워만 하면 제대로 이루어지기가 어렵습니다. 바람은 어떤 일이 이루어지기를 바라는 마음이고 단순한 희망입니다.

꿈은 자신의 의지, 내 마음의 에너지가 첨가된 것입니다. 꿈은 반드시 이루고야 말겠다는 결단이 들어 있습니다. 바람은 미치지 않은 상태이고 꿈은 미쳤다는 소리를 듣는 단계입니다.

균형 맞추기(生: 삶이란 소 한 마리(牛)가 외나무(-) 건너듯 하는 것

자기 위치를 못 찾으면 신(God)이 개(Dog)가 되기도 하는 것입니다. 중심잡기(中)를 못하게 되면 치우쳐서 쓰러지게 되는 것입니다.

사람은 균형을 맞추면 되지만 소는 한 다리가 올라가면 세 다리가 빠지는 격입니다. 가정과 일의 병행, 상하좌우의 균형 맞추기가 인생인 것입니다.

이때 필요한 것이 소원인 바람과 공기를 이동시키는 바람이 같다는 것은 얼마나 재미난 사실입니까?

확실하게 꿈을 가져야 합니다. 바람만 가득해서는 아무 소용이 없는 것입니다. 열정과 인내를 함께 가져야 목표를 이룰 가능성이 큽니다. 인내를 아무것도 하지 않고 무작정 참고 기다리는 것으로 생각하는 사람이 많습니다. 인내란 막연하게 기회가 오고 조건이 성숙하기를 기다리는 것이라고 생각하기도 합니다.

그러나 인내는 끊임없이 작은 기회를 만들어 내고 그것을 놓치지 않으려고 노력하는 것입니다. 오히려 무수한 도전을 하고 실패를 겪어내는 것이 인내입니다. 이러한 과정을 통해서 자신의 역량은 물론이고 주변조건까지 만들 수 있습니다.

위기 극복 4단계 공식

첫째, 인정

인정하기까지는 또 4단계를 거친다고 합니다.

자신의 해고나 파산 등 실수를 ①부정하고 ②분노하고 ③우울해하다가 ④ 수용하게 된다고 합니다.

둘째, 수정

방법을 바꿔봅니다. 목표도 수정하며 ①경청하고 ②화를 수그러들게 하는 90초 동안 참으며 ③당신이 받고 싶은 대로 베푸십시오.

셋째, 열정

도전과 열정은 나이와 관계가 없습니다. 누구에게나 똑같이 주어지는 24시간을 어떻게 사용하느냐가 중요합니다. 눈물과 땀과 피는 우리를 절대로 배반하지 않습니다.

넷째, 긍정

무모한 꿈과 절대 긍정이 성공 아니면 출세를 하게 합니다.

어떤 상황이 주어졌을 때 해석! 그렇죠. 해석이 중요합니다.

그보다도 직접해보는 것이 재미있습니다.

더하기(+)를 방향을 조금 바꾸면 곱하기(×)가 됩니다.

처음에는 + 인지 × 별 차이가 나지 않습니다.

그렇지만 시간이 지나면 확실하게 차이가 납니다.

스스로의 미래를 굳건하게 믿으시고 오~늘 하십시오!

오늘 = 오(감탄사) + 늘(언제나, 항상)

오늘을 영어로 today로 해석하면 안 됩니다.

Present!(선물)

'오'는 감탄사 '늘'은 언제나 항상이란 뜻입니다.

영어로는 Present is Present.(오늘이 곧 선물입니다)

오늘은 살아온 날에서는 가장 늙은 날이지만 살아갈 날에서는 가장 젊은 날입니다.

주택 복권 1등에 당첨된 분이 자기가 복권에 당첨된 것이 너무 신기해서 용하다는 점쟁이를 찾아 가서 물어 보았다고 합니다.

"사주팔자에 복권 당첨되는 것이 들어 있느냐?"

그랬더니 사주팔자에 없다고 하더랍니다. 간혹 횡재수가 있기는 하지만 복권이 당첨되는 사주팔자는 없다고 하더랍니다.

'오늘'을 사는 것이 정답이라고 합니다. 하루 운수 일진에 달렸다고!

3말 원칙의 말하기

첫째, 말할 것을 말하라.

둘째, 말하라.

셋째, 말했던 것을 말하라.

예문〉

첫인사: 반갑습니다. ○○○입니다.

선주제문: 저는 지금부터 ○○○에 대해 말씀드리겠습니다.(말할 것을 말하라)

화제전개: ~좋은 예로 ~한 사건이 있었습니다.(말하라)

촌평: 그것을 보고 저는~ 〈이렇게〉느꼈는데 여러분은 어떻게 생각하십니까?

후주제문: 저는 지금까지 ○○○에 대해 말씀드렸습니다.(말했던 것을 말하라)

끝인사: 경청해 주서서 감사합니다.

1. 말하기에서 서론의 3가지 기능

    1) 청자의 관심을 불러일으킨다.

    2) 연사의 공신력을 제고한다.

    3) 연설요지를 간략히 미리 알려준다.

2. 말하기 결론의 3가지 기능

    1) 우아하게 끝낸다.

    2) 연설요지를 기억할 수 있도록 해준다.

    3) 연사의 이미지를 제고시킨다.

말하기 기본 원칙

1. 온화하고 부드러운 표정으로

2. 침착하고 여유 있는 태도로

3. 그 장소에 맞는 크기의 목소리로

4. 입을 약간 크게 벌리고 정확한 발음으로

5. 목적과 장소에 어울리는 입말을 사용하고

6. 내용과 관중의 반응에 맞추어서

7. 극적(DRAMATIC)으로 표현한다.

대중연설 기법

1. 서두를 힘 있게 시작한다.

    깜짝 놀랄 만한 통계나 우스운 인용구로 청중의 주의를 사로잡는다.

2. 일화, 실례, 증거를 많이 사용한다.

    청중에게 직접 연관이 되고, 연설의 흐름을 도울 수 있는 것을 구체적으로 극적으로 이야기한다.

3. 구어체를 쓴다.

듣는 사람으로 하여금 친근감을 느낄 수 있도록 쉬운 단어, 짧은 문장, 반복, 질문 등을 사용한다.

4. 시각적으로 묘사한다.

시각적으로 묘사하면 청중들의 상상력을 자극하여 똑같은 메시지라도 훨씬 강력한 인상을 준다.

5. 기쁘게 편안하게 말한다.

연사가 여유가 있고, 편안해 보이면 듣는 사람들도 부담이 없다.

연사가 마지못해 이야기하는 것처럼 보일 때, 감동 받을 청중은 없을 것이다.

6. 긍정적으로 이야기한다.

사람들은 두려움을 자극하는 사람보다는 희망을 주고 용기를 주는 사람을 좋아한다.

7. 활기차게 말한다.

연사는 청중의 분위기를 조절하고 있다. 연사가 활기 있게 이야기하는데 졸고 있는 사람은 없을 것이다. 얼굴에 생기를 띠고 말하라.

8. 진지하게 말한다.

훌륭한 연설이 말로 그치는 빈껍데기가 아니라는 사실을 입증하기 위해 말 한마디 한마디를 진지하게 한다.

9. 자신 있게 말한다.

자기가 말하고 있는 것을 분명히 알고 있다는 인상을 준다. 권위자로 초빙되어 확신 없이 말하는 것처럼 청중을 실망시키는 것은 없다.

10. 청중에게 골고루 시선을 준다.

허공이나 원고에 시선을 교정시키거나 한쪽만 쳐다보는 일이 없이 청중 한 사람 한 사람에게 따뜻한 시선을 보내라.

생활 속의 말하기

1. 인사말을 분명히 하라.

인사는 생활의 기본이며 인사말은 화술의 기본이다. "안녕하십니까? 반갑습니다. 고맙습니다. 미안합니다."등을 씩씩하게 하라.

2. 불평, 불만, 비난의 말을 삼가라.

새로운 변화를 위한 비판은 필요하지만 매사를 부정적으로 보고 삐딱하게 말하는 습관은 자기와 남을 파멸시킨다.

3. "예, 아니오" 를 분명히 하여 주체성을 확립하라.

"싫으면 싫다" "좋으면 좋다" 소신을 분명하게 하고 말끝을 흐리지 말라.

4. 상대(동료, 사장, 강사 등)가 말(대화, 연설, 토론)할 때는 눈과 귀와 가슴을 열고 경청하라.

경청은 화술의 필요조건이다. 진지하게 끝까지 듣고 나서 공감 수긍 내지 반론이나 대안을 피력하라.

5. 윗사람(사장)에게 보고할 때는 겸손과 당당함을 함께 갖춰라.

결론 → 이유 → 경과 순으로 간결하게 하되 사안이 복잡할 때는 메모 또는 서류로 정리하여 하라.

6. 칭찬과 격려를 많이 하라.

칭찬과 격려는 사기를 진작시키고 자신감을 갖게 하며 말하는 사람과 듣는 사람 모두를 기분 좋게 한다.

7. 미소 띤 얼굴로 말하라.

표현에는 언어적 요소와 비언어적(非言語的) 요소가 있다. 입으로만 말하려 하지 말고 눈과 표정, 손과 몸으로 말하라.

8. 광고의 효과를 활용하라.

모든 광고는 장점만을 대중에게 널리 알린다. 처음에는 의심하지만 긍정적 암시를 계속하여 상승효과를 꾀하라.

9. 쉽게 말하라.(재미있게 말하라)

1) 가벼운 화제에서 심각한 화제로

2) 쉬운 화제에서 어려운 화제로

3) 과거에서 현재로, 현재에서 미래의 화제로

4) 구체적인 화제에서 추상적인 화제로

5) 전달하는 화술에서 설득하는 화술로

유창한 말하기의 기본

1. 화제를 풍부하게, 대화는 즐겁게 하라.

- 청중에게 도움이 되는 내용이어야 한다.

- 상호간의 공감이 형성되는 이야기여야 한다.

- 쌍방향 의사소통이 되도록 한다.

- 반복되는 화술을 전개하지 말아야 한다.

2. 말 잘하는 사람은 잘 듣는 사람이다.

- 듣기는 화술의 근본이다.

- 듣기는 쌍방향 의사소통의 기본이다.

- 듣기로 상대방의 본심을 이끌어 내라.

- 들을 때는 적절한 도움을 주기 위한 마음을 가져라.

3. 신체언어(Body Language)는 좋은 의사소통(Good Communication)의 필수품이다.

   - 눈빛과 표정은 곧 제2의 화술이다.

   - 첫인상은 만남과 대화에서 큰 선입견을 준다.

   - 나쁜 태도는 나쁜 감정을 전달해 주는 역할을 한다.

   - 적절한 신체 언어(Body Language)는 화술에서의 상승효과를 가져다준다.

4. 대중화술을 익혀라.

   - 준비를 철저히 하라.

   - 대중연설은 시작이 중요하다.

   - 상대방이 공감이 가는 말하기를 하라.

   - 즉석 말하기에 능숙해라.

   - 열의와 자신감을 갖고 하라.

성공하는 말하기

1. 자신감은 성공을 부른다.

2. 애정이 담긴 말이 사람을 움직인다.

3. 열등감을 자극하는 말은 삼간다.

   대부분의 열등감은 타인의 지적이나 평가에 의해서이다.

4. 힐책은 한 번으로 끝낸다.

   긴 말이나 짧은 말이나 내포하고 있는 말은 한 가지다.

5. 자상한 배려가 앞선 힐책을 한다.

   상대방이 '꾸중을 받았다'가 아닌 '격려를 받았다'고 생각해야 한다.

6. 충고는 칭찬에서부터 출발한다.

잘못을 지적하되 따뜻한 칭찬의 말로부터 시작하라.

7. 둘 만 있는 공간에서 질책한다.

8. 변명에는 직접적인 충고로 대응한다.

9. 문제점은 구체적으로 지적한다.

상대가 무엇을 잘못했는가를 깨닫게 할 수 있어야 한다.

10. 겸손한 태도로 충고한다.

11. 즐거운 대화를 이끄는 사람이 주목받는다.

12. 실수를 두려워하지 않는다.

인간은 누구나 실수를 경험하며 살아간다.

13. 질문을 통해 심리를 파악한다.

인간적인 관심을 가지고 그에게 질문하라.

14. 호소는 최고의 전략이 될 수 있다.

호소력이 없는 설득은 힘을 발휘하지 못한다.

15. 자기만의 독특한 상표를 만든다.

16. 열정적인 표현으로 상대를 압도한다.

정열의 입을 열면 반드시 상대를 굴복시킨다.

17. 시각적 언어로 공략한다.

시각적인 언어가 많으면 많을수록 강렬한 메시지를 남길 수 있다.

18. 유머는 대화의 청량제와 같다.

19. 위트는 대화의 장벽을 무너뜨린다.

20. 미소는 또 다른 미소를 낳는다.

말하기 구상

1. 실감나는 예화

    1) 공감을 얻을 수 있는 주인공을 설정합니다.

    청중의 수준을 고려해 그들과 비슷한 사람을 주인공으로 이야기해야만 공

    감이 쉬워집니다.

    2) 역경에 처한 주인공이 더 실감납니다.

    하는 일마다 잘되고, 하는 일마다 순탄하다면 재미가 없습니다.

    주인공이 억울함을 당하면

    청중은 자기에게 생긴 일처럼 공감하며 안타까워합니다.

    3) 역경을 극복하는 이야기가 좋습니다.

    주인공이 역경에 허덕이다 그대로 끝이 나는 이야기는 안 됩니다.

    온갖 어려움을 당하면서도 절망하거나 포기하지 않고 어려움에 굴하지

    않고 극복하는 이야기가 더 희망적이고 실감나는 이야기가 됩니다.

2. 피하고 싶은 이야기의 소재

    1) 선현의 가르침을 그대로 전하는 이야기

    2) 표현은 겸손하나 은연중 자랑으로 느껴지는 이야기

    3) 사랑과 나눔을 종교적인 의미로 한정하는 이야기

    4) 부정적 시각으로 사회의 어두운 면을 비판하는 이야기

3. 바람직한 이야기의 소재

    1) 자신의 경험으로부터 깨달은 특별한 의미의 이야기

    2) 타인이 경험으로부터 깨달은 특별한 의미의 이야기

3) 자연이나 사회현상으로부터 찾아낸 자기성찰의 이야기

4) 일상생활에서 얻은 고귀한 생각이나 강렬한 느낌에 관한 이야기

5) 명확한 한 마디로 함축될 수 있는 인생의 체험담

4. 이야기의 구성과 표현

훌륭한 소재의 이야기가 부자연스럽게 구성되거나 부적절하게 표현됨으로써 아쉬움을 남기는 경우가 적지 않습니다.

1) 우리가 아는 것은 듣거나 느낀 것이므로 폐쇄적인 표현보다 개방적인 표현이 더 자연스럽습니다.

   예〉 합니다, 입니다. → 생각합니다, 알고 있습니다, 들었습니다.

2) 지시형이나 권유형보다 고백형이 가슴에 다가옵니다.

   예〉 하십시오, 해야 합니다. → 하려고 합니다, 해봅시다.

3) 간결하고 담백한 이야기가 강렬한 인상을 줍니다.

4) 발산된 감정보다 절제된 감정이 진한 감동을 줍니다.

5) 자랑처럼 느껴지는 이야기는 심리적 저항을 일으킵니다.

   헌신이나 나눔도 사실은 스스로 좋아서 선택하는 것이기 때문입니다.

5. 이야기의 준비

주제가 추상적이어서 이야기의 줄기를 잡기가 어려운데 어떻게 준비할까요?

1) 주제의 본질에 맞되 보다 구체적인 제목으로 한정한다.

2) 먼 곳이 아닌 가까운 일상생활에서 소재를 찾는다.

3) 평소에 독서와 사색을 통하여 소재를 살찌운다.

4) 글로 쓴 후 첨삭을 계속하여 간결하게 압축한다.

5) 여러 번 읽어 느낌이 스미게 하고 소요시간을 측정한다.

6) 여운이 진하고 짧은 마무리 메시지를 찾아낸다.

6. 주제의 본질과 적절한 이야기 소재

크리스토퍼 리더십 이야기

〔용기〕 **두려움의 극복과 자기다움.**

1. 하고 싶은 일과 해야 할 일의 선택에 따른 갈등과 결단

2. 모욕과 분노를 인내하고 이루어낸 화해

3. 타인의 잘못을 용서하고 얻은 마음의 평화

4. 소심한 태도를 극복하고 당당히 맞선 의지

5. 자신의 잘못을 솔직히 인정하고 극복한 위기

제3강

사람

반갑습니다

" 사람 "

사람은 타인을 통해서만 사람이라는 것을 증명할 수 있습니다. 마르크스는 사람이 세상으로 나올 때 거울을 가져오지 않았기 때문에 다른 사람을 통해서 자신을 반영하고 인식한다고 했습니다.

인간의 확증은 인간과 인간 간의 상호 증명, 혹은 인간과 인간 사이의 상호 확증입니다. 정감이란 인간과 인간 간의 상호 확증의 심리 체험입니다.

성(性)은 나면서부터 그러한 것, 성(性)의 호오(好惡)와 희로애락(喜怒哀樂)을 정(情)이라고 합니다.

국어사전에서는 사람을,

1) 생각과 말을 하고 기구를 만들어 쓰며 사회를 이루어 사는 동물

   〈우리말 큰사전〉

2) 생각을 하고 언어를 사용하며, 도구를 만들어 쓰고 사회를 이루어 사는 동
   물 〈표준 국어 대사전〉

3) 자연과 사회의 주인으로서 자주성과 창조성, 의식성을 가지고 있으며
   세상에서 가장 발전되고 힘 있는 사회적 존재 〈조선어대사전〉

이렇게 서술해놓았습니다.

우리 사전에는 사람을 동물로 표현하고 북에서는 그나마 사람을 동물로 표현하지는 않았지만 우리 겨레는 예로부터 자연을 고마운 벗으로 함께 더불어 살아가고자 했는데, 사람이 주인으로 자연을 마음대로 부리려하는 것에는 김수업 선생은 마뜩찮게 생각하십니다.

어떤 분은 '사람'을 '삶'이라고 풀이했습니다.

'사람'이란 말에 들어 있는 음운을 간추리면 곧 '삶'이 된다고 본 것인데, 과연 '사람'에 들어 있는 음운에서 거듭 쓰인 'ㅏ'하나를 버리고 나면 '삶'만 남습니다. 그분은 또 사람의 값어치는 어떻게 사느냐하는 삶에 따라 매겨지는 것이라고 했습니다. '사람'이라는 낱말은 본디 '살다'라는 움직씨에 '암'이라는 이름씨 씨끝이 붙어서 이루어진 이름씨 낱말입니다. 뜻으로는 '사는 것' 또는 '살아 있는 것' 곧 '삶'입니다. 일찍이 국어 학자들이 이렇게 밝혀 놓아서 우리 모두 그렇게 알고 있습니다.

여기서 김수업 선생의 견해를 더하면,

사람 = 살다 + 알다

맞춤법으로 하면 '살다'의 줄기 '살'에다가 '알다'의 줄기 '알'을 이름꼴 '앎'으로 바꾸어서 붙인 것으로 살+앎=[삶+앎]으로 삶을 아는 것이 곧 사람이고 삶을 아는 목숨이 사람이라는 뜻입니다.

왜 사는지를 알고, 어떻게 살아야 하는지를 알고, 어떤 삶이 보람차고 또 헛된지를 알고 무엇이 값진 삶이며 무엇이 싸구려 삶인지를 알고서 살아가는 목숨을 사람이라 부른다고 했습니다. 국어 학자들은 한자를 사용해서 풀이하는 것을 마뜩찮아 하지만 우리는 1500년 동안 한자의 영향을 받았습니다. 그래서 그 전부터 우리말에는 한자의 그림자가 있을 수밖에 없습니다.

사람(四覽)=넉 사(四) +볼 람(覽)

볼 람(覽) =볼 견(見)+볼 관(觀)

소통과 화합하는 차원에서 저는 사람을 사람(四覽)이라고 생각합니다.

볼 견(見)은 눈으로 겉을 보는 것이고 볼 관(觀)은 속까지 자세히 보는 것을 말합니다. 도서관에 가면 열람(閱覽)한다고 하고 영화는 관람(觀覽)한다고 합니다. 관상(觀相)을 본다는 것은 서로 속을 보려는 것입니다. 사람의 람(覽)은 '보다'는 뜻이지만 미래 전망까지 보는 것입니다. 그러므로 사람을 볼 때에는 얼굴이 있는 앞만 보고 말하면 단편적으로 말하게 됩니다. 사람을 말할 때에는 전·후·좌·우 네 방향과 겉과 속 그리고 미래까지 보고 판단해야 하는 것입니다.

"'바둑아, 바둑아, 나 하고 놀자'를 가르칠 때에는 일본의 영향력이 있었을 것이다. 겉으로는 아이들과 글이 친하게 하려고 그랬다고 하지만 아이들이 개하고 노는 일은 생각이 없도록 하는 것이다. 개판 오 분 전이지."

"아버지 개판 오 분 전이 뭡니까?"

"사람들은 개판이 개의 판인 줄 알지만, 뚜껑 열기 5분전이라는 말이다. 미리 가서 기다리면 좋을 텐데 문 열기 5분 전에 가서 야단법석을 떠는 거다. 그때는 개나 사람이나 질서를 잃어버리게 되어서 개(犬)인지 여는 개(開)인지 분간이 안 되는 세상이었던 거지. '어머니, 어머니, 우리 어머니'를 배운 세대는 그래도 부모를 공경할 수 있는 효(孝)를 알던 시대이다. 이때 어머니는 신사임당을 두고 하는 말이다. 신사임당은 동양 삼국의 어머니다.

그리고 '나, 너, 우리' 이 교과서를 배운 사람들은 자기만 아는 나쁜 사람이 되었다. 나쁜은 자기만 아는 '나뿐인'의 준 말이다."

기나긴 밤 시간 아버지의 이야기를 들으며 잠들었던 시간이 그립습니다.

이야기는 훈육을 하는 힘, 감성을 불러일으키는 힘, 감동을 주는 힘, 변화를 일으키는 힘, 심신의 기적을 창출하는 힘, 치유하는 힘이 있습니다. 이야기는 지혜와 도덕, 인생철학을 전해주는 중요한 수단입니다. 그런데 요즘 어린이들은 체온이 있는 따뜻한 귀로 듣는 이야기를 듣지 못해서 감성이 메말라가는 것 같습니다.

부모의 따뜻한 체온보다는 다른 것에 길들여지고 길러져서 그런 것 같습니다. 부모와 접하기 전에 기계를 먼저 접하고 태어나면서부터 사람을 알지 못하니 이해할 수도 없고 사람을 만나는 것보다는 기계가 익숙하고 편해져서 이렇게 소통과 화합을 교육할 수밖에 없는 시대가 된 것 같습니다.

엄마 뱃속에 든 아이가 잘 있는지 엄마가 열심히 귀 기울이고, 느끼며, 마음 다하지 못하고 초음파를 통해 존재를 묻습니다. 태어나면 엄마의 몸에서 만들어진 최고의 먹거리 모유대신 소의 젖을 먹이고 엄마 가슴의 따뜻한 체온 대신 플라스틱의 딱딱함부터 만지며 느끼니 사람마다 플라스틱 같은 인성을 갖게 되는 것 같습니다.

사람은 이야기를 통해 얼이 여물어 집니다. 오랜 시간 대화가 없어서 외로움이 느껴지면 무기력해집니다. '혼자라는 것은 영혼이 잠을 자라는 뜻이라고 아버지께서 일러 주셨습니다.

우리 몸도 너무 많은 잠을 자게 되면 운동량이 부족해 근육이 빠지고 빠릿빠릿 움직이지 못합니다. 영혼도 그렇습니다. 많은 사람들 사이에서 토론하고 대화해야 재치도 있고, 훌륭한 창의성이 생기고 알찬 생각이 되는 것입니다.

긴 시간의 외로움은 사람의 얼을 설익게 만드는 경우가 많습니다. '불쌍하다'는 말은 쌍을 이루지 못해 균형이 깨진 상태라고 합니다. 당신은 독자, 저는 저자! 독자가 없는 저자는 혼자가 되어 외롭습니다. 읽은 감성을 나누어 주시면 소통이 되고 화합이 되어 가슴이 훈훈해질 것입니다.

언제나 둘러보면 당신 주위에 사람이나 사랑이 없는 것 같지만 당신이 갖고 있는 당신의 재능을 반드시 얻고 있음을 잊지 마시기 바랍니다.

외로워서 움츠리지 마시고 당신의 입, 손, 발, 마음으로 당신이 가진 재능을 펼치시기 바랍니다. 외로움에게도 입으로 말을 걸고 손 내밀어 악수하시기 바랍니다. 이 세상을 살다간 사람들을 보면 외롭거나 불쌍해서 남긴 업적들이 많음을 알 수 있습니다. 당신이 외롭다면 우리는 이미 외로움의 쌍벽을 이뤘습니다. 외로움을 잘 갈무리해서 대의를 펼치길 응원합니다.

우리말에는 '보다'는 단어가 아주 많습니다. 본다는 것은 '만난다'는 것입니다. 보고(見), 만나고(友), 서로 안다(知)는 것입니다. 즉 관계를 의미합니다.

과학적인 견지에서 보자면 '본다'는 것은 외부 대상으로부터 반사된 빛을 망막을 통해 수용하여 일정한 생리적 과정을 거친 결과를 통칭하는 말입니다. 여기에서 주목하고자 하는 바는 '눈'과 같이 빛을 감지할 수 있는 감각기관이 있기에 외부 대상으로부터 반사된 빛을 수용할 수 있다는 점입니다.

눈으로는 당연히 본다고 생각합니다. 그러나 모든 감각기관이 봅니다. 코로 냄새 또는 향기를 맡아 보고, 입으로는 맛보고, 귀로도 들어 봅니다. 가슴으로 안아보고, 손으로 만져보고, 발로 밟아보고.

🍀 보다

사람을 몸으로만 보면 누리 안에 잠시 머무는 한낱 먼지에 지나지 않는다고 해야 옳다. 그러나 사람은 온 누리를 모두 받아들여 갈무리하고도 남을 만한 크고 넓은 마음을 지니고 있다. 그래서 사람은 태어나는 그날부터 몸으로 온 누리를 받아들여 마음에 갈무리하면서 끝없이 자란다. 그러고는 스스로 '작은 누리(소우주)'라 뽐내기를 서슴지 않는다.

사람이 누리를 받아들이는 몸의 창문을 다섯 가지로 꼽는다.

얼굴에 자리 잡은 네 구멍, 곧 눈과 귀와 코와 입에다 온몸을 덮고 있는 살갗 하나를 더해서 다섯이다. 이를 다섯 가지 창문이 누리를 받아들일 적이면 눈은 '보다', 귀는 '듣다', 코는 '맡다', 입은 '맛보다', 살갗은 '느끼다' 같은 노릇을 한다. 이를 가운데서도 '보다'는 가장 많은 것을 받아들이는 창문이라는 사실을 세상 학자들이 두루 밝혀 놓았다. 게다가 "백 번 듣는 것이 한번 보는 것만 못하다." 하는 속담은 '보다'가 가장 또렷하고 알뜰하게 받아들인다는 사실을 말해 준다.

≪표준국어대사전≫을 열어 보면 움직씨 '보다'의 뜻풀이를 스물여덟 가지나 내놓았다.

게다가 '보다'가 다른 움직씨를 돕는 도움움직씨로 쓰이는 뜻풀이로 네 가지, 다른 그림씨를 돕는 도움그림씨로 쓰이는 뜻풀이로 네 가지도 내놓고 있다. 모두 보태면 '보다'는 서른여섯 가지 뜻으로 쓰인다는 말이다. 그런데 며칠 전에 어떤 분이 무슨 이야기를 하다가 "영어에는 '보다'라는 낱말이 'See, Look, Watch, Gaze, Glance, Stare' 같이 여러 가진데 우리말에는 그런 낱말들이 없다"라고 하면서 안타깝다고 했다. 서른여섯 가지나 되는 뜻을 '보다'라는 낱말 하나에다 겹겹이 쌓아서 담아 놓았으니 누가 헷갈리지 않고 쓰겠느냐, 어째서 여러 낱말을 만들어 뜻을 서로 나누어 가볍고 또렷하게 쓰도록 하지 않았느냐, 하는 뜻으로 나는 들었다. 우리말을 사랑하는 마음에서 나온 말로 받아들일 만하다는 뜻이다.

그러나 그런 걱정의 과녁은 우리말이 아니라 우리 국어사전이며 우리 국어 교육이어야 올바르다. 국어사전이 그처럼 뜻풀이를 마구잡이로 너절하게 쌓아 놓고 사람들이 헷갈리도록 만들고, 국어 교육이 낱말의 뜻풀이를 제대로 가려서 가르치지 않으니까 사람들이 헷갈릴 수밖에 없는 것이다. 알고 보면 우리 토박이말 '보다'는 영어보다 훨씬 더 많은 여러 가지 뜻을 서로 나누어 드러내는 낱말들을 거느리고 있다.

우선 보는 자리를 안과 밖으로 나누면 '내다보다', '들여다보다', '넘어다보다', '넘겨다보다'를 쓴다. 안에서 바깥으로 보면 내다보는 것이고, 바깥에서 안으로 보면 들여다보는 것이다. 이때 집이나 방처럼 둘러싸인 빈자리를 안이라 하고 그런 안을 둘러싸고 열려 있는 빈자리를 밖이라 하지만, 어둡고 밝은 자리로 나누어지는 곳에서는 어두운 쪽을 안이라 하고 밝은 쪽을 밖이라 한다. 그런데 안과 밖으로 갈라놓는 울이나 담이 하늘 쪽으로 열려 있으면, 안에서나 밖에서나 담이나 울 위로 눈을 올려서 내다보거나 들여다보거나 하는데 이는 넘어다보는 것이다. 게다가 마음에 무슨 욕심을 감추거나 어떤 짐작을 하면서 넘어다보면 그것을 넘겨다보는 것이 된다.

보는 자리를 안팎이 아니라 높낮이로 나누면 '바라보다', '굽어보다', '쳐다보다', '도두보다', '우러러보다', '낮추보다', '깔보다' 같은 일곱 가지를 쓴다. 보는 눈이 보이는 무엇과 높낮이 없이 평평한 자리에서 보는 것은 '바라보다', 보는 눈이 보이는 무엇보다 더 높은 자리에서 아래로 내려다보는 것을 '굽어보다', 보는 눈이 보이는 무엇보다 더 낮은 자리에서 위로 올려다보는 것은 '쳐다보다'라고 한다. 이때 높낮이는 실제로 보는 사람이 몸으로 보는 눈의 높낮이를 뜻하지만, 실제로 보는 사람 눈의 높낮이와는 상관없이 마음으로 보는 눈의 높낮이에 따라 오는 낱말도 있다. 마음의 눈을 낮추고 보이는 무엇을 높여서 보면 '도두보다', 마음의 눈을 아주 낮추고 보이는 무엇을 매우 높여서 보면 '우러러보다'가 된다. 거꾸로 마음의 눈을 높여 보이는 무엇을 업신여겨서 보면 '낮추보다'가 되고, 마음의 눈을 한껏 높여 보이는 무엇을 아주 낮추어서 보면 '깔보다'가 된다.

보는 눈이나 마음의 높낮이가 아니라 보는 이의 마음가짐에 따라서 '돌보다', '엿보다', '노려보다', '쏘아보다', '흘겨보다', '째려보다' 같은 낱말들도 있다. '돌보다'는 도와주려는 따뜻한 마음가짐으로 언저리를 떠나지 않은 채 맴돌며 눈을 Ep지 않고 보살피는 것, '엿보다'는 저쪽 사정을 훔치려는 마음가짐을 제 모습을 감추고는 뭔가를 벼르며 살피는 것, '노려보다'는 틈만 나면 달려들겠다는 마음가짐으로 과녁을 겨누듯이 매섭게 바라보는 것, '쏘아보다'는 틈만 나면 쏘아 맞히겠다는 마음가짐으로 과녁을 노리듯이 눈을 곤두세워 바라보는 것, '흘겨보다'는 몹시 못마땅하다는 마음가짐으로 눈알을 옆으로 굴리어 노려보는 것, '째려보다'는 몹시 못마땅하여 참을 수 없다는 마음가짐으로 눈알을 옆으로 굴리어 쏘아보는 것이다.

이제까지 살핀 열일곱 가지 '보다'가 주로 겉모습을 겨냥하는 것이라면, 겉모습 속에 감추어진 속살까지 겨냥하는 '보다'도 여러 가지가 있다. 우선 속살까지 겨냥은 하되 겉모습조차 별로 보고자 하는 뜻이 없으면 '거들떠보다', 속살까지 겨냥은 하되 겨를이 없어서 뼈대만 추려서 보면 '훑어보다', 보이는 겉모습만 눈에 들어오는 대로 놓치지 않고 꼼꼼히 보면 '(눈)여겨보다', 보이는 겉모습에만 눈을 못 박았으나 이리저리 옮기고 뒤집으면서 샅샅이 보면 '살펴보다'를 쓴다. 이들 네 가지는 아직 속살을 보는 데까지 다다르지는 못했다. 그러나 눈에 보이는 무엇을 그대로 두지 않고 이모저모 헤쳐서 보는 '뜯어보다', 요모조모 뜯어서 보는 데서 한 걸음 더 들어가 눈으로 본 바를 마음으로 맞추어 보는 '따져보다', 따져보는 것보다 한 걸음 더 깊이 들어가 마음으로 셈하여 보는 '헤아려보다'로 들어가면 겉모습을 지나 속살까지 보는 것이다. 그러니까 따져보는 것과 헤아려보는 것은 모두 눈과 마음이 겉모습과 속살을 아울러 보는 것이지만, 거기서도 따져보는 것은 눈으로 보는 겉모습에 좀 더 쏠리고, 헤아려보는 것은 마음으로 보는 속살에 좀 더 쏠리는 것이다.

눈으로 보는 겉모습과 마음으로 보는 속살의 나뉨을 뛰어넘으면, 마침내 보아야 하는 그것을 겉모습에서 속살과 속내까지 온전히 하나로 보아 내는 '알아보다'에 이른다. 그리고 '알아보다'의 깊이와 넓이와 높이를 키워나가면 그 걸

97

음에 따라 속살이 환히 보이는 '뚫어보다'에 닿았다가, 드디어 속살의 구석구석 까지 남김없이 보이는 '꿰뚫어보다'에 다다른다. 여기에 이르면 비로소 더 보아야 할 아무것도 남기지 않고 온전히 보았다고 할 수 있다.

이렇게 해서 우리는 움직씨 '보다'라는 낱말과 비슷하면서도 저마다 다른 뜻을 지니고 자주 쓰이는 낱말을 살펴보았다. 우선 겉모습을 보는 것에서, 보는 자리의 안과 밖에 따라 네 가지 낱말, 보는 이의 마음가짐에 따라 여섯 가지 낱말, 이렇게 열일곱 가지 낱말이 있다는 사실을 알았다. 그리고 속살까지 겨냥하는 것에서, 아직 속살까지 다다르지는 못한 네 가지 낱말, 속살까지 닿아서 깊이 보는 세 가지 낱말, 겉모습과 속살까지 온전히 보는 세 가지 낱말, 이렇게 열 가지 낱말이 있다는 사실을 알았다. 그러니까 겉모습을 보는 것과 속살까지 보는 것을 모두 보태면 스물일곱 가지 낱말이 '보다'와 비슷하면서도 저마다 다른 뜻을 지니고 자주 쓰이고 있는 셈이다. 영어 낱말 예닐곱 가지를 어찌 우리말에다 견주겠는가?

- 김수업, 『우리말은 서럽다』에서

"열길 물속은 알아도, 한 길 사람 속은 모른다"고 한 말을 보면 그렇습니다. 사람을 한 면만 보아서는 안 된다는 말입니다. 사람은 믿음의 대상이 아니라 사랑의 대상입니다.

우리 사람이 선택하는 세 가지는 고귀한 것, 유익한 것, 유쾌한 것이고 이와 반대로 추악한 것, 해로운 것, 고통스러운 것은 피하는데 선한 사람은 올바른 길을 택하고, 악한 사람은 그릇된 길을 택합니다.

우리의 정신 속에 깃들어 있는 것은 정의(情意), 능력(能力), 성품(性品) 세 가지입니다. 이 세 가지를 잘 활용하면 '든사람' '난사람' '된사람'이 될 수 있습니다.

여기서 '된사람'은 자신을 겸허하게 낮출 줄 아는 사람입니다. 마지못해 낮추는 것이 아니라 마음이 내켜서 낮추는 겸손한 사람이 윗자리로 올라가는 이치를 생각해볼 필요가 있습니다. 상대방이 나를 이해하게 하려면 내가 이해(understand)해야 합니다.

마더 테레사 수녀님은 "너의 친구가 완벽한 사람이기를 기대하지 마라. 친구가 완벽한 사람이 되도록 도와주어라. 그것이 진정한 우정이다"고 하셨습니다. 고대 로마에서는 친구를 "근심 걱정을 함께 나누는 자"라고 불렀다고 합니다.

공통의 경험을 함께 나누는 것이 곧 소통입니다. 지금 함께 경험하고 있는 것에 대해 말을 건네는 편이 자연스런 대화의 방법입니다.

우울할 때 나타나는 증상 중에 대인관계 과민성(interpersonal hypersansitivity)이 나타납니다. 대체로 무지로 말미암아 어떤 일을 하는 사람들 중에서 후회하는 사람들은 '마지못해' 행한 사람들로 생각되며 후회하지 않는 사람들은 '마음이 내켜서' 행한 것이라 하겠습니다.

인연(因緣)=인(因)+연(緣)

인(因)은 내적인 원인, 인(因)을 돕는 외적, 간접적인 원인은 연(緣)이듯이 우리 말에는 언제나 상대성이 있습니다.

'마음'은 몸과 달리 눈에 보이지도 않고 손에 만져지지도 않는 사람의 속살입니다. 마음을 '사람의 속살'이라고 하는 말은 몸을 사람의 껍데기라고 하는 말과 짝을 이룹니다. 우리 겨레는 사람을 몸과 마음으로 이루어진 것으로 여기기 때문입니다.

사람의 속살인 마음은 세 겹으로 이루어져 있습니다. '느낌'과 '생각'과 '뜻'이 마음을 이루는 세 겹의 이름입니다.

인간(人間)은 인간관계입니다. 인(人)은 인(人)과 인(人)의 관계로 이해관계가 존재. 인성을 고양시킨다는 것은 먼저 '기르는 것'에서 시작합니다. 자기를 키우는 것이 아니라 자기가 아닌 것을 키우는 것입니다. 그리고 그것을 통하여 자기를 키우는 순서입니다.

소통과 화합의 말하기 비결 15

화목할 화(和)는 쌀(禾)을 함께 먹는 (口) 공동체의 의미

군자는 사람들과 화합하지만 부화뇌동하지 않으나 소인은 부화뇌동하되 화합하지 못한다.

군자(君子)화이부동(和而不同), 소인(小人)동이불화(同而不和)

중(中)은 한쪽으로 치우치거나 기울지 않음이고,

정(正)은 왼쪽이나 오른 쪽으로 편벽되지 않음이며,

평(平)은 높거나 낮지 않음이고,

화(和)는 완전히 상이하거나 동일하지 않은 다양성의 통일입니다.

中. 正. 平. 和는 유가의 최고의 수양상태에 이른 것으로 봅니다.

화합할 해(諧)=말할(言)+다 개(皆)

화하다. 화합하다는 해(諧)는 모든 사람(皆: 다 개)들이 자기의 의견을 말하는 (言) 민주주의의 의미입니다.

왕(王)! 임금 왕 자를 살펴보면 하늘(-)과 인간(-)과 땅(-)의 소통(I)

소통하면 왕이 되는 것입니다. 부러울 것이 없게 되는 것입니다. 왕(王)자도 제 자리에서 글자 한 자로 쓰이면 군왕의 높은 자리에 있게 됩니다. 그런데 벌이 "왕왕 거린다"거나 개 짖는 소리를 비유할 때에도 "왕왕 짖는다"는 말을 사용합니다. 자제하지 않고 지나치면 왕도 개가 될 수 있다는 것입니다.

이 생각을 넓혀보면 개는 영어로 (Dog)입니다. 이 글자의 차례를 바꾸면 신(God)이 됩니다.

동양의 왕은 하나로 통합하고 절제할 줄 알아야하고 왕이 '왕왕'이 되면 벌떼들의 소리나 개 짖는 소리에 비유되듯이 서양의 신도 차례를 깜빡하면 아차 하는 순간에 개가 되기도 하는 모양입니다.

재물을 잘 다루는 사람은 위로는 하늘이 주는 때를 놓치지 않고 아래로는 땅이 주는 이익을 잃지 않으며, 가운데로는 사람이 할 일을 잃지 않습니다. 그리고 같은 글자를 두고 해석하기에 따라 달라지는 경우도 있습니다.

어떻게 해석하는가?

어린 날 평상에서 별을 보며 아버지께서 내게 팔베개를 해주시며 들려주신 이야기입니다.

아버지께서는 뒤늦게 얻은 딸에게 참 많은 말씀을 해주셨습니다. 어쩌면 49명의 사촌들에게 둘러싸여 종손이라는 당신에게 버거웠던 제가(齊家)의 길을 어린 딸에게 말씀하시면서 달래셨는지도 모르겠습니다. 그런데 제가 늘 강의해오던 『우리말의 비밀』에, 아버지의 암묵지(暗黙知)를 밝혀 놓은 것을 보며 깜짝 놀랐습니다.

아버지는 "용모에 반 팔 십"을 강조하셨습니다. 얼굴을 '얼꼴'로 얼의 모양이라고 하시며 '얼'은 '사람의 알'이라고 하셨습니다. 사람이나 식물이나 귀한 것은 껍데기가 겹겹이 알을 잘 보호하게 되어 있다고 하시며 우리 몸에 좋은 밤이나 은행이나 땅콩, 호두 등 껍데기가 세 겹 이상 쌓인 것은 우리 몸을 좋게 하는 귀한 것이라고 하셨습니다.

그리고 사람의 알을 짐작하게 하는 것이 용모라고 하시며 여자는 짧은 치마와 팔이 다 드러나는 짧은 소매 옷을 입으시면 불호령을 내리셨습니다. 아무런 관계도 없는 사람에게도 짧은 치마를 입은 여자를 보면

"돈이 없나? 천이 모자라더냐? 보태줄까?" 하시며 옷을 제대로 갖춰 입기를 종용하셔서 곁에 있는 제가 다 민망하고 당황스러웠습니다.

용모가 성공적인 삶을 사는데 50%에서 80%의 영향을 미친다는 것입니다.

용모(容貌) = 얼굴 용(容): 모양, 모습, 몸가짐, 담다. 그릇 안에 넣다.

얼굴 모(貌): 다스리다. 행동에 공경하는 모습을 드러내다.

아버지께서 가르쳐 주신 것으로 제가 1990년 강의를 시작할 때부터 설명해 왔던 '얼'이 〈2013년〉 일지一指 이승헌 선생의

『우리말의 비밀』에 서술된 것과 너무 비슷해서 놀랐습니다.

얼굴은 '얼'과 '굴'로 이뤄진 순우리말입니다.

얼은 흔히 정신과 같은 뜻으로 쓰이는데, 정신의 핵에 해당하는 사람의 알이 얼입니다. 굴은 '구멍' 또는 '골짜기'를 뜻합니다. 굴은 골과 쓰임새가 거의

같아서 옛말에서 '얼굴'은 '얼골'로 쓰이기도 했습니다. 저의 아버지는 얼골이라고 하셨습니다. 따라서 얼굴이란 얼이 깃든 골 또는 얼이 드나드는 굴이란 뜻이 됩니다.

눈굴, 코굴, 입굴, 귀굴 등이 자리한 부분을 '얼굴'이라는 옛 분들의 지혜가 참으로 놀랍습니다. 얼이라는 말은 그 본래의 뜻을 바탕으로 여러 어휘로 파생되어 두루 쓰입니다.

'얼간이'는 말 그대로 얼이 간 사람이라는 뜻입니다.

얼간이가 되는 건 한순간입니다. 감정에 빠지고 욕망에 휘둘리는 순간 얼이 빠져나가서 얼간이가 되는 것입니다. 감정과 욕망을 자극하는 잘못된 정보가 얼을 밀어내는 것입니다. 얼은 사람의 핵이기 때문에 감정과 욕망의 노예가 되면 얼간이가 되고 맙니다.

'어리석다'는 것은 얼이 익지 않아 어설픈 상태 또는 얼이 썩었다는 의미로 볼 수 있습니다. 얼이 제대로 된 사람은 삶의 목적이 분명합니다. 다른 사람에게, 또 세상에 도움이 되는 사람으로 살기 때문입니다.

'어리둥절하다'와 '얼떨떨하다'는 얼이 흔들려 정신이 없는 상태를 나타낸 말입니다.

'얼렁뚱땅'은 어감이 참 재미있습니다. 이는 얼김(정신이 얼떨떨한 상태)에 상황을 대충 넘기는 것을 뜻합니다.

'어리바리하다'는 말은 정신이 산만하여 일을 제대로 처리하지 못하는 상태를 말하고, '얼치기'나 '얼뜨기'는 얼이 좀 나가서 부족한 상태를 일컫습니다.

'얼큰하다'는 매운 음식을 먹을 때나 술을 마실 때 흔히 하는 말인데, 이는 매운 맛이나 취기 탓에 정신이 얼얼한 상태를 뜻합니다. 마치 얼이 크게 생동하는 느낌이어서 이렇게 표현했을 수도 있습니다.

'얼싸안다'는 말은 듣기만 해도 두 눈이 스륵 감기면서 가슴이 따뜻해지는 느낌이 듭니다. 얼싸안는 것은 두 팔을 벌려 서로 껴안는 모양새를 일컫습니다. 그런데 이는 그냥 몸뚱이만 안는 것이 아니라 상대방의 마음까지 진심으로 감싸 안는 것입니다. 그렇게 해야 얼싸안는다고 할 수 있습니다. 얼싸안으면 눈시울이 뜨거워지곤 합니다. 얼싸안긴 사람은 자신이 온전히 받아들여진다는 안도감에, 얼싸안은 사람은 상대방을 존중함으로써 따뜻하게 차오르는 기쁨에 그런 것일 겁니다.

이처럼 우리말에는 '얼'에서 비롯한 표현들이 무척 많습니다.

어처구니가 없을 때 요즘 흔히 쓰는 '헐'이라는 말도 얼과 관련된 어휘로 새롭게 올려야 할 지 모릅니다. '헐'이라는 글자를 풀면 '虛(빌 허)+얼'이라 할 수 있으니, 이는 흥미롭게도 얼이 나간 상태를 정확하게 표현하고 있습니다. 물론 재미삼아 풀어본 것이지만 말입니다.

외모지상주의가 어떤 이념보다 강하게 사람들을 사로잡는 세상이다 보니, 요즘 '얼'보다는 '굴'을 고치겠다는 이들이 아주 많습니다. 그러나 말은 '얼짱'이라고 합니다. '얼이 최고'라고 하면서 굴에 신경을 씁니다.

눈, 코, 입의 모양을 좀 바꿔서 더 보기 좋은 얼굴을 만들 수 있다면 그도 무작정 말리기만 할 일은 아닙니다. 관상이 운명을 담고 있는 것이라면, 성형으로 운명적인 길운을 바꿀 수도 있지 않겠습니까? 다만 본질을 잊으면 그때부터는 문제가 됩니다. 본질은 사라지고 형식만 남았음에도 사람들은 그 헛되고 허망한 일에 믿을 수 없을 만큼 사로잡히곤 합니다.

성형수술은 '얼'은 잊은 채 '굴'에만 온통 관심이 쏠린 세태를 반영하는 것입니다. 그러나 얼을 챙겨야 '굴'도 더욱 빛이 납니다. 성형수술을 한다고 해서 누구나 잘생긴 얼굴이 될 수는 없지만, 얼을 살리면 생김새와 상관없이 누구나 환한 얼굴이 될 수 있습니다.

운명을 좌우하는 결정적인 힘은 얼에서 나옵니다. 얼이 살아 있는 사람은 스스로 자기 운명의 주인으로서 당당하게 삶을 이끌어 갑니다. 그러나 아무리 외모가 뛰어나고 재능이 있어도 얼이 살아 있지 않으면 조화롭고 행복한 삶을 꾸릴 수가 없습니다. 과연 그런가 하는 의문이 든다면 자신의 주변을 찬찬히 살펴보십시오. 얼마나 많은 사람이 행복을 원하면서도 거꾸로 행복에서 멀어지는 선택을 하고 있는지 바로 알 수 있을 것입니다.

어린이, 어른, 어르신은 사람이 태어나서 성장하고 점차 나이 들어감에 따라 그 시기별로 세대를 지칭하는 우리말입니다. 이 말들의 공통점은? 그렇습니다. 모두 '얼'에서 비롯한 말이라는 점입니다. '어린이'는 얼이 차츰 어리어 가는 사람 또는 얼이 아직 여린 사람. '어른'은 얼이 익은 사람. '어르신'은 얼이 완숙하여 얼이 신과 같은 사람이라는 뜻으로 풀 수 있습니다.

아기를 일컫는 '얼라'라는 말도 포함시킬 수 있겠습니다. '얼라'는 사투리로 분류돼 있지만, 사투리란 현재 서울 기준의 표준말이 아니라는 의미일 뿐, 오히려 사투리가 우리말의 원형을 더 잘 보존하고 있는 경우가 많습니다.

어린이 - 어른 - 어르신, 얼이 여물어가는 과정이라고 할 수 있습니다. 사람이란 나이 들어 그냥 늙은이가 되는 것이 아니라, 죽는 순간까지 계속 성장하는 존재라는 가르침도 담고 있습니다. '어르신'이라는 말 자체에 지혜를 갖추어 존경받을 만한 사람이라는 뜻이 담겨있습니다. '어른'이라는 말 역시 그 자격과 책임이 이미 말 속에 들어있습니다.

어린이가 자라서 어른이 된다는 것은 열매가 영글듯 얼이 익는 과정입니다.

그러니 어른이란 나무에 열린 실한 열매처럼 그 사회에서 결실을 맺을 자격과 책임을 맡은 사람입니다. 이것이 어른의 기준입니다. 만 19세가 지났다고 누구나 '어른'이 되는 것이 아니고, 환갑이 지나 백발이 되었다고 누구나 '어르신'으로 불릴 수 있는 것도 아닙니다. 말 자체에 담긴 얼의 기준을 충족해야 어른으로서 책임을 다하고, 어르신으로서 공경 받는 자리에 설 수 있습니다.

어린이, 어른, 어르신이라는 말만으로도 사람이 어떻게 살아야 하고 어떻게 죽어야 하는지를 모두 이야기할 수 있습니다. 우리말에 깃든 이 같은 정신문화를 아이들에게 어려서부터 가르쳐주면 좋지 않겠습니까?

어른이 된다는 것이 어떤 것인지, 어떻게 나이 들어야 하는지를 자라나는 세대에게 가르치는 것이 교육의 기본이 돼야 합니다. 이런 것을 알 때, 아이들은 사람의 참가치를 깨닫고 삶의 목적을 이해할 수 있게 됩니다. 그리고 그 가치를 지키는 삶을 스스로 설계할 수 있게 됩니다.

요즘 사람들은 명품을 많이 찾는데, 우리가 정말 소망해야 할 것은 명품 제품이 아니라 명품 인생입니다. 명품인가 아닌가를 결정하는 것이 얼입니다. 얼을 찾으면 명품 인생이고, 얼을 잊은 채 이기심과 욕망을 좇으면 짝퉁 인생이 되고 맙니다.

얼의 눈으로 보면 참과 거짓을 가릴 수 있습니다. 얼은 밝은 의식이고 깨달음입니다. 그런데 밝은 의식이나 깨달음의 상태란 어떤 것입니까? 그런 의식은 어떤 방식으로 드러나는가? 이에 대한 아주 실용적인 차원의 답이 '홍익(弘益)'입니다. 그 같은 의식에서 나오는 삶의 방식이란 홀로 하늘을 나는 것 같은 특출한 것이 아니라 서로가 서로를 진정으로 돕는 것입니다. 이기적인 욕심에 따라 서로 이익을 나누는 것을 홍익한다고 하지는 않습니다. 적선이나 기부도 필요하지만 진정한 도움은 서로의 존재를 가치 있게 합니다. 가치를 실현하도록 돕는 것이 바로 홍익입니다.

얼을 깨우쳐서 홍익하는 삶을 살아야 비로소 어른이입니다. 사회에 공헌하면서 잘 보내고 노년에 이르면 어르신이 되는 우리말의 호칭 체계는 이처럼 탁월한 인식을 바탕으로 하고 있습니다. 어른과 어르신의 참 의미를 안다면 곧 초고령화 사회에 진입하는 우리 사회의 현실을 새로운 시각으로 볼 수도 있을 것입니다.

사회의 여러 분야에서 어른과 어르신의 역할이 살아난다면 우리 사회가 공동체로서 더 튼튼한 토대를 갖출 수 있습니다. 그렇게 되면 고령 인구 부양 문제를 고민하는 사회에서 어르신이 많은 지혜로운 공동체, 세대 단절 없이 협력하고 존중하는 홍익공동체가 될 수 있습니다.

그런데 내가 믿는 나란 어떤 나입니까?

감정에 쉬 물드는 내가 아니라 감정을 바라보는 나, 욕망에 들뜨는 내가 아니라 욕망의 뿌리를 관찰하는 나 아니겠습니까? 그것이 바로 얼에서 나온 자아입니다.

'나의 얼' 또는 '얼의 나'를 믿고 가다보면 청년이 어른이 되고, 어느덧 어르신에 이르게 됩니다. 어르신이 되어 자신의 길 끝에 다다르면 다시 나의 근본자리, 얼을 낳은 근원의 자리로 돌아가는 것, 이것이 사람의 길입니다.

어린이가 어른이 되고 어르신이 되는 깨달음의 과정이 우리 삶의 실체라는 것. 이것을 꼭 알아야 합니다. 이를 모르면 자신의 삶을 산다는 것은 아무리 나이를 먹어도 언제까지나 두렵고 막막한 일입니다.

얼을 안다는 것은 생명의 근원을 아는 것이고, 얼을 깨친다는 것은 삶의 목적을 깨우치는 것입니다. 얼을 찾으면 어떻게 살아야 할지 알게 되고, 얼의 이치에 따라 자아를 실현하는 길을 가게 됩니다. 그래서 얼을 깨친 삶에는 행과 불행, 성공과 실패가 따로 없습니다. 태양과 달이 번갈아 뜨고 지듯이 어둠 속에서도 빛을 잃지 않고, 밝은 가운데서도 어둠을 보는 지혜의 눈을 뜨기 때문입니다.

얼을 찾는 일은 시간이 흐를수록 더욱 급박해지고 있습니다.

지구 환경이 우리에게 시간이 많지 않다는 신호를 계속 보내오고 있기 때문입니다. 지금도 지구 어디에선가는 아이들이 여전히 굶어 죽거나 폭력에 희생당하고 있습니다. 이런 문제를 해결하지 않고 자신의 건강과 행복만을 추구하는 것은 사람으로서의 도리가 아닙니다. 얼을 찾아야 내가 살고 세상이 삽니다. 이제는 살기 위해서 얼을 찾아야 하는 상황이 되었습니다. 세상에 변화가 필요하다는 것을 모르는 사람은 없습니다. 무엇부터 어떻게 바꿔야 할지를 모를 뿐입니다.

물질문명이 좌초해가는 와중에 세계적으로 정신건강이 부상하고 있습니다. 이는 변화의 절박함을 반영하는 하나의 대안이라고 볼 수 있을 것입니다. 정신건강이 실질적인 대안이 되려면 정신의 핵심인 얼을 알아야 합니다. 얼에 대한 인식 없이 정신만 다뤄서는 기대하는 변화를 이끌어내기가 어렵습니다.

정신은 여러 가치를 포함하지만, 얼은 절대가치입니다.
절대가치가 살아 있어야 사람 노릇을 할 수 있습니다.
절대가치를 버린 사람은 야수와 다를 바 없습니다.
머리가 좋은 사람일수록 더 지독한 야수가 됩니다.
사람이 사람의 길을 가게 하는 것이 얼입니다.

그 길로 가는 이정표에 적힌 것이 '얼'이고 '양심'이고 '홍익'입니다. 야수의 들판에서 헤매지 않고 사람의 길을 선택한 사람이 홍익인간입니다. 홍익인간이라는 개념은 세계사에서 희귀합니다. 참된 인간성의 가치를 말하고, 그 가치를 회복하는 것을 개인과 공동체의 목표로 삼은 예를 어디서 찾을 수 있었습니까? 종교는 인간과 신을 완전히 분리하여 인간을 구원을 비는 존재로 만들었습니다. 그러나 홍익인간은 스스로 신인이 되는 길을 선택합니다. 내안의 신성을 깨워 인간으로서의 가치를 온전히 실현하는 길입니다.

이 길이 우리 문화 속에 뚜렷이 새겨져 있습니다. 발길이 닿지 않아 가려진 숲 속의 오솔길처럼 돼버렸지만 이 길을 안내하는 표식은 결코 사라질 수 없는 곳에 남겨져 있습니다. 그것이 우리말입니다. 홍익의 유전자는 핏속뿐 아니라 우리말 속에 더욱 생생하게 심겨 전해왔습니다.

더 이상 외면할 수 없는 길이 우리 눈앞에 있습니다. 이 길이 아니면 사람이 선택할 수 있는 다른 길이 없습니다. 얼을 찾아 나를 살리고 세상을 살리라는 메시지를 지구가 우리에게 다급하게 전해오고 있습니다. 얼이 살아야 경쟁, 성공, 소유, 지배에서 화합, 상생, 공유, 존중으로 가치를 전환할 수 있습니다. 그렇게 나도 좋고 너도 좋고 모두에게 좋은 세상, 그것이 얼씨구 좋은 세상입니다.

어떤 상황에서든 희망이 있고 장애가 있습니다. 희망이 아무리 커도 관리하지 않으면 어느새 희망이 장애가 됩니다. 또 아무리 큰 장애도 정성을 쏟으면 거기서 희망이 자랍니다. 희망과 장애를 함께 보면서 내일을 준비합시다. 환한 얼굴로!

여름의 태양은 모든 곡식과 과일에 스며들어 가을의 풍요를 가져온다. 적당하게 잘 익은 과일의 육질과 단맛은 인공의 힘으로는 도저히 만들 수 없다. 사람도 태양 같은 정열을 갖고 삶을 긍정하면서 내적성숙을 가다듬다보면 보기 좋은 얼굴과 인간적인 맛이 스며든 사람이 될 것이다. 그런 자연스런 내공은 그 누구에게서 빌릴 수 없고 돈으로도 살 수 없다. 오직 자신의 삶의 공간을 어떻게 보느냐에 따라 형성되는 것이다.

지난해 있었던 일이다. 취업을 못해 학원으로 도움을 청하러 온 아가씨가 있었다. 필기시험은 합격했는데 세 번 모두 면접시험에서 떨어졌다고 한다. 취업 삼수생이었다. 가만히 있으면 미인인데 웃는 모습은 입술이 일그러지면서 남을 비웃는 것처럼 보였다. 너무 긴장하니까 자신은 웃는다고 웃는데 웃는 게 웃는 것이 아니었다. 웃음만 연습해서 고치는데 2개월이 걸렸다.

얼굴은 하루아침에 크게 달라지지 않는다. 그러나 짧은 시간이 모여 사람을 변화시킨다. 사람이 태어났을 당시와 지금을 비교해보면 쉽게 알 수 있을 것이다. 몸속의 세포는 한 번 생기면 곧바로 죽지 않고 30일에서 180일 정도 살아서 자신의 역할을 하게 된다. 물론 인체 구조적으로 보면 더 오래 살아있는 세포도 있고 더 짧게 사는 세포도 있을 것이다. 일반적인 세포의 수명이 그렇다는 것이다.

그리고 우리 몸속의 세포는 즐거울 때나 슬플 때 모두 생기게 된다. 그런데 즐거울 때 생기는 세포와 슬플 때에 생기는 세포는 모양이 다르다고 한다. 슬플 때에 생긴 세포는 자신의 일도 제대로 하지 않으면서 일그러진 모양을 하고 있기 때문에 신진대사 작용을 제대로 하지 못한다. 그래서 얼굴을 어둡게 보이게 한다. 과일로 치면 겉은 멀쩡한데 먹으면 제대로 익지 않아서 맛이 떨어지는 과일이다.

즐거울 때에 생긴 세포는 모양도 좋고 건강하게 생겨서 우리 몸의 신진대사 작용을 좋게 한다. 과일로 치면 맛이 제대로 든 잘 익은 탐스런 과일이다. 성형수술보다는 마음씨를 잘 갖는 것이 중요한 이유가 여기 있는 것이다.

세포를 건강하고 활발하게 만드는 것, 얼굴에 빛을 발하기 위해서는 일이 안 풀리고 힘든 상황에서도 양심의 덕을 밝히며 매시간 착하고 새로운 마음으로 풀어야 한다. 잘 익어 향기롭고 보기 좋은 과일처럼 어지간한 일은 보기 좋게 웃으며 당신 삶의 향기로 얼굴에 빛을 발하라.

-김옥희, '경남일보 경일춘추' 에서

'얼'을 설명할 때 이야기했듯, 사람은 누구나 태양처럼 밝은 본성을 지니고 있습니다.

우리민족의 고대 경전인 천부경에서

'본심본태양앙명인중천지일(本心本太陽昻明人中天地一)' 이라 한 이것이 인간의 실체이고 생명의 실상입니다. 그래서 인류의 고대 문명을 살펴보면 거의 모든 문화권에서 태양 숭배 의식이 나타납니다.

우리말을 비롯해 고대어에서 태양을 뜻한 소리는 '라'였습니다.

고대 이집트인들이 숭배한 태양신의 이름이 '라'이고, 신의 땅이라 불리는 티

111

베트의 '라싸', 주민의 대부분이 '라마'교도인 인도의 '라디크', 중국 운남성의 '라히(나시)'족 등에서 '라'의 흔적을 볼 수 있습니다. 여기서 '라'는 모두 '높다'는 뜻으로 쓰였습니다.

우리말 중에서 '라'의 용례로 가장 먼저 꼽을 어휘는 '나'입니다. 자기 자신을 일컫는 '나'는 '라'에서 비롯했습니다. 이는 우리말의 정신을 가장 명백하게 보여주는 예입니다. 인간의 말이 분화하던 그 아득한 시절에 자기 자신을 태양처럼 밝은 존재라고 스스로 지칭한 것입니다. 우리말에서는 신성함의 상징인 태양을 신으로 대상화하지 않고 자기 자신과 일체화했습니다. 바로 말 속에 천지인 사상의 핵심을 구현해 놓은 것입니다.

우리말에서는 '나'를 넣을 자리에 '우리'를 곧잘 넣습니다.

심지어 '우리 마누라', '우리 남편'이라고 말하기도 합니다. 이렇게 말한다고 해서 남편이나 아내를 '공유'한다고 생각하는 사람은 아무도 없습니다. 이는 나와 남이 아닌, 나와 나의 연결이 살아 있는 공동체 문화에서 나온 어법이라고 봐야 할 것입니다. 그런 공동체에서는 나와 나 아닌 것의 경계를 나누지 않기 때문에 내가 곧 우리이고, 우리가 곧 나인 것입니다.

'좋다'와 '나쁘다', 나와 남, 이 말들을 풀이해보면 그 맥락이 한 가지입니다. 우리말이 만들어진 이치가 그렇게 되어 있기 때문입니다.

우리말 속에 담긴 크고 밝은 이치를 일찌감치 깨닫고, 우리말을 바르게 알고 잘 쓰자고 하신 훌륭한 선각들이 여러분 계셨습니다. 지금도 이분들이 앞서 공부하여 내놓은 가르침이 전해지고 있고, 이를 토대로 연구하는 학자들이 있습니다. 하지만 현재 대한민국에서 사용되는 말의 형편은 갈수록 더 심각해지고 있습니다. 말이란 인위적으로 조율할 수도 없고, 그 시대에 그 말을 쓰는 사람들과 그들이 속한 사회 문화의 특성에 따라 끊임없이 변하는 것이니 억지로 돌이킬 수도 없습니다. 그러나 결코 흘려버리지 않아야 할 것, 제자리에 반드시 되살려 놓아야 할 것은 우리말에 깃든 정신입니다. 얼에서 나온 말, 얼을 깨우는 우리말의 가치를 분명히 알고, 소중히 여기며 바르게 사용하기를!

🍀 삶의 정답

예수, 공자, 석가가 당신의 인생을 직접 살아주는 것은 아닙니다. 그분들의 삶을 그대로 살고자 하는 것은 어리석은 일입니다.

당신 자신의 삶을 살아야 합니다. 이 시대를 사는 사람은 바로 당신입니다. 그러하기에 당신 삶의 정답을 스스로 써야만 합니다. 어떻게 살아야 할지 모를 때에 성현들의 삶을 모범답안으로 참고해야 합니다. 삶의 모범 답안을 보면 돈이 전부가 아니었습니다.

예수는 말구유에서 태어났고, 공자는 어린 시절 부모를 여의었고, 석가는 있는 편함도 마다하며 고행을 자초하였습니다.

그 와중에 예수께서는 그 당시에는 이웃이 적이었다고 하는데 적을 사랑하라고 하셨고, 공자께서는 상대를 헤아리는 인(仁)이 가장 중요하다고 가르치며, 석가께서는 상대의 고통을 뽑아내고 늘 즐겁게 하라는 자비(慈悲)를 말씀하셨습니다.

사람들은 돈이 있어도 불안해합니다. 스스로 깨달으며 흘린 땀과 눈물과 피의 생생한 체험이 지혜가 되면서 확고한 사상이 되고 훌륭한 사람이 되게 하는 것입니다.

삶의 모범답안인 성경, 불경, 사서삼경, 천부경 등을 곁에다 두고 자신이 직접 쓰는 삶의 정답과 비교해 볼 일입니다.

단어형성을 보면 힘이 센 단어가 먼저 옵니다. 남녀 이 단어를 거꾸로 하면 욕이 됩니다. 연놈! 부귀영화(富貴榮華), 재색겸비(財色兼備), 물심양면(物心兩面)을 보면 언제나 돈, 재물이 우선이라고 되어 있습니다.

뭐라고 해도 내 것을 나누지 않고 마음을 얻을 수는 없습니다. 세월이 지나면 사람들은 그대로 지키고 싶어 하지 않고 좀 더 좋은 방법이 없을까를 생각하며 변화하고 싶어 합니다.

덕(德)=얻을 득(得)+마음 심(心)

덕(德)은 떡이 되고 턱이 되었습니다. 덕은 사람의 마음을 얻는 것입니다.

사람의 마음을 얻기 위해서는 나누어야 합니다. 더하기 빼기 곱하기보다는 나누기가 사람의 마음을 얻는 데는 우선입니다.

삶의 모범답안을 찬찬히 살펴보면 모두에게 도움이 되라는 뜻을 읽을 수 있습니다. 사상이 무르익는다는 뜻은 더 많은 사람에게 도움이 되는 것을 말한다는 것을 알 수 있습니다. 우리는 모두가 지혜롭고 싶어 합니다. 지혜=지식+발효된 사랑이어야 한다고 합니다. 우리가 얼마나 많은 사람에게 지름길로 가는 삶의 방법을 제시했느냐? 이것이 우리 삶의 모범답안이었습니다. 모범답안을 중심으로 우리가 쓰는 정답이 우리 삶을 만점으로 만드는 방법이라고 생각합니다.

돈이 얼마만큼 있는 것이 가장 행복한지 미국 하버드대의 한 연구팀이 조사해봤다고 합니다. 결과는, 궁핍하지 않게 생활하면서 아껴 쓰면 가족 여행도 일 년에 한두 번 다녀올 수 있는 정도의 수입이 행복을 누리는 데 가장 적정한 수준으로 나타났습니다. 수입이 이보다 많아지면 그에 따라 올라가는 것은 행복도가 아니라 이혼율이었습니다. 돈과 권력이 지배하는 세상에서 무작정 성공하려고 애쓰는 것이 자기 자신에게 얼마나 불행한 일인지를 어리석은 상태에서는 알 수가 없습니다. 고통을 치른 후에야 이를 깨닫는다면 그때가 바로 상처에 새살이 돋듯 얼이 되살아나는 순간입니다.

나─────남

대부분의 사람들은 "남 앞에 서는 일이 두렵다"고 말합니다.

나와 남.

언젠가 제 딴에는 참신한 생각이라고 행정학을 공부하는 아들에게 자랑스럽게 말했던 적이 있습니다.

"옛날에는, 아주아주 오래된 옛날에는 말이야. 사람보다는 동물이 많았겠지? 숲도 우거지고?"

"……."

"그때에는 인칭대명사가 없었을 거야."

아들은 고개를 끄덕이며 긍정했습니다.

"그렇다면 사람들은 그냥 사람을 보기만 해도 좋아서 '안녕? 나야!' '반갑다 나야.' 그랬을 거 같지 않냐?"

"사람들은 모두 남도 나같이 생각하면 안 되나? 왜 남 앞에 서면 두려울까?

비난이 두려워서가 아닐까? 그렇다면 남 앞에 서는 것을 두려워하는 사람들의 심리는 어떤 걸까? 나는 대체로 경험 부족이라고만 생각했는데 말하고 싶지 않은 자기만의 상처나 또 숨기고 싶은 열등감이나 그런 것 때문이 아닐까? 자기를 이해하고 자기를 수용하고 자기를 개방하면 남 앞에 서는 일이 좀 쉬워질까? 나와 남을 어떻게 구분하는지 정확한 기준도 없으면서 왜 남과 나를 구분하는 거야? 힘들게……."

아들은 아무 말도 하지 않았습니다.

나――――――――남!

"나 밑에다 네모난 정말로 각이 반듯한 됫박(口)을 달고 있으면서 자기가 먼저 남을 잰 건 아닐까? 저울처럼 균형을 잡으려고 하면서. 나름대로의 되로 저 사람은 길어서 안 되고, 저 사람은 작아서 안 되고, 저 사람은 뚱뚱해서 안 되고, 저 사람은 약해서 안 되고……. 혼자서 되질을 하면서 그게 잠재력이 되어 자신도 자신의 됫박에다 넣고 이게 부족하고, 저게 모자라고, 그러면서 꼭꼭 숨기고 싶은 생채기를 안으로안으로 숨기다숨기다 견딜 수 없게 되고……. 그런데 그건 나눔이 잘 안 되어서일 거야. 언제나 모든 싸움은 먹을 것을 공정하게 나누지 못하는 데서 기인되거든. 자기만의 테두리 (口)를 만들어서 마음을 걸어 닫고, 방문을 잠그고, 집의 대문을 닫고……. 스스로가 스스로를 가두는 자업자득이지 않을까?"

혼자 열심히 자아도취에 빠져서 이야기하는 동안 아들은 식탁에서 컴퓨터 앞으로 옮겨 앉더니 간단명료하게 말했습니다.

"그들더러 나 밑에다 상자(口)를 놓고 스스로 잘난 척하든지, 남 밑에 있는 상자(口)를 빼내고 자기와 동등하게 생각해서 그렇게 두려워하지 말라고 하세요."

일지 이승헌 선생의 『우리말의 비밀』에서는 수많은 '나'가 모여 사는 땅을 '나라'라고 했고, 아리랑의 '라'(랑의 이응은 받침을 부드럽게 이어주는 기능)도 태양처럼 밝은 님을 그린다는 의미로 쓰였다고 합니다. 이렇게 태양처럼 밝은 나일지라도 내가 주변에 울타리를 치고 스스로 닫아버리면 그 순간 주변 사람은 모두 '남'이 되고 맙니다. '남'이라는 글자는 '나'를 'ㅁ'로 에워싼 모양입니다. 나를 열어놓으면 모든 것들과 연결된 네트워크 속에서 소통이 일어나지만, 이기적인 나에 갇히면 네트워크가 단절되어 남남이 되어버리는 이치를 마치 상형문자처럼 분명하게 보여줍니다.

모두가 하나로 연결되어 있음을 잊고 에고의 울타리에 스스로 갇히는 사람이 얼마나 많은가. 상대방을 남으로 만들며 외롭게 고립된 모습이 글자에 그대로 비춰 보입니다. 현대사회를 사는 사람들의 단절감과 소외감이 어디서 비롯하는지를 '나'와 '남'이라는 글자가 고스란히 보여줍니다. 세상에 그 누구도 나와 아무 상관없는 남일 수가 없습니다. 우리 모두 얼의 형제로서 연결된 관계를 회복해야 합니다. 부부, 형제, 이웃, 동료 등 개인과 개인의 관계는 물론, 기업과 구성원, 경영자와 노동자, 학교와 학생, 정부와 국민, 국가와 국가의 관계도 마찬가지입니다. 상대를 남으로 규정하고 자기만 옳다고 주장하는 것은 '나쁜' 일임을 이제 알지 않습니까? 상대방을 '태양처럼 밝은 나'로 볼 수 있다면 틀림없이 서로 어우러지는 방법을 찾을 수 있습니다.

참 비슷한 생각을 가진 글을 읽게 되어 반가웠습니다.

" 반갑습니다 "

유쾌한 단어를 많이 사용하는 것입니다.

서울대학교 심리학과 설문 조사 결과에 따르면 한국인의 생각하는 유쾌한

단어는

홀가분하다

행복하다

반갑다

즐겁다

사랑스럽다

기쁘다

통쾌하다

뿌듯하다

자랑스럽다

재미있다

라고 합니다.

사람의 감정을 '쾌'와 '불쾌'로 양분해 보면 30대 70으로 불쾌가 많다고 합니다. 그리고 30퍼센트에 달하는 '쾌' 중에서 우리나라 사람들이 가장 좋아하는 감정은 '홀가분하다'라고 합니다. 사전에는 '근심이나 걱정이 해결되어 상쾌하고 가뿐하다'라고 되어 있습니다. 이는 무엇인가로 꽉 채웠거나 또는 채우려할 때보다 적당히 비웠을 때나 비우려 할 때 비로소 행복해진다는 뜻일 것입니다. 또한 열(說)은 지극히 기쁘고 행복하다는 희열의 뜻이며 락(樂)은 즐거움을 뜻합니다.

'재미있다'는 자애로운 맛이 있다는 말이라고 합니다. 다른 사람들이 보기에는 힘들고 어려운 일일지라도 재미를 붙이면 너끈하게 할 수 있습니다. "공부도 일도 재미있게 해야 한다. 재미를 붙여라"는 어른의 말씀이 생각납니다. 재미는 직접해봐야 하고, 타고나야 하며(적성) 타올라야 합니다(적극성). 우리는 재미가 있어야 살아갈 수 있습니다.

학생들에게는 원리와 성취감을 자극하면 재미있어 합니다. 누구든 원리를 알고 싶어 합니다. 원리를 가르쳐 주면 군말 없이 그 일을 합니다. 그런데 원리만 알고 성취감이 없으면 시들해 합니다. 요즘 아이들이 컴퓨터나 오락실 혹

119

은 스마트 폰. 피시방 등 게임을 하기 위해서 가는 것은 성취감에 있다고 할 수 있습니다.

이기고 지고가 바로 결과가 나오고 점수가 바로바로 나오기에 재미있어 합니다. 아이들이 공부할 때 곁에서 관심을 가지고 잘한다고 칭찬하면 어려워도 도전하고 어려운 문제를 풀었을 때 성취감이 자극이 되어서 더 힘든 일에 도전하게 됩니다.

일반 적인 재미는 보고만 있다가 좋은 것이 자기 것이 되면 재미없어 합니다. 자기 노력 없이 많은 유산을 물려받아서 탕진하거나 평소에 갖고 싶어 하던 것도 쉽게 자기 것이 되면 소중하게 생각하지 않는 경우가 많습니다.

직접 하니까 재미있습니다. 참여해야 재미있습니다. 참여하면 자신이 갖고 있는 재능이 보입니다. 타고 났을 때 재미있습니다. 꿈과 내공, 열정이 있으면 천부적이고 천직입니다.

"쟤 미친 것 아냐?"

천재는 자기 스스로 미친 것으로 세상에 도움이 되면 천재입니다. 미친 것도 자기가 미쳐도 자기 혼자 좋으면 진짜 미친 것입니다. 열등감이나 피해의식, 매너리즘에 빠져서 미친 것은 재미없습니다. 마지막으로 재미는 타올라야 합니다. 불구경이 재미있습니다. 제대로 미쳐야 합니다.

그러니까 직접하고, 타고 났을 때, 타오를 때 재미있다는 것 기억하십시오.

🍀 반갑습니다

　우리는 좋은 사람을 만났을 때 '반갑습니다.' 하고 인사합니다. 좋은 일이 생기면 '반가운 일'이라고 하고, 기다리던 연락을 받을 때면 '반가운 소식'이 왔다고 합니다. 일상적으로 쓰는 말이면서도 그 뜻을 알지 못하는 경우가 많은데 '반갑다'는 말도 그 중 하나입니다.

　'반'은 어디서 비롯된 말일까요?

　반의 어원을 살피면 '한'과 관련된 음가로, 이는 곧 신을 가리키는 말이었습니다. 그러니까 '반갑다'는 '반과 같다'는 뜻이고, 상대방에게 '반갑습니다' 하고 인사하는 것은 '당신은 하늘의 신과 같이 크고 밝은 존재입니다.'라는 찬사를 보내는 일입니다. 누구나 하는 인사말이지만 간절한 마음을 담아 이 말을 하시기 바랍니다.

　'반'으로 시작하는 우리말을 살펴보면 '반'의 의미가 더 분명하게 와 닿을 것입니다.

　'반하다, 반듯하다, 반반하다, 반드시, 반딧불, 반들반들, 반짝반짝, 바르다'와 같은 말들은 모두 밝고 온전한 신의 속성을 표현한 어휘라고 볼 수 있습니다.

　'반갑다'는 말은 인간에 대한 최고의 존중과 축복을 담고 있습니다. 사람의 본성이 신성과 하나임을 알고, 신성을 깨워 한의 자리로 돌아가고자 하는 것이 우리 옛 분들의 소망이었기에 늘 하는 인사말을 통해 이 같은 삶의 목적을 서로 일깨워 주고자 했습니다. 그리고 이 인사말의 의미를 안다면 누구라도 감탄할 것입니다. 그리고 이 인사를 나눌 때면 상대방이 더욱 가치 있는 사람으로 느껴질 것입니다.

🍀 고맙습니다

'고맙다'는 말의 뜻은 말을 그만 한다는 '그만'입니다. 하느님께 감사를 드리는데 너무도 능청스럽게 합니다. 너무나 말을 많이 합니다. 그것은 참으로 감사하는 것이 못 됩니다.

참으로 감사할 줄 모르는 사람이 많습니다. 주는 것에 대해서 무엇을 말하려고 하지만 할 말을 모르는 것이 사실입니다. 그때 "고맙습니다" 하면 됩니다.

'고맙다'의 뿌리가 되는 글자인 '고'는 높은 신을 가리킵니다. '고'에 여성을 뜻하는 '마'가 붙으면서 '고마'는 여신, 풍요를 상징하는 땅의 신(지모신)을 뜻하는 말로 쓰입니다. 한편 '고마'는 '곰'으로 소리가 축약되어 여신을 상징하는 동물로도 불렀습니다.

'곰'이 여자가 되어 아이를 낳고, 그 아이가 자라 고조선을 세웠다는 단군왕검의 신화적 이야기는 '고마'와 '곰'이라는 말의 변천 과정을 알지 못한 데서 비롯된 오해라고 봐야 할 것입니다. 단군의 어머니는 고마(곰)를 받드는 부족의 여인이었습니다. 그는 신과 소통하는 신성한 공간인 소도(굴)에서 엄격한 수행을 거친 뒤에 여러 부족을 다스리던 지도자 환웅의 부인이 되었습니다.

'고맙다'는 말은 이렇듯 '고마'를 풍요의 신으로 받드는 문화를 거치면서 탄생했습니다. 서로 먹을거리를 나누거나 도움을 받으면 '고맙습니다.' 즉 '고마와 같습니다' 하고 인사했습니다. 내게 도움을 주는 사람에게 고맙다고 하는 것은 '당신은 신과 같은 사람입니다'라며 그 은혜에 고개를 숙이는 일인 것입니다.

'반갑습니다'와 '고맙습니다'라는 말에는 우리말의 뿌리 정신이 깊고 뚜렷하게 남아 있습니다. 이런 말들을 통해 우리가 확인할 수 있는 우리말의 핵심은 인간의 정체성을 '신'으로 본다는 점입니다.

인간을 태양같이 밝은 신성을 지닌 존재로 여기기 때문에 자기 자신을 일컬어 '나(태양)'라 하고, 다른 사람들도 나와 다름없는 존재로서 존중한 것입니다.

바른 마음은 정신이고, 흐트러진 마음은 귀신이라 할 수 있습니다. 혈통과 민족을 넘어 모든 사람이 '반'과 같고 '고마'와 같다는 대 전제가 우리 정신문화를 관통하고 있습니다. '반'과 '고마'의 의식을 지닌 사람들이 이끄는 문화는 성공보다 완성, 경쟁보다 화합, 소유보다 관리, 지배보다 존중, 개인의 이익보다 전체의 이익에 가치를 둡니다. 일단은 누군가에게 반가운 사람, 고마운 사람이 됩시다. 모두가 신의 마음으로 좋은 세상을 만들어 가기를 바라는 마음, 그것입니다.

우리는 왜 고통스러운가?

첫째, 고통의 이유를 모를 때 가장 고통스럽다.

둘째, 고통의 이유를 알아도 누구와도 그 고통을 나눌 수 없을 때 고통스럽다.

셋째, 고통이 무의미할 때 고통스럽다.(시시포스의 노동이 저주인 이유)

말은 근원적으로 몸과 연결되고 생명과 연결되어 있습니다. 이것이 말의 본질이거니와 우리말은 특별히 그 본질을 잘 보존하고 있습니다. 우리말의 힘이 여기서 비롯됩니다. 몸과 공명하고 얼로써 소통하는 우리말은 참으로 '생명의 언어' 라 이를 만합니다.

얼을 찾는 첫걸음은 자기 자신과 소통하는 것입니다. 자기 몸을 느끼고 몸의 소리를 들으며 대화하는 과정을 통해 몸과 마음의 기운이 순조롭게 풀리면서 균형을 되찾을 수 있습니다. 이것이 얼을 살리는 과정이자 건강한 뇌를 이루는 방법입니다.

건강한 정신은 몸과의 소통에서 시작해야 합니다. 흐름이 불균형한 몸을 수승화강(水昇火降)하는 상태로 바꿈으로써 얼이 살아나게 할 수 있습니다. 수승화강은 아랫배는 따뜻하고 머리는 시원한 상태입니다. 이 흐름을 좌우하는 것이 호흡입니다. 숨을 잘 쉬면 수승화강이 이루어지고, 숨이 잘 못되면 수승화강을 깨뜨리게 됩니다.

누워있는 아기를 보면 배가 위아래로 오르락내리락 하면서 숨을 쉽니다. 아기들은 한겨울에도 양말을 벗어 내던지고 맨발로 뛰어다니며 놉니다. 또 아기들 입에서는 맑은 침이 넘쳐흐를 정도로 잘 나옵니다. 이것이 모두 수승화강 상태임을 나타내는 몸의 반응입니다.

반대로 호흡이 위로 올라오고 몸이 차고 입이 마르는 것은 수승화강이 깨졌다는 신호입니다. 몸을 느끼고 몸의 반응을 살피면서 호흡을 조절하는 감각을 터득하는 것이 건강한 정신의 핵심입니다.

이렇듯 몸과 소통하는 감각을 키우면 자신의 다른 능력들도 더욱 힘을 얻습니다. 이는 정신 건강이 자아실현으로 이어지는 단계입니다.

정신건강의 기준으로 볼 때 우리말을 쓰는 사람은 다른 언어를 쓰는 사람들보다 기본 점수를 더 받고 시작하는 셈입니다. 현재 한국인의 정신건강 지수는 다른 나라에 비해 그리 좋은 편이 아닙니다. 하지만 우리는 좋은 기본 점수를 쥐고 있으니까 좀 더 노력하면 틀림없이 제 실력이 나올 것입니다.

우리말에 담긴 뜻을 바로 알면 도덕교육이 되고, 우리말 소리를 활용하면 건강법이 됩니다. 이것이 우리말 속에 숨은 또 하나의 비밀입니다. 사람의 정신을 살리고 몸도 살리는 우리말의 세계를 우리는 그동안 왜 알려고 하지 않았을까? 이제부터라도 다들 이 세계의 매력을 알아채고 한껏 즐기기를 바랍니다.

마음에서 '마' 는 처음(맏형), 참된(마땅하다), 옳은(맞다)의 뜻을 품고 있습니다. '음' 은 움(씨가 싹 트는 것)과 같으니 마음이란 '참된 첫 씨' 라는 뜻이 됩니다. 몸은 움직이면서 자라는 것이니 몸이란 마음이 키워낸 열매라고 할 수 있습니다. 마음이 몸을 키우고, 몸은 마음의 자리가 됨으로써 몸과 마음은 하나로 연결되어 서로에게 반응하는 운행체계를 이룹니다. 이 운행체계의 센터 역할을 하는 것은 뇌입니다. 뇌라는 신경체계를 통해 몸과 마음의 고리가 완성됩니다. 마음과 몸이 이루어내는 균형과 불균형 속에서 인생의 희로애락이 탄생합니다.

천부경은 이를 '묘연만왕만래妙衍萬往萬來' 하지만 '용변부동본用變不動本' 하고 '본심본태양앙명本心本太陽昂明' 하니 '인중천지일人中天地日' 이라고 일러줍니다. 묘하게 어우러지며 만물이 생성과 소멸을 거듭하지만 근본은 변함이 없고, 마음의 근본과 우주 만물의 근본이 하나로 통하면 밝아지니, 마음을 밝힌 사람에게는 하늘과 땅이 하나라는 것입니다. 마음이나 몸 어느 한쪽에 치우침 없이 두루 보살피면서 근본과 통하여 밝아지라는 선인의 간곡한 가르침입니다. '마음은 무엇을 담는 그릇' 이란 말이 있습니다. 채우기를 좋아하는 마음의 특성을 지적한 것인데 무엇인가를 채우려면 마음이 비워져 있어야 합니다. 그러므로 다른 사람의 말을 받아들이려면 우선 내 마음을 깨끗하게 비워야 합니다. 비우는 것은 일단 마음이 대화를 나누는 '지금 여기' 에 머물러야 합니다. 올곧게 상대방의 말에 집중해야 합니다.

- 이승헌, 『우리말의 비밀』 에서

아버지는 얼굴의 부위, 눈썹 위의 이마는 '임任아'라고 하시며 무엇인가를 맡으면 이마에 그 생각 하나로 가득하다고 이마는 '맡아 있다'는 뜻이라고 하셨습니다. 사람은 집중하면 하나 밖에 기억하지 못하는 습성이 있는 것을 보면 그런 것 같습니다. 우리가 '아내'라고 칭하는 것을 아직도 북에서는 '안해'라고 한다니 그런 것 같습니다.

일지 선생은 『우리말의 비밀』에서는 님의 뿌리인 '니마'는 태양신을 뜻한다고 합니다. 니마가 '님'으로 쓰이고, 태음신을 뜻하는 고마가 '금'으로 쓰이면서 '님금'이 됐습니다. 님금은 최고 지도자를 뜻하는 '임금'으로 쓰였고, '단군'이라는 말도 여기서 나왔다는 견해가 있습니다. 님은 오늘날 상대방을 높여 부르는 말로 쓰입니다.

이 역시 인간의 정체성을 신이라고 보는 우리말의 의식이 담긴 표현입니다.

상대방을 '○○님' 하고 부르는 것은 '반갑습니다'나 '고맙습니다'에 깃든 뜻과 마찬가지로 '태양처럼 밝은 존재'라는 존중의 뜻을 담은 것입니다.

아름다울 미(美)를 살펴보면 양(羊)+큰 (大)자가 합쳐져 있습니다. 양은 예로부터 상서로움, 부유함을 뜻하는 동물이기 때문에 특히 민화에 많이 등장합니다. 그러므로 미(美)라는 글자는 별다른 지식이 없어도 큰 양을 보고서 느끼는 흡족함을 표현한 글자였을 것이라고 추측할 수 있습니다.

한(漢)나라 때의 언어학자인 허신(許愼)은

"美는 맛있다는 뜻이고, 羊자와 大자로 구성되었습니다. 양은 육축의 하나로 주식의 공급원이다"라고 설명했습니다. 육축이란 말, 소, 양, 닭, 개, 돼지 등 집에서 기르는 여섯 가지 가축을 말합니다. 이 가운데 소와 양은 사람들에게 식량을 제공할 뿐만 아니라 하늘의 신이나 산천의 신, 혹은 조상에게 제사지낼 때 없어서는 안 되는 중요한 희생으로 사용했습니다.

그래서 희생(犧牲)이라는 한자에 소와 양을 뜻하는 글자가 부수가 되어 있습니다. 허신의 설명에 따르면 양이 크게 자라면 맛있게 먹을 수 있고 그 맛있는 것을 제사의 희생으로 사용할 수 있는데, 아름다움을 뜻하는 미(美)라는 글자는 바로 맛있다는 의미와 함께 제사에 쓰일 만큼 넉넉하고 만족스럽다는 의미를 나타내는 글자라는 것입니다.

그런데 미(美)자의 어원에 대해 최근 학자들은 다르게 해석합니다. 갑골문이나 금문의 大자는 사람이 양팔과 양다리를 옆으로 뻗고 있는 것을 정면에서 본 모습을 나타낸 것이라고 합니다. 즉 大자는 사람을 뜻하는 人자와 같다고 합니다.

이렇게 볼 때 미(美)자는 사람이 양의 탈을 쓰고 춤을 추는 모습을 나타낸다고 할 수 있습니다. 흥미로운 것은 춤을 춘다는 의미를 가진 무(舞)라는 글자가 소의 꼬리를 붙잡고 춤추는 사람의 모습을 형상화한 글자라는 점입니다. 원시 사회에서 춤은 신을 즐겁게 하는 행위이고 또 신과 하나가 되는 행위였습니다. 희생으로 쓰일 소의 꼬리를 붙들고 춤을 추는 것(舞)은 모두 제사의 한 의식이었습니다. 여기서 알 수 있는 것은 제사를 집행하는 제사장의 권위와 엄숙함 그리고 신성함 등의 느낌을 표현하는 말이 바로 미(美)자가 가진 원래의 의미라는 점입니다. 허신은 "미(美)는 선(善)과 같다"라는 설명을 덧붙였습니다. 선(善)자는 '착할 선'이라고 새깁니다. 선은 본래 착하다는 의미에서 출발했지만 나중에 좋다는 의미가 추가되었습니다. "미(美)는 선(善)과 같다"는 허신의 말은 미(美)라는 글자가 좋다는 의미로 사용됨과 함께, 사람들은 좋은 것들에 대해 아름다움을 느낀다는 것을 뜻합니다.

이렇게 보면 '멋있다, 예쁘다, 맛있다, 상쾌하다' 등도 모두 '아름답다'는 범위 속에 포함됨을 알 수 있습니다. 즉 느낌이나 기분이 좋은 것이 바로 아름다움이 표현하는 주된 내용입니다. 『논어』에는 미(美)자가 열네 번 쓰였는데, 무려 열 번이나 좋다는 의미로 쓰였습니다.

이런 용례들을 자세히 보면 좋다는 것은 단순히 감각적인 것만을 뜻하는 것이 아니라 사회적·도덕적으로 바람직한 생각이나 행동을 나타내는 말로 사용되었음을 알 수 있습니다. 즉 미(美)는 의(義)와 같은 의미로 사용되기도 했습니다. 도덕적이고 의로운 행위는 그 자체를 아름다운 것으로 생각했기 때문입니다. 아름다움과 사회적 정의를 같은 것으로 보기도 했습니다. 여기서 아름다움 그 자체가 바로 선이 되는 것이 아니라 아름다운 것은 선한 것이어야 한다는 것, 즉 당위적인 것임을 알 수 있습니다. 공자에게는 선한 것은 아름다운 것이었습니다.

미(美)와 선(善)과 의(義) 세 글자는 모두 양(羊)과 관련이 있습니다. 이 세 글자가 표현하는 아름다움과 착함과 정의로움은 모두 '좋은 것'이라는 공통분모가 있습니다. 좋은 것을 그냥 '좋다'고 표현하기보다 '아름답다'고 표현하는 것이 좀 더 마음에 와 닿는 표현 방법이라고 여겼을 것입니다. 그래서 아름다움을 나타내는 미(美)자가 모든 좋아하는 것을 표현하는 대표적인 말로 자리 잡은 것입니다.

앞에서 살펴본 것처럼 아름다움에 어떤 기준이 있고, 그것을 사회적 교화의 수단으로 삼으려고 한 것은 유가 예술 정신의 특징이라고 할 수 있습니다. 유가는 공자와 맹자(孟子) 등에 의해 창립된 학파입니다. 인간에게는 변하지 않는 보편적 본성이 있고, 그것은 선하다는 것이 유가의 생각입니다. 유가는 선한 본성이 도덕과 사회 질서의 뿌리이고, 반대로 욕심은 그 선한 도덕성을 방해한다고 주장했습니다. 개개인의 욕심을 억제하고 타고난 선한 본성을 회복하면 도덕적 사회, 질서 정연한 이상적인 사회를 실현할 수 있다는 것이 유가 철학의 핵심입니다. 이런 철학을 바탕으로 한 유가의 예술 정신은 음악이든 미술이든 개인의 도덕적 수양과 사회 질서의 확립에 기여하도록 하는 데 중점을 두며, 엄격한 형식과 절도를 중시합니다.

🍀 아름다운 것은 무엇이며 추한 것은 무엇이냐

사람은 똑같은 물건이나 상황에 대해 여러 가지 느낌이나 생각을 가질 수 있습니다. 예를 들어, 새해가 밝으면 한 살을 더 먹는다고 좋아하는 사람이 있는가 하면, 그만큼 늙어 간다고 싫어하는 사람도 있습니다. 아름다움에 대해서도 마찬가지입니다. 내가 보기에는 아름다운 노을일지라도 어떤 사람에게는 아무 감흥도 불러일으키지 못할 수도 있습니다. 레오나르도 다빈치가 그린 '모나리자'를 왜 아름답다고 하는지 이해가 안 가는 사람이 있고, 보아의 노래를 들으면서 시끄럽다고만 생각하는 사람이 있습니다. 노자(老子)는 "세상 사람들은 모두 아름다운 것이 아름답다는 것만 아는데, 그것은 추한 것이다"라고 말했습니다. 우리가 아름답다고 생각하는 것이 보는 각도나 사람에 따라서 추한 것일 수 있음을 나타낸 말입니다. 이런 견해에 따르면 세상에는 아름다움과 추함에 대한 절대적인 기준은 없습니다. 그것은 매우 주관적이고 상대적입니다.

『장자(莊子)』의 다음 구절은 아름다움을 포함한 가치의 상대성을 천명한 것으로 유명합니다. 사람은 습한 곳에서 자면 허리에 병이 생겨 반신불수가 되는데, 미꾸라지도 그런가? 사람은 나무 위에 있으면 부들부들 떨면서 두려워하는데, 원숭이도 그런가? 사람과 미꾸라지와 원숭이, 세 가지 중에서 누가 올바른 거처를 알고 있는 것일까? 사람은 가축을 잡아먹고 살고, 사슴은 부드러운 풀을 먹고 살고, 지네는 뱀을 맛있게 먹고, 독수리는 쥐를 즐겨 먹는다. 이 네 가지 중에서 누가 올바른 맛을 알고 있을까? 원숭이는 원숭이를 짝으로 삼고, 사슴은 사슴과 사귀고, 미꾸라지는 물고기와 함께 헤엄치며 논다. 모장과 여희는 사람들이 아름답다고 하지만, 물고기가 그들을 보면 물속 깊이 들어가 숨어 버리고, 새들이 그들을 보면 하늘 높이 날아올라 버리고, 사슴이 그들을 보면 냅다 도망가 버린다. 사람과 물고기와 새와 사슴 중 어느 것이 미에 대해 올바른 눈을 가지고 있는가?

여기서 장자(莊子)는 묻습니다.

"사람을 포함한 여러 동물의 생활 방식 중 누구의 방식이 옳은가?"

사람일까요, 아니면 미꾸라지나 원숭이 혹은 사슴일까요? 누구의 생활방식이 가장 옳을까요? 대답은 '모두 옳다'입니다. 사람을 포함한 여러 동물은 각자의 처지에 맞게 생활하고 그것이 그들에게는 가장 옳은 방식이기 때문입니다. 이 비유를 통해 장자가 정말로 말하려고 하는 것은 사람마다 각자의 처지와 관심에 따라 다양한 관점과 삶의 방식이 있을 수 있기에, 그 누구의 방식이 옳다고 잘라 말할 수 없다는 것입니다. 아름다움에 대해서도 마찬가지입니다. 모장과 여희같이 뛰어난 미인이라 해도 다른 동물들의 눈에는 전혀 아름다워 보이지 않습니다. 예를 들어, 전해 내려오는 〈미인도(美人圖)〉 속 여인의 모습이 우리 눈에는 그리 아름다워 보이지 않습니다. 대개 뽀얗고 여린 피부와 작고 붉은 입술을 가진 이 젊은 여인들의 모습은 그저 수수하고 단정해 보이기는 하지만 미인이라고 말하기에는 어려울 것 같습니다. 남다른 심미안을 가졌을

화가가 그린 미인들이지만, 요즘 우리의 눈에 미인으로 보이지 않는 이유는 미인에 대한 기준이 바뀌었기 때문일 것입니다. 이와 같이 누군가에게는 아름답고 좋은 것이 다른 사람에게는 그렇지 않을 수도 있습니다. 그렇다고 아름답다고 여기는 누군가의 견해를 무시할 필요는 없습니다.

사람들은 매우 다양한 방식으로 아름다움을 느끼고 표현합니다. 동물들에게 서로 다른 미의 기준이 있듯이 사람마다 각기 다른 미의 기준이 있습니다. 즉 사람에 따라 전혀 다른 측면에서 아름다움을 느낄 수 있고, 또 전혀 다른 방식으로 그것을 표현할 수 있습니다. 아름다움에 절대적인 기준이 없다는 이런 견해를 받아들인다 하더라도 아름다움에 대한 앞에서의 정의는 변하지 않습니다. 즉 아름다움이 좋은 느낌과 관련이 있는 것만은 틀림없습니다. 요약하면 현실의 구체적인 대상에 대해 아름답게 느낄 수도 있고 그렇지 않을 수도 있다 하더라도 아름다움에 대한 정의가 바뀌는 것은 아니라는 뜻입니다.

다양성을 인정하고 다양한 개체가 모두 동등한 가치를 가지고 있다는 것은 도가 철학의 핵심입니다. 도가 철학에서는 생명과 자유를 중시하는데, 생명과 자유는 바로 다양성의 인정과 평등의 실현을 통해 가능하다고 생각했습니다. 인간이 만든 모든 제도와 규범은 불평등할 수밖에 없다고 보고 이를 부정하고 자연의 본래 모습과 상태로 돌아가자는 것이 도가 철학의 주요 내용입니다. 노자와 장자를 대표로 하는 도가 철학에서는 유가의 도덕주의를 비판하면서 개개인에게 그 어떤 절대적 가치의 굴레도 씌우지 말고, 정치적 간섭도 하지 말 것을 요구했습니다. 도가 예술 정신은 자유와 생명을 핵심으로 하는 도가 철학에 뿌리를 두고 있습니다.

서투름의 아름다움, 즉 자연미를 처음 제창한 사람은 노자입니다. 노자는 서투름이 기교의 으뜸이고, 그것이 주는 감동이 아름다움의 으뜸이라고 생각했습니다. "위대한 기교는 서투른 듯하다"라는 짧은 구절은 도가의 무위자연 철학에 기초한 예술 정신을 잘 말해줍니다.

"크게 완성된 것은 마치 부족한 것 같지만 아무리 써도 닳지 않는다. 정말 꽉 찬 것은 텅 빈 것 같지만 아무리 써도 바닥나지 않는다. 가장 곧은 것은 굽은 것 같고 위대한 기교는 서투른 듯하고 완벽한 논변은 말을 더듬는 것 같다."

이것은 도, 즉 자연의 운행 질서와 관련된 말입니다.

그것은 사람의 행위와는 반대로 보입니다. 왜냐하면 자연과 인위는 서로 반대이기 때문입니다. 인위적 요소가 많아질수록, 그리고 나를 내세울수록 자연에서 멀어진다는 것이 도가의 생각입니다. 기교는 부릴수록 정교할지는 몰라도 자연에서 멀어지고, 반대로 자연에 가까울수록 기교가 없어진다는 것이 도가 예술정신의 기본적인 출발점입니다.

"천지는 최고의 아름다움을 가지고 있지만 그것에 대해 말하지 않고, 사계절은 분명한 법칙을 가지고 있지만 그것에 대해 설명하지 않고, 만물은 완벽한 이치를 가지고 있지만, 그것에 대해 언급하지 않는다. 성인은 천지의 아름다움에 뿌리를 두고 만물의 이치에 통달한 사람이다. 그래서 도에 통한 사람은 아무런 인위적 행위도 하지 않는다."

위의 말은 노자 사상을 계승하고 발전시킨 장자가 한 말입니다. 도가에서는 자연을 가장 완벽하고 아름다운 것으로 봅니다.

"하늘은 만물을 감싸고 땅은 만물을 떠받쳐 주면서 모든 것을 조각해내지만 그것은 기교에 의한 것이 아니다"라는 말이 있습니다. 이것은 최고의 조각가는 자연인데, 자연은 완벽한 예술 작품을 만들 때 어떤 기교나 재주도 부리지 않는다는 뜻입니다. 따라서 인간의 행위 가운데서 특히 예술 작품은 자연에 가까울수록 완벽한 아름다움에 가깝다고 생각했고, 기교 아닌 기교에 따르는 것을 최고의 작품을 창조할 수 있는 첫 번째 조건으로 생각했습니다.

도가에서는 자연 그대로이거나 자연에 가까운 상태를 소박 혹은 순박이라고 합니다. '소박(素樸)'이라는 글자는 원래 타고난 바탕을 그대로 가지고 있는 통나무라는 뜻입니다. 도가에서는 이 소박한 것이야말로 세상에서 가장 아름다운 것이기 때문에 어느 누구도 그것과 아름다움을 겨룰 수 없다고 했습니다.

그런데 사람은 이렇게 소박한 것을 그대로 두지 않고 자기의 필요에 맞게 가공하고, 자기들의 미적 기준에 맞추어 다듬습니다. 장자는 그것을 소박한 아름다움, 즉 최고의 아름다움을 파괴하는 행위라고 생각했습니다. 재주가 뛰어난 사람일수록 자연의 소박함을 많이 파괴하고, 공예품이나 그림 혹은 음악이 정교할수록 소박함이 주는 아름다움은 사라지며, 그 대신 세련된 인간적 아름다움이 그 자리를 채운다고 했지요.

자연의 소박함을 파괴한 문명의 창시자를 세상에서는 영웅이나 위인으로 대접하는데, 장자는 그들이야말로 우리의 자유와 여유를 강탈한 사람들이라고 비판하면서 따르지 말 것을 주장했습니다.

"뛰어난 인격과 학식으로 유명한 증참과 사추의 행적을 지워 버리고, 양주와 묵적의 입을 틀어막고, 유가의 인의를 던져 버리면 천하 사람들의 덕이 비로소 처음 상태가 될 것이다. 사람들이 타고난 원래의 총기를 간직하고 있으면 천하는 혼란스럽지 않을 것이다. 사람들이 타고난 원래의 지혜를 간직하고 있으면 천하는 현혹되지 않을 것이다. 사람들이 타고난 원래의 덕을 간직하고 있으면 천하는 어느 한쪽으로 치우치지 않을 것이다. 증참, 사추, 양주, 묵적, 사광, 공수, 이주 등과 같은 사람들은 타고난 덕을 밖으로 돋보이게 하여 천하를 교란하게 한 자들이다. 그들을 본받아 봐야 아무 소용이 없다."

장자의 이 비판은 결국 도가의 가장 대표적인 구호인 '자연으로 돌아가자!'

133

로 압축됩니다. 장자는 인간의 기교에 의해 만들어진 모든 것을 없애고 소박한 아름다움을 회복해야 사람들이 자연의 리듬에 맞춰 여유 있는 삶을 살 수 있을 것이라고 했습니다.

서양화에서는 주로 초상이나 누드 혹은 사람이 만든 인공 건축물들이 등장합니다. 『성경』 속의 인물이든 왕실이나 귀족의 초상 혹은 이름 없는 서민의 모습이든 가릴 것 없이 인물을 주제로 그린 그림이 특히 많습니다. 그러나 동양화는 인물이 중심이 된 그림은 매우 드물고, 대부분의 그림이 주로 자연을 중심으로 합니다. 동양 사람들은 왜 자연이 중심이 된 산수화를 많이 그렸을까요? 그것은 바로 동양의 세계관, 특히 도가의 세계관과 관계가 깊습니다.

자연으로 돌아가자는 도가의 구호는 크게 사회와 개인이라는 두 가지 측면에서 이해할 수 있습니다. 사회적으로는 원시 공동체 사회로 돌아가자는 것으로 우리가 이룩한 모든 문명은 결국 부작용 때문에 멸망의 길을 피할 수 없을 것이라고 경고합니다. 오늘날 인류가 처한 생태 환경 문제 등 과학 기술 발달의 부정적 측면들을 생각해 보면 도가의 이런 경고가 아주 무의미한 것만은 아닌 것 같습니다. 자연으로 돌아가자는 구호의 개인적 의미는 우리가 태어날 때의 그 순수한 모습으로 되돌아가자는 것입니다.

태어날 때의 순수한 모습이란 무엇을 뜻할까요?

우선 물음을 바꿔 봅니다. 우리 인간은 무엇을 가지고 태어날까요? 불교에서는 빈손으로 와서 빈손으로 가는 것이 인생이라고 합니다. 우리는 정말로 빈손으로 태어날까요? 물론 산부인과 신생아실에 누워 있는 아이들은 겉으로 보기에는 모두 한결같이 빈손입니다. 그러나 그들이 정말로 빈손일까요? 그들은 이미 태어나기도 전에, 엄마 배 속에 있을 때부터 많은 것이 결정되어 있습니다. 태어날 아이는 자기도 모르는 사이에, 부모가 결정되고, 출생 국가와 인종이 결정되고, 걸어야 할 인생의 출발점이 결정되고, 따라서 인생을 시작할 때 가질 수 있는 여러 가지 물질적인 혹은 비물질적인 것들이 이미 결정되어 있습니다. 이것은 사회 일원으로서의 인간이 태어날 때의 상황입니다.

그렇다면 자연으로서의 인간은 어떨까요? 역시 겉으로 보기에는 빈손이고 가진 것이라고는 아무것도 없습니다. 알에서 갓 깬 병아리는 어미 닭과 똑같은 방식으로 모이를 찾을 줄 알고, 갓 태어난 송아지는 바로 걸을 줄 알고 제 어미의 젖을 찾아 배를 채우는 방법을 알고 있습니다. 동물들의 이러한 행동은 학습을 통해 아는 것이 아닙니다. 그래서 그것을 자연적인 것이라고 말할 수 있습니다. 사람에게도 이런 것이 있습니다. 사람은 사람의 특성을 가지고 태어납니다. 그것은 사람이 다른 동물과는 다른 유전자를 가지고 태어나는 것과 같습니다.

우리가 태어날 때부터 가지고 있는 사람으로서의 특성은 매우 많습니다. 그러면 인간이 가진 가장 중요한 특성은 무엇일까요? 맹자는 그것을 선한 본성이라고 말했습니다. 다른 말로 하면 우리가 지켜야 할 도덕적 능력이지요. 사람이 동물과 다른 점은 바로 이 도덕적 능력인데, 그것은 우리의 타고난 착한 본성에서 유래한 것이라는 이론입니다. 유가에서, 특히 맹자는 인간의 원래 모습으로 돌아가자고 말합니다. 그가 말하는 원래 모습이란 바로 도덕적인 모습입니다.

반면에 도가는 이런 유가의 주장을 믿지 않습니다. 도가에 따르면 인간의 자연적인 모습은 동물과 별반 차이가 없습니다. 좋은 것이나 나쁜 것을 구분할 줄도 모르는 무지무욕(無智無慾)한 모습, 그저 순박하고 욕심 없는 그런 모습이 바로 막 태어났을 때의 우리 모습이라고 합니다.

따라서 도덕이 아니라 무지무욕하고 소박한 상태로 돌아가는 것이 자연으로 돌아가자는 구호의 개인적인 의미입니다. 예술론에서 이 자연 상태를 회복하는 것이 중요한 이유는 바로 앞에서 설명한 것처럼 자연이 가장 완벽하고 아름다운 것이라는 생각 때문입니다. 즉 사람이 아무리 대단한 기교를 부려도 그것은 자기가 태어날 때부터 가지고 있는 자연적 능력보다 못하다는 생각에 따른 것입니다.

인간의 현란한 기교가 담긴 작품에 눈과 귀가 이미 길들여진 사람에게는 자연 자체가 오히려 서투르고 초라하게 보일 수 있지만, 영원히 싫증나지 않고 볼수록 끌리게 하는 힘이 자연 속에 있다는 뜻입니다. 동양의 그림에 산수화가 많고 인물화가 적은 것, 자연을 그린 것이 많고 인공물을 그린 것이 적은 것은 바로 이런 철학과 예술 정신의 영향이라고 할 수 있습니다. 또한 사람이나 인공물을 그리더라도 자연의 한 부분인 것처럼 표현하는 것이 일반적입니다.

그런데 우리가 자연성을 타고나기는 했지만 그것을 회복하는 일이 쉽지 않듯이, 서투름이라는 기교 아닌 기교 역시 쉽게 얻을 수 있는 것이 아닙니다. 추사 김정희의 '부작란도'나 '세한도'의 서투름도 대충대충 아무렇게나 그려서 얻은 것이 아니라는 말이지요.

김정희는 그림을 그리고 글씨를 쓰기 위해 평생 열 개나 되는 벼루가 닳아 없어지고 천 자루의 붓이 망가지도록 연습을 했다고 합니다. 기교와 욕심의 절정에서 그것을 버린 결과, 붓이 손을 따라 저절로 움직이고 자기 속의 자연스러움이 그대로 붓을 통해 종이 위에 표현된 것입니다. 이것은 타고난 자연성을 회복한 경지라고 할 수 있지만, 노력 없이 오를 수 있는 경지는 아닙니다. 누구나 쉽게 이 같은 경지에 오를 수 있는 것이 아니기 때문에 추사의 글씨나 그림이 높이 평가 받는다고 할 수 있습니다.

윤편의 이야기에 따르면 예술작품은 전할 수 있어도 그것을 그려낸 혼이나 기교는 자식이나 제자에게 전해줄 수 없습니다. 여기서 말하려고 하는 것은 가르칠 수 있는 것은 형식적인 것, 진정한 자기의 세계를 개척하는 데 이르는 길을 알려주는 데 그친다는 것입니다. 그 다음은 스스로 터득하고 익혀 나가야 한다는 뜻입니다. 끊임없는 연습이 모방과 잔재주의 단계를 넘어 자기만의 창조적 세계에 들어가게 하는 유일한 방법이기 때문입니다. 머리로 아는 것이 아니라 몸과 마음으로 익히는 것이 도(道)와 기술을 터득하고 예술의 경지를 개척하는 유일한 길이라는 뜻입니다. 스승은 분명히 필요하지만 스승에게서 기교와 예술적 경지까지 물려받을 수 없음을 알 수 있습니다.

말로 전해줄 수는 없지만 훈련과 연습을 통해 득도의 경지에 이를 수 있고, 신기에 가까운 예술적 경지에 이를 수 있는 방법이 두 가지 있습니다.

'정신 집중' 과 '마음 비우기'

어느 따뜻한 봄날, 제나라의 환공이 한가하게 대청에 앉아 책을 읽고 있었습니다. 그때 윤편이라는 목수가 대청 아래 마당에서 수레바퀴를 깎고 있었습니다. 윤편은 묵묵히 수레바퀴를 깎다 말고 무슨 생각이 났는지 갑자기 망치와 끌을 내려놓고 대청 위로 올라가서 환공에게 물었습니다.

"임금님께서 읽고 계신 것은 무엇입니까?"

수레바퀴를 깎는 천한 늙은이가 감히 임금의 코앞에까지 다가오는 것도 예삿일이 아니지만, 무슨 내용을 읽고 있는지를 묻는 것은 생각할 수도 없

137

는 무례입니다. 제나라 환공은 춘추 시대 다섯 명의 막강한 제후 중 한 사람입니다. 그런데 사람이 너무 갑작스럽게 황당한 일을 당하면 잠시 멍해지듯이 환공도 그랬던 가 봅니다. 윤편의 느닷없는 질문에 환공은 엉겁결에 "성인의 말씀이니라" 라고 대답했습니다. 윤편은 잠시의 틈도 주지 않고 다른 질문을 이어 갔습니다.

"성인이 지금 살아 계십니까?"

"이미 죽고 없다."

이쯤 되면 윤편의 의도에 환공이 말려들고 만 것입니다.

"그렇다면 임금님께서 읽고 계시는 것은 옛사람의 찌꺼기일 뿐입니다."

수레바퀴를 깎는 천한 신분의 윤편이 당시 초강대국인 제나라의 군주 앞에서 이런 이야기를 한다는 것은 보통 배짱이 아닐 수 없습니다. 결국 윤편의 이 당돌한 말에 환공은 엄청나게 기분이 상했습니다.

"과인이 독서를 하고 있는데 수레바퀴를 깎는 천한 늙은이가 무엇을 왈가왈부한단 말이냐? 납득이 가도록 설명하면 살려 주겠지만, 그렇지 못하면 죽음을 면치 못할 것이다."

사실 윤편은 이 말을 기다렸습니다.

이제 환공은 윤편의 설명에 귀를 기울여야만 합니다.

저는 제가 하는 일로 설명을 드리겠습니다.

수레바퀴를 깎을 때 구멍을 조금 넓게 뚫으면 바퀴통과 축의 결합이 느슨해서 견고하지 않고, 조금 좁게 뚫으면 빡빡해서 바퀴통에 축이 들어가지 않습니다. 바퀴통의 구멍을 넓지도 좁지도 않게 하는 것은 마음으로 느끼고 손이 그에 따름으로써 가능한 일인데, 그것을 입으로는 말할 수 없습니다. 그 과정 속에 분명히 무슨 비결이 있을 것입니다. 그러나 저는 그 비결을 저의 자식에게 가르칠 수 없고, 저의 자식 역시 저에게서 그것을 배울 수 없습니다. 그 때문에 일흔의 늙은 나이에도 여전히 수레바퀴를 깎고 있습니다.

이와 같이 옛사람도 자신이 다른 사람에게 전해 줄 수 없는 소중한 그 무엇과 함께 죽었을 것입니다. 그러니 임금님께서 읽고 계시는 것 역시 그 옛 사람이 남긴 껍데기에 불과한 것입니다.

- 김갑수, 『마음이 담긴 동양 예술 산책』에서

'신(神)' 난다! 왜 '사람난다'가 아니고 신이 나는 걸까?

사람은 누구나 죽습니다. 그래서 자신도 모르는 사이에 나이 들어가는 것이 두려운 것 같습니다. 가만히 있으면 자기만 도태되는 것 같아서 불안해하는 것이 사람이다 보니 사람의 힘만으로는 부족해서 사람의 힘을 능가하는 좋은 기분을 '신난다'고 하는 것 같습니다. 소중한 것은 전해 줄 수 없습니다. 특히 생생한 깨달음은 전하기가 어렵습니다.

인터넷에서 이런 기사를 읽은 적이 있습니다.

폐암으로 1년밖에 못 살 것이라는 진단을 받은 한 미국인이 다행인지 불행인지 20년 동안 매년 5만 달러를 받을 수 있는 복권에 당첨되었다는 내용이었습니다. 첫해 당첨금을 받은 그는 가장 사고 싶은 것이 무엇이냐는 기자의 질문에 시간을 사고 싶다고 대답했습니다.

물론 의사의 진단이 정확하다면 그의 간절한 소망은 실현 불가능하겠지요.

139

이 기사는 우리에게 진정으로 소중한 것이 무엇인지를 생각해 보게 합니다.

사람들은 죽음이 가까이 왔는데도 혹은 죽을 수도 있는 위험을 무릅쓰면서도 자청해서 탐욕의 노예가 됩니다. 겉으로 보기에 평생을 쓰고도 남을 만큼 충분히 많은 재산을 가지고 있는 사람도 베풀기보다는 더 끌어 모으는 데 열중합니다.

그들은 자신의 부를 후손에게 물려줄 수 있다고 생각하기 때문에 만족할 줄 모르는 것 같습니다. 그런데 복권에 당첨된 불행한 사람의 경우처럼 진짜로 소중한 것은 살 수 없는 것과 같이 정말로 중요한 것은 자식에게 물려줄 수 없는지도 모릅니다. 다음의 이야기는 이 점을 잘 말해 줍니다.

제4강

도(道)와 덕(德) - 삶의 방법

두근두근 내 차례다

" 도(道)와 덕(德) - 삶의 방법 "

1. 도(道)

중국에서는 복음을 도(道)라 합니다.

도에는 네 가지 의미가 있습니다.

첫째는 도를 깨닫는 득도(得道).

둘째는 도를 닦아 나가는 수도(修道).

셋째는 도를 누리는 낙도(樂道).

넷째는 도를 전하는 전도(傳道).

이 네 가지 도(道)를 함께 누릴 때가 성령 충만한 삶이 된다고 했습니다.

143

서양에서는 철학을 philosophy라고 합니다. 지혜를 사랑하는 지(智)에 대한 애(愛)가 철학이라는 것입니다. 동양의 도(道)는 길, 길은 삶의 가운데에 있고 길은 여러 사람들이 밟아서 다져진 통로입니다. 도(道)의 모양에서 알 수 있듯이 착(辶=辵)과 수(首)의 회의 문자입니다.

착(辵)은 머리카락 날리며 사람이 걸어가는 모습입니다. 원 뜻은 '쉬엄쉬엄 가다, 달리다 뛰어넘다. 차례를 밟지 않고 층계를 뛰어 넘어 내리다'라는 뜻입니다. 수(首)는 시초, 먼저, 앞이라는 뜻이지만 사람의 머리 즉 생각을 의미합니다.

따라서 도(道)란 걸어가며 생각하는 것입니다. 가만히 앉아서 탁상공론(卓上空論)으로는 현명하고 지혜로운 방법이 생기지 않는 것입니다. 현장에서 발로 뛰며 체험하며 느끼는 것이 중요합니다.

도사(道士)와 박사(博士)

도사는 1) 도를 많이 닦아 어느 정도의 경지에 이른 사람. 높임말은 존사(尊師), 유의어 선인(仙人)

　예〉 이 산에는 해마다 많은 사람들이 도사가 되겠다고 찾아온다.

　그 글은 젊은 사람이 쓴 글인데 세상만사를 전부 이해한 도사가 쓴 것 같은 느낌이 든다.

2) 어떤 일에 아주 익숙하여 썩 잘하는 사람을 속되게 이르는 말.

　[불교]불도를 닦아 깨달은 사람.

　예〉 사람들은 그를 컴퓨터 도사라고 불렀다.

　그는 어린 시절에 출가(出家)하여 도사가 되었다.

박사는 1) [교육]전문 학술 분야에서, 연구가 깊고 뚜렷한 업적을 이룬 사람에게 대학에서 수여하는 가장 높은 학위. 또는 그 학위를 받은 사람.

　　　예〉 박사 학위 과정을 수료하다.

　　　그는 정치학 박사이자 경제학 박사이기도 하다.

　2) 어떤 일에 정통하거나 숙달된 사람을 비유적으로 이르는 말.

　　　예〉 우리 이모는 요리 박사이다.

　　　그 아이는 무척이나 배를 좋아해서 배에 대해서는 박사가 다 됐다.

저는 노인대학에 가서 강의할 때면 꼭 하는 말이 있습니다.

"여러분들은 도사입니다. 도사는 가만히 앉아 있어도 사람이 찾아가서 배우고자 하고 또 가만히 있어도 찾아 갑니다. 박사는 학교에서 주는 자격이어서 도사보다 한 수 아래인 것 같습니다." 하고 강의를 시작합니다. 학교에서 공부를 할 수 없는 사정이라면 우리 생활 속에서 깨달음을 가질 수 있도록 하면 도사가 된다고 말씀드립니다. 도사는 삶의 방법을 많이 아는 분인 것 같습니다.

2. 덕(德)

 ···

덕(德)=득(得)+마음 심(心)

덕(德)은 마음을 얻는 것이라고 합니다.

덕 - 떡 - 턱

ㄷ의 된소리는 ㄸ 거센소리는 ㅌ입니다.

145

덕(德)에서 비롯된 말로서 부드럽고 따뜻하게 모든 것을 안아주는 큰마음 인절미(仁節味). 어진 마음과 절도가 있는 맛으로 도덕과 정신도 함께 마음에 새겼습니다.

덕이 좀 더 세게 떡이 되었습니다. 떡은 산자와 죽은 자를 끈끈하게 이어주는 접착제입니다. 떡은 혼자 먹기 위해서 하지 않는 것을 보면 알 수 있습니다.

떡이 요즘은 턱이 되었음을 알 수 있습니다. 좋은 일이 있거나 나눌 때 하는 말이 "한 턱 쏘라"고 합니다. "한 덕 쌓아라."가 강해져서 총처럼 "한 턱 쏘라"가 된 것입니다.

떡에는 종류가 상당히 많습니다. 먼저 설 명절의 대표적인 가래떡에 대해서만 언급하도록 하겠습니다. 가래떡이란 혼의 성장세월의 의미이며 혼이란 뿌연 색을 지니게 되기 때문에 혼백을 모시는 지방을 쓸 때에도 뿌연 문종이에 쓰듯이 이 색깔과 유사한 색깔이 쌀(곡기)이며 곡기란 '기운을 저장하고 있다'라는 의미입니다. 우리는 흔히 '허기진다'라는 말을 많이 하듯이 허기란 '기가 허하다. 기가 없다'라는 의미인데 기가 비어서 허하면 곡기로 배를 채워야 기운이 되살아난다고 합니다. 가래떡은 혼의 세월이 긴 세월을 통해 성장한다는 의미를 전하기 위해 가래떡을 길게 뽑는 것입니다.

세월 흐름을 하루 또는 한해를 표현한 것이 가래떡을 썰어서 만든 떡이며 이 떡국을 먹게 되면 나이를 먹는다고 하는데 나이란 세월을 뜻하는 것으로 그 세월은 혼의 성장 세월을 말합니다.

우리는 도(道)와 덕(德)을 숭상하는 민족입니다. 도를 알아야 한다는 도라지(道我知), 도사(道士), 도리도리(道理道理), 여기서 도는 방법을 말합니다. 도라지(道我知), 내가 방법을 알아야지라는 뜻으로 여기서 도는 길을 말하는 것이 아닙니다. 도사가 그 분야에 여러 가지 방법을 많이 알고 있듯이 삶의 방법을 알아야 한다는 뜻입니다.

어린 시절에 머리를 흔들며 '도리도리'를 반복해서 놀이처럼 배웠던 것도 삶의 방법, 도리(道理)를 알라는 뜻이라고 합니다.

덕불고 필유인 (德不孤必有隣) - 덕이 있는 자 외롭지 않고 반드시 이웃이 있다.

3. 삶의 방법

삼색나물

어머니께 들은 제사에 올리는 삼색나물은 도라지와 고사리, 시금치였습니다.

도라지(道我知)는 뿌리를 의미하며 도(道)를 알라는 뜻입니다..

도를 알지 → 돌아지 → 도라지道(도, 도) 我(나, 아) 知(알, 지) (나를 알아가는 도를 말함)

고사리가 일이라면 도라지는 일의 목적을 나타냅니다. 도를 알지 운동입니다.(도를 알지 = 나를 알아가는 도)

고사리(高事理)는 줄기를 의미하며 이치에 닿는 높은 사고의식으로 일을 하라는 의미입니다. 그리고 높은 일을 할 때에는 이치를 생각해보라고도 하셨습니다. 고사리는 하늘로 뻗어가는 기운의 모습을 하고 있습니다. 그러면서도 손의 모습과 흡사합니다. 그래서 고사리손 즉 일의 시작을 의미합니다. 고사리(高事理)는 높은 이치가 담긴 일을 한다는 뜻이며 고사리의 모양은 하늘 세계로 기운이 피어오르는 모습을 하고 있듯이 옛날 유물 또는 벽화에서 보아도 고사리 모양 문양이 많이 그려져 있습니다. 이것은 기氣의 발생 모습을 나타내는 것입니다.

시금치(始今治)는 잎을 의미하며 이제 시작을 잘 다스리며 시작하라는 뜻입니다. 시금치는 살짝 데쳐야 합니다. 긴 시간 불 위에 올려 두면 뭉그러져 버립니다. 우리가 일을 시작할 때에도 미적미적하다 보면 시작이 뭉그러지는 것을 알 수 있습니다. 시금치는 道를 구하는 마음을 지금 이 시간부터 주저하지 말고 행하라는 의미입니다.

"시작이 반이다." "쇠뿔도 단김에 빼라"는 속담이 떠오릅니다.

나쁜-'나뿐인'의 준말

자기만 아는 것은 나쁜 일입니다.

'나뿐'이어서 존중과 배려가 없는 것이 '나쁜'것입니다.

'나쁘다'는 말은 '나뿐'인 상태와 연결해 생각해 볼 수 있습니다. 자기 입장, 자신의 이익만 생각하는 이기적인 행동은 나쁜 것이니까. 만약 누군가에게 '당신은 나쁜 사람이다'라고 한다면 몹시 불쾌해 하면서 '내가 왜 나빠?'라고 반문할 것입니다. 사람들이 일반적으로 생각하는 나쁜 짓은 뉴스에 나올 만한 악행이나 비난받아 마땅한 잘못을 저지른 경우입니다. 그러니 자신이 나쁜 사람이라는 평을 듣는 것은 부당하다고 여깁니다. 이기심 속에서 오로지 자기 생각에 빠져 살고 있으면서도 말입니다.

남의 것을 빼앗고, 고의로 다른 사람에게 고통을 주고, 거짓말로 사기를 치는 사람들은 왜 그렇게 행동할까? 자기 생각만 하기 때문입니다. 이 물건을 훔치면 저 사람이 얼마나 고통 받을까, 내가 거짓말을 하면 이 사람이 얼마나 피해를 입을까 하는 생각은 하지 않는 것입니다. 나뻐이어서 주변과 조화롭지 않는 것, 다른 사람을 배려하거나 존중하지 않고 자신의 이기심에 치우치는 것, 다른 생명과 지구 환경을 살피지 않고 자신의 편리와 이익만 앞세우는 것 등 조화로운 공존의 가치를 깨뜨리는 행위는 분명히 나쁜 것입니다.

이렇게 보면 세상에는 나쁜 사람이 너무 많습니다. 그런데 사람들은 자기가 나쁘다고는 생각하지 않습니다. 자기가 나쁜 사람인 걸 모르니 바뀌려고 노력할 리도 없습니다. 나쁘다는 말의 뜻을 알고 나면 비로소 자신의 이기심과 무지가 보일 것입니다.

나쁜 상태를 돌이키는 방법은 간단합니다. 나쁘구나 생각되면 좋은 쪽을 선택하면 됩니다. 좋다는 것은 자기도 좋고 다른 사람에게도 좋은 것입니다. 만약 자기에게만 좋은 것이라면 사실은 나쁜 것일 가능성이 많습니다. 나도 좋고 남도 좋은 것, 그것이 '얼씨구 좋은' 것입니다.

아주 신명나게 기분이 좋을 때 우리나라 사람들은 '얼씨구 좋다' 하면서 함박웃음을 터뜨립니다. 좋아도 그냥 좋은 게 아니라 얼씨구 좋다니, 그 뜻이 어떤 것이기에 옛 분들은 이렇게 흥을 냈을까요? 짐작건대 '얼의 씨가 있으니 좋다' 또는 '얼이 살아나니 좋다'라는 의미를 담은 말이 아닐까 합니다. 얼을 찾고 얼을 살리는 것만큼 좋은 일이 어디 있겠습니까?

'좋다'는 말에는 조화롭다는 의미가 담겨 있습니다. 서로 어긋나지 않고 잘 어우러지는 것, 어울리는 것이 좋은 것이라는 뜻일 것입니다. 그럼 '나쁘다'는 무엇이겠습니까? 좋지 않은 것을 나쁘다 하지 않았겠습니까? 어우러치지 않고, 어긋나고, 어울리지 않는 것. 이것이 나쁜 것입니다.

'좋다'와 '나쁘다'는 말 자체가 무엇이 좋은 것이고 무엇이 나쁜 것인지를 가르는 기준을 보여줍니다. 좋다거나 나쁘다는 표현은 판단력이 덜 여문 아이들이 기분에 따라 내뱉는 말로 여기고 어른이 되어서는 그다지 많이 쓰지 않았습니다. 그런데 그 말뜻을 깨우친 이후부터는 이 말들을 사용할 때마다 뜻을 한 번씩 되새기게 됩니다. 지금 나는 이 말들을 예전보다 훨씬 많이 사용합니다. 이 단순한 두 단어가 어떤 상황에서든 부족함 없이 명쾌한 판단과 통찰을 가능하게 해 주기 때문입니다. 예를 들어 '좋다' '나쁘다'의 기준으로 우리 사회를 한번 둘러봅시다. 우리나라의 교육은 좋은 교육인가, 나쁜 교육인가? 우리나라의 정치는? 종교는?

아이들을 끝없는 경쟁 속으로 몰아붙이는 교육, 사람들의 이기적인 욕망을 이용하는 정치, 자기만 옳다고 주장하는 종교, 이들을 어느 쪽으로 분류해야 할지는 명백합니다. 나쁜 것이 나쁘다는 것을 알고, 좋은 것이 좋은 것임을 알면 그것이 깨달은 것입니다. 그 이상의 깨달음이 없습니다. 그 이상의 도덕 교육도 없습니다.

우리는 불교의 불이사상(不二思想)을 가진 민족입니다. 나와 너를 분리할 수가 없습니다. 너와 나는 둘이 아니라는 것입니다. 그래서 세상에서 유례를 찾기 힘든 우리 남편, 우리 마누라라는 말이 나옵니다.

숫자도 한 개, 두 개를 명확하게 하지 않고, 한두 개라고 합쳐서 말합니다.

그리고 이치를 너무 조목조목 따지는 사람을 싫어합니다.

"네가 눈 똑바로 뜨고 어른에게 따지느냐?" 하고 꾸중합니다.

학문은 이것과 저것의 차이를 아는 것인데도 너무 따지면 덕성스럽지 못하다고 합니다. 어수룩하게 살라고 합니다. 그래서 우리는 숫자도 구분하지 않고 셈을 칩니다.

하는 셈치고, 속는 셈 치고, 주는 셈치고 하면서 또렷하고 분명하고 정확한 것을 싫어하는 성향이 있습니다. 그래서 자기만 아는 사람은 아주 나쁘다고 합니다.

"약간 손해 보고 사는 것이 잘 사는 것이다." "할애비 바보가 손자 거름 된다"고 하며 덕을 크게 쳤습니다.

그래서 가끔은 그 친밀감 때문에 우리가 우리를 가두는 우리가 되는 경우도 있습니다만 우리 민족은 홍익(弘益)이 기본 사상임을 밝혀 둡니다.

우(宇): 공간개념 - 상하사방(上下四方), 무한한 공간을 의미합니다.

주(宙): 시간개념 - 고금왕래(古今往來), 무궁한 시간을 의미합니다.

이 시간과 이 공간의 주인이 되는 것은 중요한 일입니다.

🍀 인생을 망치는 방법

삐딱하게 사는 사람, 벤 스타인이라고 변호사이자 배우이며 대통령 연설문을 쓰기도 했던 사람이 『인생을 망치는 방법(How to Ruin Your Life)』이라는 책을 썼습니다. 역시 웃기면서도 가슴을 철렁 내려앉게 만들기도 합니다. 인생 망치는 법, 연애 망치는 법, 경제적으로 망가지는 법 등등. 그냥 평범하게(?) 인생을 망쳐주는 방법은 35가지가 있는데 그 중 몇 가지만 소개합니다.

1. 어떤 유용한 기술도 배우지 마라

   쓸모없는 인간이 되어라. 좋은 공부 습관을 익히기 위해 애쓸 것도 없다. 엘비스 프레슬리가 교육을 제대로 받은 것도 아니고 마돈나가 대학원을 간 것도 아니지 않은가.

2. '자기 단련' 같은 것은 절대 하지 마라

   육군사관학교에 간 것도 아니고 신병훈련소에 들어간 것도 아니다. 쉴 수 있는 만큼 최대한 쉬자. 음식도 아무렇게나 먹어라. 제일 중요한 것! 놀 수 있는데 일하지 마라.

3. 웬만하면 남의 탓을 하라

   잘못된 일은 남의 탓이든지 아니면 운이 나빠서일 뿐이다. 시험을 못 본 것은 선생이 잘못 가르쳐서 그런 것이다. 내가 잘못 하려고 그런 게 아니다. 그러니까 책임을 질 일도 없다.

4. 모든 걸 부러워하고 어떤 것에도 감사하지 마라

   다른 모든 사람을 부러워하라. 옆집 잔디가 더 푸르거든 그 사람이 잘 가꿔서 그렇겠거니 하는 생각은 하지 말고 그냥 부러워해라. 시기와 질투는 완벽한 독이다. 정기적으로 복용하여 인생이 제대로 된 방향으로 갈 가능성을 막아라.

5. 이상한 사람들과 어울려라

   불행하고 성공하지 못한 사람들과 정기적으로 만나라. 당신 인생이 아무리 잘못돼도, 더 이상한 사람들을 보고 있으면 위로가 될 것이다.

6. 연륜과 경험을 존중하지 마라

전통? 경험으로 축적된 기술? 그런 건 다 아는 것 아닌가? 근면하게 노력해서 배울 수 있는 기술이라는 것은 있지도 않다. 날 때부터 다 아는 것이다.

7. 절대 저축하지 마라

근검과 저축이 웬 말이냐. 평생 좋은 일자리 가질 수 있고 주식투자는 잘 될 것이며 부자친구가 있어 도움을 받을 수 있을 것이다. 저축은 인생을 즐길 줄 모르는 자들이 하는 짓이다.

8. 남들에게 아무 신세도 지지 않았다고 생각하고 살아라

나만 즐겁고 편하면 되지 남에게 왜 신경을 쓰나. 학창시절 은사, 나라를 지켜주는 군인들, 각자 자기 의무를 하고 있는 것 아닌가?

9. 자기 수입보다 높은 수준으로 살아라

사고 싶은 대로 다 사라. 남들이 가진 게 부러울 때, 잡지에 난 폼 나는 무엇인가가 사고 싶으면 망설이지 말고 사라. 신용카드 값이 밀리면 카드 하나 더 만들면 된다.

10. "그러게 내가 뭐랬어?" 라는 말을 자주 해라

다른 사람들이 어려움에 빠졌을 때 동정하지 마라. 고통을 나눠 짊어질 필요도 없다. 그냥 말해줘라. "그러게 내가 뭐랬냐?" 남의 상처에 소금을 살살 뿌려주는 일이 될 것이다.

이 모든 우스운 충고에도 불구하고, 제가 가장 현실적이라고 생각하는 스타인의 충고는 이겁니다.

"우리가 최고가 되기 위해서 필요한 것들이 몇 가지 있다. 소량의 능력이 도움이 되기는 한다. 그러나 정말 중요한 것은 끈질김, 행운, 위험을 감수할 수 있는 능력, 그리고 부자가 되고 유명해지고 싶다는 엄청난 열망이다."

그래도 성공하는 사람은,

1. 균형 잡힌 '손익계산' 센스가 있는 사람

2. 상황판단을 잘하는 사람. 상황 분석력과 사람에 대한 통찰력이 있는 사람

3. 재미있는 에피소드가 많은 사람

4. 책임을 자청해서 떠맡을 만큼 기량이 있는 사람. 위기에 강한 사람

5. 일을 긍정적으로 생각하고 행동할 수 있는 사람

6. 술자리를 같이 해도 즐거운 사람

7. 금전 관계가 분명한 사람

8. 남의 아픔을 아는 사람

9. 자신을 객관적으로 바라볼 수 있는 사람

10. 남에게 공격적이지 않는 사람. 관대한 사람

11. 부화뇌동하지 않는 자신의 확고한 가치를 가지고 있는 사람

12. 그때그때의 감정으로 행동하지 않고 말과 행동에 일관성이 있는 사람

13. 선물을 적절하게 주고 적절하게 받기를 잘하는 사람

14. 인생이 드라마와 같은 사람

15. 문제 처리를 잘하는 사람

16. 여행이나 파티를 세심하게 잘 진행하는 사람. 잘 노는 사람

17. 동성이든 이성이든 호감을 가지게 하는 인관관계의 달인

18. 다수파뿐만 아니라 소수파의 가치도 인정하는 사람

19. 직장에서 주위의 신뢰를 받고 있는 사람

20. 색다른 정보나 시대감각에 뛰어난 사람

21. 아름다운 것을 즐길 줄 아는 사람

22. 돈이나 시간을 충분히 가지고 있는 사람

23. 마음이 자상하고 힘을 가진 사람

24. 무용담을 가진 사람

25. 이 사람 곁에 있으면 무슨 일이든 잘된다는 생각이 절로 들게 하는 사람입니다.

🍀 제사(祭祀)

제사란 결국 죽은 사람을 기리는 모임을 통해서 후손들이 만나고 유대감을 이어 나가는 장이라 할 수 있습니다. 제사는 무엇보다 자신을 도덕적 주체로 서게 하는 의미를 지닙니다. 사랑과 공경의 정성을 다하는 것을 주로 해야 합니다.

제사(祭祀)에서 제(祭)는 사람과 신이 접한다는 의미로 지신(地神)에게 드리는 것입니다. 사(祀)는 하늘에 올리는 것으로 천신(天神)에게 축원하는 것이라고 합니다. 술은 아래로 부음으로서 지신(地神)에게, 향은 위로 올리면서 천신(天神)에게 드리는 의식이라고 합니다,

혼(魂)은 한 사람이 죽을 때 따뜻한 기는 그 사람의 육신을 떠나 하늘로 올라가는 것이며 백(魄)은 반대로 몸은 점점 차가워져 땅으로 내려가는 데 이것이 백(魄)입니다.

아버지께서는 삼혼칠백(三魂七魄)이라고 하시며 사람이 죽어도 생각나는 것은 이 삼혼칠백이 있기 때문이라고 하셨습니다. 혼과 백이 나뉘는 것이 죽음이라고 한다면 기가 흩어지는 것. 기는 유한하지만 이는 무한하며 조상과 자손 간에는 어떤 경우라도 감응이 단절될 수 없다고 생각합니다.

말은 부자유친해야 합니다. 오륜(五倫)의 하나인 아버지와 아들 사이의 도(道)는 친애(親愛)에 있다는 말로, 아버지는 아들을 사랑하며 아들은 아버지를 잘 섬김으로써 진정한 부자간의 도리가 있다는 뜻인 부자유친은 부드럽고, 자연스럽고, 유연하고, 친절해야 합니다.

Impossible(불가능)= I'm+possible

남들의 불가능이 나에게는 가능하다는 뜻으로 성공은 남들이 불가능하다고 말하는 것을 가능하게 하는 것입니다. 장벽은 나를 위해서 있는 것이 아니라 다른 이들이 넘지 못하게 하려고 존재하는 것입니다.

이해(understand=under+stand)

이해는 남 아래에 서는 것입니다.

텔레비전[television]을 텔어비전Tell a vision(비전을 말하라)으로

vision은 ① 내다보이는 미래의 상황 ② 비밀히 전해 내려옴을 말합니다.

병에 물을 담으면 '물 병' 이 되고,

꽃을 담으면 '꽃 병' 꿀을 담으면 '꿀 병' 이 됩니다.

통에 물을 담으면 '물 통' 이 되고,

쓰레기를 담으면 '쓰레기 통' 이 됩니다.

그릇에 밥을 담으면 '밥 그릇' 이 되고,

국을 담으면 '국 그릇'

김치를 담으면 '김치 그릇' 이 됩니다.

병이나 통이나 그릇은 그 안에 무엇을

담느냐에 따라 좋은 쓰임으로 쓸 수도 있고

허드레 일에 쓰일 수도 있습니다.

꿀 병이나 물통이나 밥 그릇 등 좋은 것을 담은 것들은

자주 닦아 깨끗하게 하고

좋은 대접을 받는 대신,

좋다고 여기지 않는 것을 담은 것들은

한 번 쓰고 버리거나, 가까이 하지 않고

오히려 멀리하려는 나쁜 대접을 받습니다.

그리고 이러한 병, 통, 그릇들은

함부로 마구 다루면 깨어지거나 부서져서

곧 못쓰게 되기 쉽습니다.

우리 사람들의 '마음' 도 이것들과 똑같아서,

그 안에 무엇을 담느냐에 따라 좋은 대접을 받을 수도 있고

못된 대접을 받아 천덕꾸러기가 될 수도 있습니다.

즉 우리 마음속에 담겨 있는 것들이 무엇이냐에 따라

'사람대접' 을 받느냐 아니냐로 달라지는 것이라는 말입니다.

불만, 시기, 불평 등 좋지 않은 것들을 가득 담아두면

욕심쟁이 심술꾸러기가 되는 것이고

감사, 사랑, 겸손 등 좋은 것들을 담아두면

남들로부터 대접받는 사람이 되는 것입니다.

무엇을 담느냐 하는 것은,

그 어느 누구의 책임도 아니고 오직

'자기 자신' 이라는 것을 생각해야 할 것입니다.

- 『좋은 생각』 에서

　말을 잘하기 위한 가장 좋은 방법은 내가 평소에 많이 생각하는 부분에 대해서만 말하는 것입니다. 대화중 모든 것에 대해 의견을 말하기보다 내가 평소에 깊이 생각하지 않았던 부분에 대해서는 듣기만하고 생각이 정리되어 있는 부분에서만 의견을 피력하는 것입니다. 그러면 타인은 내가 하는 모든 말에 귀를 기울이게 됩니다.

　타인의 기억에는 내 말이 모두 녹음이 되는 것이 아니라 인상적인 부분만 편집되어 남게 됩니다. 그의 기억에 나를 각인시키는 가장 좋은 방법은 자신 있는 말을 가려서 하는 것입니다.

　말은 한 사람이 살아온 흔적이기 때문에 거친 언행을 일삼아온 사람은 아무리 감추어도 그것이 드러나게 마련입니다. 언어는 이렇듯 우리의 행동을 규정하는 틀이고 생각을 반영하는 거울입니다. 그래서 아름답고 우아하고 적당하고 정확한 말을 골라서 쓰기 위해 노력해야 합니다.

　독일의 유명한 작가이자 시인인 에리히 케스트너는 인간의 '숙명'을 군더더기 없는 단문으로 노래합니다.

요람과 무덤

사이에는

고통이 있었다.

가만히 들여다보면 고통에도 기능이 있습니다.

　첫째로 보호의 기능입니다. 고통은 사람을 위험이나 파괴로부터 지켜줍니다. 고통이 없다면 겨울에 동사하는 사람이 속출할 것이며 어디가 아픈지 잘

159

모르기 때문에 고통은 우리 몸 어디에 고장이 났는지 알려 주는 신호입니다.

둘째로 단련의 기능입니다. 유명한 운동선수들이 연습의 고통을 거부했다면 고통을 감내하며 몸을 단련하지 않았다면 그들은 영광의 주인공이 되지 못했을 것입니다. 이는 영광 뒤에 숨어 있는 고통의 또 다른 비밀입니다.

셋째로 정신적 성장의 계기로서의 기능입니다. 인류문명의 발전은 한마디로 고난극복의 역사입니다. 고난과 역경에 대항하여 싸우다 보니 오늘의 문명이 이루어졌다는 말입니다.

고통 속에서 웃을 수 있는 힘!

이슬람 최고의 신비주의 시인 루머는 이렇게 요약합니다.

"때로 우리를 돕고자 그분은 우리를 비참하게 만든다. 물이 흐르는 곳이면 어디든지 생명이 피어난다. 눈물이 떨어지는 곳이면 어디든 신의 자비가 드러난다."

'눈물'을 신의 자비가 드러나는 생명의 물로 바라본 그의 시선이 고요하고도 선하게 느껴집니다.

하지만 좋은 뜻이 아무리 많다 해도, 막상 고통이 닥치면 피하고 싶은 것이 사람의 마음입니다. 피하고 싶다고 피해지지 않으니 그 괴로움은 더 커집니다. 최선의 선택은 고통의 피해자가 아니라 고통을 감내하는 주체가 되는 것입니다.

희망이 없는가? 소망이 없는가? 꿈이 없는가? 그러면 만들어야 한다. 반드시 만들어야 한다. 꼭 만들어야 한다. 슬픔에는 눈물이 명약입니다.

그러기에 영국의 정신과 의사 헨리 모슬리는 눈물을 가리켜 "신이 인간에게 선물한 치유의 물"이라고 하였습니다. "웃음이 파도라면 눈물은 해일이다"는 말이 있습니다. 마지막으로 비관적 관점을 버리고 긍정적 관점을 취하는 것입니다.

"현실은 바꿀 수 없다. 현실을 보는 눈은 바꿀 수 있다."

모든 것은 보는 눈에 따라 달라진다는 말입니다. 더욱이 긍정의 눈으로 볼 때 상황은 역전이 됩니다. 상황뿐 아니라 결과도 달라집니다.

미국의 대통령 버락 오바마는 말했습니다.

"다른 사람이 가져오는 변화나 더 좋은 시기를 기다리기만 한다면 결국 변화는 오지 않을 것이다. 우리 자신이 바로 우리가 기다리던 사람들이다. 우리 자신이 우리가 찾는 변화이다."

변화와 더 좋은 시기가 오기만을 기다려봤자 영영 오지 않을 수 있다는 경고입니다.

두려움에 대하여 독일 소설가 장 파울이 위트 넘치는 말을 했습니다.

"소심한 사람은 위험이 일어나기 전에 무서워한다. 어리석은 사람은 위험이 일어나고 있는 동안에 무서워한다. 대담한 사람은 위험이 지나간 다음부터 무서워한다."

소심한 사람은 위험을 미리 걱정합니다. 어리석은 사람은 위험에 직면하여 공포에 짓눌립니다. 대담한 사람은 위험이 지난 다음에야 사태를 인식합니다. 결국 두려움은 누구도 피할 수 없다는 말입니다.

🍀 불안의 정체는 무엇이며 어떻게 생겨나는 걸까요?

'불안'이라는 것은 '공포'와는 다르다는 사실을 확인해둘 필요가 있습니다. '불안'은 사람만이 가지고 있는 감정 상태입니다.

눈앞에 주어진 자극이나 위협에 대해서 본능적으로 생기는 감정을 '공포'라고 합니다. '공포'는 동물도 느낄 수 있습니다. 말 그대로 '원초적인 본능'이거든요. '불안'은 반드시 생각의 결과로써 생깁니다. 동물은 불안을 느끼지 않습니다. 그러므로 불안은 인간 고유의 정서반응이라고 말할 수 있겠습니다.

하버드대 정신과 교수인 필레이 박사는 수년간의 뇌영상 연구를 통해 인간이 공포, 불안, 두려움에 반응하는 독특한 방식을 밝혀냈습니다. 그에 의하면 우리의 뇌는 아주 작은 위험도 재빠르게 감지하며 '원하는 것'보다 '피하고 싶은 것'을 우선적으로 처리하도록 진화해왔다고 합니다. 이를 처리하느라 다른 일들을 뒤로 미룬다는 것입니다.

의식적으로든 무의식적으로든 어떤 것에 위협을 느낄 때 우리 뇌는 0.01초 만에 두려움의 시스템을 작동시킨다고 합니다. 뇌의 편도체가 위험을 감지하고 우리에게 신호를 보내는데 걸리는 시간은 0.01초에서 0.03초. 이후 의식적인 처리가 일어나면서 우리는 두려움과 두려움의 대상을 파악하게 합니다. 이 두려움은 본래 인간이 진화하는 데 필수적 요소였습니다.

두려움을 얼마나 빨리 감지하느냐가 생존과 직결되었기에 뇌는 다른 감정들보다 위험을 먼저 처리하도록 진화한 것입니다.

이 예민하고도 무의식적인 두려움에 대한 자각이 상황을 부정적으로만 파악하고 위축된 반응을 유발하기 때문입니다. 그러기에 두려움은 단지 이전에 기억된 정보일 뿐이라는 자각이 중요합니다.

심리 분석가 프리츠 위만은 '불안의 심리'를 이렇게 요약합니다.

"불안은 우리의 발전에서 특별히 중요한 지점들에서 제일 먼저 의식 속으로 온다. 즉 친숙한 옛 궤도들을 떠나는 곳에, 새로운 과제를 감당하거나 변화해야 하는 지점에 불안이 온다. 발전, 성장, 성숙은 그러니까 명백하게 불안극복과 깊은 관계가 있다. 어느 연령에서든 그 나이에 상응하는 성숙을 위한 걸음이 있으며, 그 걸음은 있게 마련인 불안을 수반한다. 걸음을 내딛자면 그 불안을 다스려 이겨내야만 한다."

철학자 키르케고르는 '불안'을 도약의 계기로 삼았습니다. 사람은 심미적 삶, 윤리적 삶, 종교적 삶의 3단계로 질적 성숙을 이루는데, 불안이 앞 단계에서 다음 단계로 도약하는 계기로 작용한다는 것입니다.

우선 사람은 본능적으로 심미적 삶을 산다고 합니다. 이 단계에서 사람들은 감각적 쾌락을 좇아 살거나 환상에 빠져서 삽니다. 삶을 기분풀이로 여기며 쾌락을 탐닉하면서 기분에 따라서 살아갑니다. 그러나 인간은 결코 이것만으로 행복해질 수 없습니다. 이러한 삶은 결국 권태와 싫증에 다다를 수밖에 없습니다. 마침내 무기력한 자신의 눈에 비친 인생은 무상하며 미래는 불안합니다. 그래서 그들은 절망합니다. 이 절망은 새로운 삶을 찾게 합니다. 이렇게 해서 절망의 늪을 넘어 윤리적 삶으로 도약이 이루어진다고 합니다.

불안으로 말미암아 이제 두 번째 단계인 윤리적 삶이 시작됩니다. 이 단계에 이르면 쾌락만을 좇아 무비판적으로 사는 것이 아니라 인간으로서 지켜야 하는 보편적 가치와 윤리에 따라 생활하게 됩니다. 사람은 이제 내면의 양심에 호응하고 의무에 성실하려고 애씁니다. 이제 비로소 인간은 '되어야 할 것'이 됩니다.

그러나 이 단계도 결국 벽에 부딪치고 맙니다. 높은 도덕에 이르지 못하는 한계 그리고 현실의 모순과 부조리에 무력함을 절감합니다. 윤리적으로 산다는 것이 뜻대로 잘 되지 않고, 또 윤리적으로 산다고 세상이 알아주는 것도 아닌데다 엉터리로 사는 사람들이 망하지도 않는 것처럼 보이기 때문입니다. 이에 맞서서 고뇌하는 인간은 마침내 죄의식과 불안에 빠지고 절망하게 됩니다. 이 불안과 절망이 다시 도약을 만들어 사람을 신에게로 내몬다고 합니다. 이 현실의 모순을 심판해줄 하느님을 찾게 된다는 것입니다.

마침내 불안은 종교적인 삶으로 옮겨가도록 사람들을 이끌어 줍니다. 키르케고르는 인간으로서 완전하고 참된 삶은 세 번째 단계인 '종교적 단계'에 와서야 비로소 실현된다고 말합니다. 스스로의 결심에 따라 진정으로 하느님을 믿고 따를 때에 인간으로서의 무력감과 허무함을 떨쳐버리고 완성된 삶을 살 수 있다는 것입니다.

여기서 중요한 것은 한 단계에서 다른 단계의 삶으로 옮겨 가는 것은 자기 자신의 주체적 결단과 도약에 의해서만 가능하다는 점입니다.

불안의 역기능은 첫째로 사람을 안절부절못하게 하여 결국 도전하지 못하게 합니다. 공학 기술자 헨리 포드는 "미래를 두려워하고 실패를 두려워하는 사람은 활동을 제한 받아 손도 발도 움직일 수 없게 된다"라고 했습니다. 시험을 치를 때 불안해서 잠도 못자고 밥도 못 먹게 하는 것도 불안 때문입니다.

둘째로, 불안은 사람의 심신을 해칩니다. 제2차 세계대전 당시 전쟁으로 말미암아 죽은 청년의 수가 30만 명이었습니다. 그런데 아들과 남편을 일선에 내보내고, 염려와 불안과 근심에 빠져 심장병으로 죽은 미국 시민이 100만 명을 넘었다고 합니다. 총탄이 사람을 꿰뚫어 죽인 수보다 불안과 공포가 죽인 사람들의 수가 훨씬 많았습니다.

🍀 가정언어

1. 가정[家庭][명사]

- 한 가족이 생활하는 집.
- 가까운 혈연관계에 있는 사람들의 생활 공동체.

2. 가정[家政][명사]

- 집안을 다스리는 일.
- 가정생활을 처리해 나가는 수단과 방법.

3. 언어[言語, language]: 생각이나 느낌을 음성 또는 문자로 전달하는 수단 및 체계.

言: 말씀, 언어, 글, 문자, 말하다. 호령하는 말, 말씀. 맹세하는 말,

가르치는 말, 꾀, 모의.

語: 대답하다. 설명하다. 속담, 말씨, 문구, 어구, 말씀, 의논하다.

의사를 발표하다. 말 비슷한 소리.

4. 예절(禮節), 예의(禮儀)

예(禮)는 상대방의 마음을 편하게 만드는 행동이다. 사람의 마음을 편하게 만들어 주는 행동의 첫째가 말하기다. 자신을 낮추어 말하는 사람을 만나게 되면, 마음이 편하게 된다.

절(節)은 '따로 따로'를 말한다. 따로 따로는 중국말로 하면 구별(久別)로 된다. '따로따로'가 없어지면 자기 몸을 지켜 나가는 힘이 없어서 절개(節介)가 없어지고 절제(節制)가 없어지고, 정조(貞操)가 없게 된다. '마구잡이'로 된다.

의(儀)는 '몸가짐'을 말한다. 예의는 상대방 마음을 편하도록 만드는 몸가짐이
다. 상대방 마음을 편하게 만드는 몸가짐에서 절하기 다음으로 소중한 것이
얼굴가짐이다. 부드러운 얼굴을 가지려고 하면 부드러운 '눈'을 가져야 한다.

5. 일가(一家)

할아버지가 같더라도 족보를 함께할 수가 없어서 따로따로 족보를 가지게
되면 그들은 일가가 되지 못한다. 시조는 같으나 촌수 계산이 되지 않아
서 족보를 함께 하지 못하는 사람끼리는 종씨라고 부른다. 일가 가운데서
도 촌수가 가까운 사람을 '집안'이라고 한다.

6. 시가와 시댁

집 가(家)이고 집 택(宅)인데 집 가(家)는 얼 쪽이고 집 택(宅)은 건물 쪽으로
된다. 시집 혹은 시가(媤家)가 맞는 말이다.

7. 남편 아내 동급

어버이를 모시고 효도를 하며 살다보니 저절로 남편과 아내가 동급으로 되
었다. 부부가 동급이 되어야 부모가 상급자로 되는 것이다. 안동 땅 무덤에
서 아내가 남편을 '자네'라고 일컬었던 편지글이 나왔다. 신라 문화권은 여성
우대였고, 고구려, 백제 문화권은 부부동급 쪽이었다.

8. 남존여비(男尊女卑)

일본 사람들은 남편이 상급자이고 아내는 하급자이다. 일본 사람들은 남
편이 높고 아내가 낮은 남존여비가 되어서 어디에서든지 자기 아내의 이

름을 큰 소리로 부르게 되고, 남편의 부름을 받은 일본 여인은 공손하게 무릎을 꿇고 남편의 명령을 받는다고 한다.

일본 사나이들이 일본 여성을 보고 양처현모(리요사이 겐보)가 되라고 요구했다. 우리말과 중국말에는 자모(慈母)라는 말이 있을 뿐 현모는 없다. 어미는 본능으로 이룩되는 자애로움을 가지고 있는 것이기 때문이다.

9. 세상만사 사필귀정(世上萬事 事必歸正)

참고 견디라. 세상만사가 반드시 바로 잡혀진다.

우리말은 자기를 낮춘다. '저', '제', '습니다' '좌하(座下)'.

일본 말은 남을 높인다. '貴下'

자기를 낮추면 실수가 적지만 남을 높이면 분별이 없어진다. '따님. 아드님'

-짐계 려증동선생의 『가정언어』에서

🍀 호칭어

우리말에는 호칭어가 있습니다. 부를 호(呼)와 일컬을 칭(稱)으로 부름말과 일컫는 걸림말이 있습니다.

1. 부름말과 걸림말

할아버지 - 할머니(부름말) → 노인, 어르신, 옹(걸림말)

아버지 - 어머니(부름말) → 부모(안어른, 밖어른) (걸림말)

2. 부름말이 틀린 경우

남편의 아우를 혼인하지 않았을 때에는 '되렴', 혼인했을 때에는 '아지벰'이라고 합니다. 그런데 이 호칭어가 잘못되어서 삼촌이나 서방님으로 부릅니다. 자신의 남편을 두고 동생을 서방님이라고 하는 것은 틀린 말입니다. 아가씨는 애기씨, 애씨라고 부른답니다.

3. 우리말은 체계적입니다.

'리'자 세 개로 온몸을 말할 수 있습니다.

머리 - 머리카락 / 허리 - 손가락 / 다리 - 발가락

영어의 머리(head), 허리(waist), 다리(leg)는 체계적이지 않습니다.

머리의 머리카락, 허리의 손가락 다리의 발가락은 가지에서 유래했습니다.

식물은 마찬가지, 여러 가지처럼 갈라져 나온 것이 가지입니다.

동물은 '아지'입니다. 송아지, 망아지, 강아지!

사람은 아기입니다. 사랑의 기운, 애기(愛氣)라고도 합니다.

4. 우리말은 음양처럼 상대어가 있습니다.

남녀, 음식, 언어, 봉황, 직업, 도자기, 상하, 반상 등

5. 마음은 느낌, 생각, 뜻으로 표현할 수 있다.

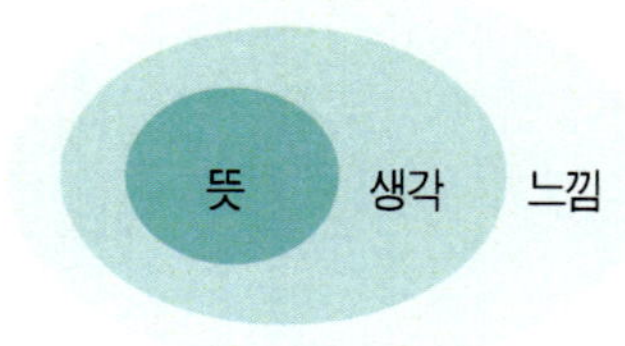

마음의 바깥이 느낌입니다. 느낌만 이야기하면 생각 좀 하고 말하라고 합니다. 느낌을 잘 못 말하면 뜻이 제대로 전달되기가 어려워서 말 수를 줄이라고 하는 것입니다.

우리말의 묘미

우리말 속에는 오랜 동안 이 땅에 살아온 우리 조상들의 얼과 사물을 보는 지혜가 스며있다. 우리말이 서양말과 다른 가장 큰 이유는 바로 토씨에 달려 있다. 같은 말이라도 토씨 하나만 바뀌면 뜻이 완전히 달라진다.

혼인을 앞둔 사람의 조건을 '도도 만만' 4가지 토씨로 함축해 볼 수 있다. '키도 크다.' 다른 조건도 좋은데 키도 크다는 말이다. '키만 작다' 다른 조건은 다 좋은데 키만 작다는 뜻이다. '키만 크다.' 다른 모든 조건도 안 좋고 키만 크다는 뜻이다. '키도 작다.' 다른 조건도 안 좋은데 키까지 작다는 말이다.

'나' 와 '도' 도 그렇다. '밥이나 먹자.' '잠이나 잘까' '놀러나 갈까?' '돈이나 벌어 볼까?' '취업이나 할까?' 정말 밥 먹고 싶고, 잠자고 싶고, 놀고 싶고, 돈 벌고 싶다면 그렇게 말하지는 않을 것이다. 다른 할 일이 없으니까 밥이나 먹고, 잠이나 자고, 놀러나 가고, 시집이나 가고, 돈이나 벌겠다는 거다. 이렇게 모든 말에 '나' 자가 붙으면 만사가 시들해지고 만다. '나' 자 하나가 붙어서 모든 일들이 그저 시간을 때우기 위한 것이 되어 버리고 만다.

그러나 '도' 는 '나' 와는 정반대다. 부정적이고 소극적인 말이 아니다. '밥이나 먹자' 를 '밥도 먹자' 로 말하면 이 말은 마지못해 밥을 먹는 게 아니라 일도 하고 밥도 먹고 여러 가지 일을 열심히 하고 있다는 뜻이 된다. 잠도 자고, 놀기도 하고, 시집도 가고, 돈도 벌고 '나 나' 를 '도 도' 로 바꿔서 말하자. 뭔가 모르는 팔팔한 기분이 드는 것 같지 않은가?

같은 의미의 말이라고 해도 그 말을 할 때 사용하는 낱말이나 표현법의 사소한 차이에 따라서 의미나 감정 전달이 상당한 차이를 드러낸다는 뜻인 " '아' 다르고 '어' 다르다" 는 우리 속담처럼 우리말은 토씨 하나로 묘한 의미의 차이를 나타내기도 한다. '아!' 는 무엇을 깨달았을 때 쓰이는 양성모음이다. 그래서 '아침', '아름다운', '아이', '알록달록' 등으로 긍정적이고 성장하는 느낌이 드는 단어이다.

'어!' 는 무엇을 몰랐을 때 쓰이는 음성모음이다. 그래서 '어렵다.' '어둠' '어른' '얼룩덜룩' 등 부정적이거나 다 성장해버린 느낌이 든다. '말의 세계' 는 곧 '문화의 세계' 다. 사람들의 생각, 사람들의 마음은 모두 말에 달려 있다. 우리 언어의 뜻을 밝혀서 다른 민족에게서는 찾을 수 없는 우리말의 묘미를 살려 우리의 자존심과 긍지를 키웠으면 좋겠다.

-김옥희, '경남일보 경일춘추' 에서

마음의 힘이 부족해지면

첫째, 융통성이 없어진다.

둘째, 완벽주의를 추구한다. 문제는 완벽하지 못하면서 완벽을 요구하는데 있다.

셋째, 절대로, 반드시, 결코 하면서 단정하는 말을 잘하게 된다.

미움극복

무심코 던진 한 마디가 갈등과 미움의 씨가 되곤 합니다. 미움이 싹트는 공간은 마음입니다. 마음의 문제는 대부분 미움의 문제입니다. 마음의 점이 어디에 가서 붙느냐 그것이 문제입니다. 마음의 점이 아래로 가서 붙으면 미움이 됩니다. 미움은 마음이 낮아져서 빈천해지는 것입니다. 마음-미움!

마음의 점을 위로 붙이면 극복이 됩니다. 미움을 극복하면 이웃을 환하게 하지만 미움을 잘 못 처리하면 이웃을 화나게 하듯이 건강한 분노처리는 인품을 만드는 과정입니다.

인분은 퇴비의 재료가 됩니다만 장소에 따라 대접이 달라집니다. 인분이 안방에 있으면 큰일이지만 밭에 있으면 곡식을 키우게 되듯이 적당할 때에 분노하는 것은 자기 스스로나 사회를 발전시킬 수 있지만 시도 때도 없이 분노하는 것은 인품의 문제가 됩니다. 화는 자기방어 본능이 무너지면 일어나는 것입니다.

분노 - 분뇨, 인분 - 인품.

🍀 정신집중, 포정의 해우도(解牛圖)

예술이나 기술은 훈련과 연습을 통해 거의 신의 경지라고 할 만한 높은 수준에까지 도달할 수 있습니다. 하지만 이때 중요한 것은 '정신집중'입니다. 정신집중을 통해 달인의 경지에 도달한 사람의 예를 『장자』에서 많이 볼 수 있는데, 가장 유명한 것이 포정이라는 백정에 관한 이야기입니다.

포정이 임금 문혜군 앞에서 소 잡는 시범을 보였는데, 살아있는 소 한 마리를 잡아 완전히 해체하는 과정이 마치 음악의 리듬에 맞춰 춤을 추는 듯 자연스럽고 아름답게 보였다고 합니다. 큰 동물을 잡는 광경이 끔찍하기도 하고 징그럽기도 할 터인데, 포정의 경우는 그렇지 않았던 모양입니다. 그 모습이 하도 신비롭고 아름다워 문혜군은 입을 다물지 못했다고 합니다.

"아, 인간의 기술이 이런 경지까지 이를 수 있구나!"

이 말을 들은 포정은 칼을 내려놓고 문혜군을 돌아보면서,

"제가 좋아하는 것은 도(道)입니다. 이것은 기술보다 훨씬 높은 경지입니다."

기술과 도의 차이를 포정의 이야기로 듣겠습니다.

"제가 처음 소를 잡기 시작할 때는 보이는 것마다 소 아닌 것이 없었습니다. 3년이 지난 뒤 저는 소의 전체를 본 적이 없습니다. 지금 저는 영혼으로 소를 대하고 눈으로 보지 않습니다. 감각과 지각이 멈추고 신의 작용이 시작됩니다. 자연의 결 천리(天理)에 따라 큰 틈 속으로 칼을 밀어 넣고, 뼈마디에 난 구멍을 따라 칼을 당겨 본디부터 나 있는 길을 따릅니다. 지맥과 경맥 그리고 경락과 살이 서로 뒤엉켜 있는 곳도 아무런 장애가 된 적이 없었으니 큰 뼈에 대해서 무슨 어려움이 있겠습니까?"

포정의 정신 집중 과정은 매우 구체적입니다. 처음에는 소만 보이다가, 3년이 지난 뒤에는 소의 세부적인 모습들이 부각되어 보이고, 마지막에는 눈이 아니라 영혼으로 소를 대할 수 있게 되고, 모든 것을 잊고 오직 한 곳에 집중할 때 감각기관이 아니라 영혼의 눈이 열립니다.

그리고 그는 19년 전부터 사용해온 칼을 그대로 사용한다고 했습니다. 풋내기 백정은 한 달에 한 번 씩 칼을 바꾸고, 어느 정도 실력을 쌓은 기술자도 1년에 한 번은 칼을 바꾼다고 합니다. 이 포정 이야기는 단순히 소 잡는 기술

을 이야기하는 데 그치는 것이 아닙니다.   이 이야기에는 인생을 살아가는데 필요한 수양의 방법, 예술 창작을 위한 훈련의 방법 등이 담겨 있습니다. 도(道)의 경지에 이르기 위해서는 마음을 한 곳으로 모으는 훈련과 방법 등이 담겨 있습니다. 연습만 많이 해서는 결국 기술의 단계에 머물 뿐입니다. 바로 영혼의 눈이 열려야 합니다. 여러 가지 욕망이나 감정에 의해 마음이 흐트러지지 않도록 하고 오직 한 가지 일에 집중을 하면, 어느새 마음의 눈이 열려 우리의 손은 욕망이나 감정에 휘둘리지 않고 오직 영혼을 따라 움직입니다. 바로 이러한 경지에서만 비로소 신들린 작품이 탄생한다는 말입니다.

좋은 작품을 만들겠다는 욕심이나 의지가 강하면 마음의 눈은 열리지 않고 대상과 내가 하나가 될 수 없기 때문입니다. 창작 과정에서 감정의 흔들림도 없고 잘해 보겠다는 욕심도 없는 점은 앞의 장에서 살펴본 서투름의 미학과 같습니다. 그러나 창작의 결과물은 다릅니다. 앞의 것이 서투른 데서 오는 자연미라면 뒤의 것은 귀신의 작품과 같은 완벽미라고 할 수 있습니다. 앞의 것이 나의 자연성에 따르는 것이라면 뒤의 것은 나와 하나 된 대상의 자연성에 그대로 맡기고 따르는 것입니다.

🍀 평소에 해야 하는 인생 3부

공부, 안부와 아부를 '인생 3부'라고 합니다. 이 인생 3부가 성공을 여는 열쇠입니다. 평소에 해야 합니다. 그런데 대부분의 사람들은 자기가 필요할 때만 합니다.

공부! 벼락치기는 몸도 성적도 좋지 않게 합니다.

안부! 평소에 소식을 전하며 교감을 나누어야 합니다. 오랜만에 전화하는 사람들은 조심해야 합니다. 십중팔구는 도움을 주기보다는 자기의 필요에 의해서 도움을 요청합니다.

아부 역시 그렇습니다. 아부는 자신의 이익을 위해서 그 힘을 가진 사람에게 자신의 존재를 부각시켜 청탁을 하는 묵시적 협박입니다. 자신과 이해관계에 있는 사람이 갑자기 잘해주거나 대접을 하려고 하면 필시 자기 목적을 이루기 위한 아부일 가능성이 많습니다.

공부는 자신의 미래를 위해 투자하는 일입니다. 안부와 아부는 서로 잘 아는 사이에 나누는 인사라고 생각하시는 것입니다.

🍀 명연설가의 3가지 조건

1. 생각을 체계적으로 정리하는 내용구성적인 면
2. 말하고자 하는 내용을 효과적으로 전달하는 음성표현적인 면
3. 시선처리, 표정, 자세, 몸짓 등을 포함한 신체표현을 잘 생각해야 한다.

" 두근두근 내 차례다 "

인생의 정답은 어디에도 없다.(nowhere = now + here)

인생의 정답은 '지금, 여기'에 있습니다.

🍀 연단공포의 원인과 극복방법

1. 연단공포의 원인

1) 새롭고 낯선 언어 장면에 접할 때

2) 말해야 할 내용에 대한 충분한 지식이나 정보가 없을 때

3) 실패하지나 않을까 하는 두려움을 가질 때

4) 준비가 불충분하거나 컨디션이 나쁠 때

5) 열등감 및 성격상의 결함이 있을 때

6) 청중에게 과민하거나 청중의 반응을 불리하게 해석할 때

7) 경험이 없거나 군중을 너무 두렵게 생각할 때

2. 연단공포를 극복하는 방법

미국의 유명한 말하기 교사 '사라(Sarch)' 여사가 말하는 무대공포증을 없애
는 방법입니다.

1) 충분한 준비에 의한 방법

① 말 첫머리 3~4개의 문장은 써서 외워 가지고 나가라.

② 자세한 개요(Outline)를 작성하라.

③ 그 개요를 탁상 위에 놓고 하라.

④ 사전 연습을 할 수 있다면 단 한번이라도 하고 나가라.

2) 육체적 통제에 의한 방법

① 가급적 몸을 움직여(목, 손, 허리, 다리) 긴장을 풀어라.

② 자기암시(自己暗示)와 심호흡을 하며 자율신경을 안정시켜라.

③ 몸과 어깨 근육의 긴장을 풀고, 배(단전주)에 힘을 주라.

④ 되도록 신체적 동작을 사용하며 적당히 움직이며 말하라.

⑤ 자신 있게 서라. 등단할 때, 발표할 때, 하단할 때, 시종일관 당당하게 서라.

3) 정신적 태도에 의한 방법

① 열등의식을 없애고, 단점을 극복하려는 의지를 가져라.

② 불행한 사람을 도와주고. 타인을 인격적으로 대하라.

③ 나만이 두려움을 느끼는 것이 아니라, 인간이면 모두 두려움을 느낀다는
보편적인 생각을 하라.

④ 자신을 사랑하고, 청중을 사랑하며 할 수 있다는 강한 신념을 가져라.

4) 경험에 의한 방법

① 백번 생각하는 것보다 한 번 행동하는 것이 났다. 단순하게 생각하고 과
감하게 행동하라

② 경험은 가장 위대한 스승이다. 기회 있을 때마다 앞에 서라.

③ 반복한 경험은 두려움을 없애 주고 숙달과 자신감을 낳는다.

④ 첫 경험은 누구에게나 안절부절 횡설수설의 실수 연발이다.
실수나 실패를 겁내지 말라.

5) 인식전환에 의한 방법

① 청중들이 당신을 비웃거나 나쁜 평가를 받지 않을까 염려하지 말라.
그건 오산이다. 생각을 바꿔라.

② 긴장이나 Stress가 반드시 나쁜 것만은 아니다.
약간의 두려움, 적당한 긴장은 오히려 필요하다.

③ 자신을 잘 났다고 생각하고 청중을 호박으로 생각하라.

④ 안 될 거라는 생각을 버리고 잘 될 것이라는 사고를 하라.

⑤ 너무 잘하려는 생각보다는 있는 그대로 솔직하게 보여 준다.

6) 기타 방법

① 옆 사람과 적당히 대화를 한다.

② 두근거리는 가슴보다는 이야기 내용에 신경을 쓴다.

③ 회식자리에선 적당한 술과 음식을 섭취한다.

④ 기다리지 말고 먼저 나간다.

⑤ 신경안정제를 복용한다.(최후의 수단)

⑥ 자기 연설의 중요성을 너무 과대평가하지 말라.

⑦ 서두에 사람들을 약간 웃겨라.

그리고 어려운 고비가 있더라도 포기하지 말고 끝까지 말하라.

기다려(wait)가 "'왜(wa) 그것(it)'을?"로 들렸습니다. 기다리기보다 행동하라는 뜻으로 들리기 시작한 것입니다. interest는 흥미 또는 재미라고 하지만 이 자라는 뜻도 가지고 있습니다. 현대인은 생활에서 미를 추구하는 것 같습니다. 흥미, 재미, 의미!

🍀 심재(心齋)와 좌망(坐忘)

자신을 잃어버린 것, 즉 욕심이나 감정적 동요에서 벗어나 천지자연과 하나가 된 최고의 경지! 그 대표적인 방법이 심재(心齋)와 좌망(坐忘)이 있습니다. 심재는 마음의 잡념을 없애고 마음을 비우는 방법입니다. 거울을 닦듯이 마음을 닦는 방법이라고 합니다. 깨끗한 거울은 모든 것을 다 비춰주면서도 그 대상으로부터 어떤 영향도 받지 않습니다. 그와 같이 우리의 마음도 모든 것을 있는 그대로 받아들이되 대상 때문에 동요해서는 안 된다는 뜻입니다.

대상을 피해 도망가지도 않고, 대상에 빠져 들지도 않으면서 나 자신의 독립
성을 유지할 수 있는 유일한 방법이라고 할 수 있습니다. 무심하고 냉정한 방
법이라고 할 수도 있습니다.

좌망은 앉아서 잊는다는 뜻입니다. 모든 것을 잊어버리는 것입니다. 재경이
라는 목수의 솜씨가 귀신과 같은 경지였다고 합니다.

"저는 거를 만들 때 몸의 기를 소모하지 않습니다. 반드시 재계하여 마음을
차분하게 합니다. 이렇게 3일을 재계하면 칭찬이나 벼슬에 대한 생각이 다 사
라집니다. 이렇게 5일을 재계하면 기교가 뛰어나다고 예찬하는 것이나 형편없
다고 비난하는 것 등에 대한 생각이 다 사라집니다. 이렇게 7일을 재계하면
내가 사지와 육체를 가지고 있다는 사실마저 다 잊어버립니다. 이 경지에 이르
면 산으로 들어가 나무를 고르고 거를 만들기 시작합니다."

참고로 '거'는 북이나 편종 등과 같은 타악기를 매달아 놓는 나무틀로, 엄밀
히 말하면 악기의 일부분입니다.

포정의 경우는 '소'라는 대상 하나에만 집중하는 것이 출발점이었으나, 재경
은 집에 앉아 마음을 재계하는 것에서 시작합니다. 집중하는 것인가, 잊는 것
인가 하는 것이 이들의 차이라면 나의 개인적인 욕망이나 심리적 동요 없이
대상과 하나가 된다는 것은 같은 점입니다. 재경이 말하는 마음속의 모든 잡
념과 욕망을 없애는 것일 뿐이지만 그것은 결코 쉽지 만은 않습니다.

우리의 마음을 가장 괴롭히는 것은 불안입니다. 모든 욕망과 마음의 동요는
늘 불안과 연결되어 있습니다. 그런데 불안은 무언가를 얻거나 성취하려는 욕
망, 혹은 가진 것을 잃지 않으려는 소유욕과 관련이 있습니다. 불안은 자신의
능력을 다 발휘하는데 가장 큰 걸림돌이 됩니다. 평소의 학습태도도 좋고, 시험
준비도 미리미리 잘 해서 학업방면에는 전혀 나무랄 데가 없는데도 성적은 썩

179

좋지 않은 학생을 종종 볼 수 있습니다. 그런 학생은 대개 시험 당일 너무 긴장해서 자기의 능력을 다 발휘하지 못하는 경우가 많습니다. 운동선수도 그렇고, 인기 가수의 콘서트도 그렇고, 취직을 위한 면접시험 역시 마찬가지입니다. 불안은 누구에게나 가진 능력을 온전히 발휘하는데 가장 큰 장애가 됩니다. 그래서 자신의 능력을 십분 발휘하여 최상의 작품을 만들어 내기 위해서는 불안을 없애는 훈련, 욕망과 심리적 동요로부터 벗어나는 훈련이 필요합니다.

마음의 재계 혹은 마음을 비우는 데서 중요한 것은 '나'를 없애는 것입니다. 이처럼 자기를 잃는 것, 혹은 잊는 것은 자기를 자연과 분리해서 생각하는 의식을 사라지게 하고, 자신을 천지만물의 한 부분으로만 인식한다는 뜻입니다.

이 거대한 천지 속의 개체들은 끝없이 생성과 변화를 반복합니다. 나 역시 그 속의 한 일원으로서 아무런 구별이 없다면 나는 잃을 것도 얻을 것도 없다는 논리가 성립합니다. 따라서 눈앞의 득실과 장래의 변화에 대해 근심 걱정할 필요가 없는 것입니다.

모든 잡념과 욕망이 사라지고, 또 모든 불안도 설렘도 다 사라지고, 거울처럼 담담하고 평온한 마음의 상태가 도의 상태입니다.

여러 가지 잡념과 욕망 그리고 극도의 불안과 긴장을 안고 그려낸 그림과, 담담하고 평온한 상태에서 그린 그림에는 차이가 있습니다. 욕심이 앞선 사람의 그림에는 그 욕심이 그대로 나타나지만, 평온하고 선적인 경지에 든 사람의 그림에는 인간적 기교가 아니라 신의 경지가 나타납니다. 기교와 모방으로 가득 찬 그림이 아니라 나만의 개성이 실린 진정한 창작물이 탄생한다는 뜻입니다. 말도 마찬가지입니다. 극도의 불안과 긴장감으로 말하는 것과 담담하고 평온한 상태에서 말하는 것과는 차이가 있습니다. 말하는 사람도 말을 듣는 사람도 평온한 상태에서 진정한 공감과 교감이 일어나는 것입니다. 그것이 소통이고 그렇게 화합이 되는 것입니다.

도가에서는 자연을 표준으로 삼았습니다. 자연을 완벽한 존재, 가장 아름다운 것이라고 생각했기 때문입니다. 그러므로 도가에서는 자연에서 벗어난 것을 거짓이고 불완전한 것이라고 보았습니다.

인간이 만든 것이라 하더라도 인간이나 대상의 자연성이 그대로 투영된 작품이면 그것은 인위라기보다는 자연의 표현이고, 따라서 가장 아름답고 가장 진실 된 것이라고 보았습니다. 그래서 어떻게 하면 그런 경지에 도달할 수 있을 것인지가 중요한 관심사였고, 구체적인 기교보다는 심신의 수양을 더 중요한 문제로 여겼습니다.

동양의 예술가들은 그림을 그리고 악기를 연주하고, 혹은 집을 짓는 등의 기능을 추구하는 단순 기술자로 남는 것을 원하지 않았습니다. 그것을 통해 고상한 인격이나 높은 도의 경지에 도달하기를 원했습니다. 즉 단순한 기능공이 아니라 도통한 사람 혹은 달인의 경지를 추구한 것입니다. 기술자와 예술가의 차이는 손기술만을 강조하는가, 아니면 정신의 수양까지 포함하는가에 따라 구분됩니다. 말 역시 단순한 입놀림에 있는 것이 아니라 반드시 고양된 정신적 경지가 포함되어야 도인(道人) 또는 성인(聖人)이 되는 것입니다.

🍀 네 가지 마음

맹자는 나아가서 모든 사람에게는 남에게 차마 하지 못하는 마음이 있으며 그 마음을 네 가지로 나누어서 각각 인(사랑), 의(올바름), 예(예절), 지(지혜)의 실마리라고 주장했습니다. 맹자는 그런 실마리가 되는 마음을 각각 측은지심(불쌍히 여기는 마음), 수오지심(부끄러워하는 마음), 사양지심(양보하는 마음), 시비지심(옳고 그름을 가리는 마음)이라고 이름 붙이고, 그 실마리를 끝까지 추구하는 누구나 완성된 인격체가 될 수 있다고 주장했습니다. 계속해서 맹자의 이야기를 적어 보기로 하겠습니다.

맹자는 사랑하는 마음을 측은지심이라고 이야기합니다. 맹자는 사랑의 마음을 어버이를 사랑하는 데서 찾았습니다. 측은지심의 측(惻)은 불쌍한 사람을 불쌍하게 여기는 마음이고, 은(隱)은 다른 사람의 고통을 나의 고통으로 여기는 마음이라고 합니다.

불쌍히 여기는 마음이 없으면 사람이 아니고, 부끄러워하는 마음이 없으면 사람이 아니며, 양보하는 마음이 없으면 사람이 아니고, 옳고 그름을 가리는 마음이 없으면 사람이 아니다. 사람들이 이 네 가지 마음을 가지고 있는 것은 마치 팔다리의 사지를 가지고 있는 것과 같다. 불쌍히 여기는 마음은 '사랑'의 실마리이고, 부끄러워하는 마음은 '올바름'의 실마리이고, 양보하는 마음은 '예절'의 실마리이고, 옳고 그름을 가리는 마음은 '지혜'의 실마리이다.

수오지심은 자신의 잘못을 부끄러워하고 다른 사람의 불의를 미워하는 마음으로 수오지심을 올바름의 실마리라 했습니다. 수는 수치로 자신의 잘못된 행위를 부끄러워하는 것이고 오는 타인의 악행을 미워하는 마음입니다.

측은지심(惻隱之心)은 어려움을 당하는 사람을 보고 마음에 불쌍히 여기는 마음을 갖는 것을 말합니다. 맹자의 사단설 가운데 하나이며, 측은지심이야말로 인간다움을 나타내는 네 가지 마음 중의 하나라고 말합니다. 맹자는 아이가 물에 빠져 있는 것을 보고, 불쌍히 여겨 살리려하는 것이야 말로 인간의 도리라고 말합니다.

사양지심은 양보하는 마음으로, 사는 다른 사람이 나에게 주는 재물을 받지 않는 것을 의미하며 양은 내가 가질 수 있는 것을 다른 사람에게 양보하는 것입니다. 맹자는 받아도 될 것 같기도 하고 받지 말아야 할 것 같기도 할 때는 받지 않는 것이 옳고, 주어도 될 것 같기도 하고 주지 말아야 할 것 같기도 할 때는 주지 않는 것이 옳다고 했습니다.

맹자는 이처럼 재물을 주고받을 때 도리에 맞는지 따져 본 뒤에 도리에 맞는 것만을 주고받아야 한다고 주장했습니다. 만약 그것이 불확실하다면 받지 않고 주지 않는 것이 옳다는 것입니다.

시비지심, 옳고 그름을 가릴 줄 아는 마음을 강조했습니다. 그런데 맹자가 강조한 옳고 그름은 논리적인 옳고 그름이라기보다는 어떤 행위가 선인지 악인지를 판단하는 도덕적인 옳고 그름을 의미합니다. 그래서 그의 후배 중 유명한 학자인 주희(朱熹, 1130~1200)는 시는 어떤 행동이 선함을 알아서 옳다고 판단하는 것을 말하고, 비는 어떤 행동이 악함을 알아서 그르다고 판단하는 것을 말한다고 풀이했습니다.

다음은 맹자의 사단설(四端說) 가운데서 나오는 말로, 『맹자』〈공손추편(公孫丑篇)〉에 있는 말이다.

3. 삶의 방법

천부경 속에 담긴 교훈을 가지고 사람으로 사는 방법을 공개합니다.

1(일): 하나가 되는 사랑을

2(이): 나와 다른 생명들과 열심히 하면 이익이 생겨나고

3(삼): 삶이 풍요로워지면 가족을 세우게 된다. 그리고

4(사): 죽음을 사랑하기 위해 헤어짐 또는 괴로움을 사랑하여

5(오): 깨달음을 수시로 하여

6(육): 자아의 성장을 이루어 활동적이 되고

7(칠): 업을 깨끗이 닦고 눈을 떠서

8(팔): 귀를 열어 듣고 팔과 손으로 자신을 창조하고 그 능력으로 모범이 되어

9(구): 나와 남을 구하여 자기만족을 하며

10(십): 십(十)과 같은 환희롭고 행복한 삶을 마무리하고
　　　　　새로운 우주창조를 완성한다.

〈한나. 일〉

'한'과 '나'와 '일'. 이것은 모두 생각적, 정신적으로 풀이를 하면 할수록 더 복잡하게 되는 속성을 가진 단순한 자아적 단어로 불립문자(不立文字)라 할 수 있다.

우리를 한민족 또는 한기여래(氣如來 - 한겨레)라고 한다. 그러므로 '한'은 나와 너, '우리'이며 '나들'이다. 또 '일'은 하나가 되는 사랑을 의미한다. 따라서 우주와 하나인 나의 상태 또는 최초의 나의 상태를 말하는 것이다. 즉, 독립심의 상태다.

〈둘, 이〉

둘은 '둘레' 또는 '한'이라는 알갱이(혹은 핵)를 둘러싸고 있는 '껍질' 또는 '울타리'를 말한다. '이'는 다른 것 또는 이익을 의미한다. 한 여자와 한 남자가 사랑이라는 일(一)을 하면 애(愛:아이)가 생긴다. 이것이 이익이며 또한 어떻게 보면 울타리이자 알맹이이다. 또 도(道), 새끼줄이 되는 것이다. 즉, 자립심의 상태이다.

〈삼, 셋〉

삼은 '삶' 또는 '생'을 의미한다.

셋은 '세우다' 또는 '사이'를 또는 '새'를 의미한다. 삶이란 이 다른 것들이 서로의 이익을 조화롭게 높이높이 세워가는 것이다. 즉 시작과 끝 사이를 채우며 세우는 것이다. 그런 일을 우리는 사랑이라고 한다. 사랑이란 같은 것의 만남을 말하는 것이 아니고, 다른 것과 깨달아 만나는 일이다. 그리고 서로의 이익을 내어 비로소 풍요로운 삶을 세우는 것이다.

〈사, 넷〉

사는 죽음을 의미한다. 넷은 '네'하는 복종을 의미하고 '넋'을 의미한다. 살아서 삶을 유지하면서 가장 사랑하기 힘든 것이 죽음이다. 결국 죽음을 만나서 죽음을 사랑하여 복종하는 것은 마치 여자가 남자를 만나서 복종하여 잉태하는 것과 같은 것이다. 결국 죽어야 넋에 대한 본질을 보게 된다. 마치 남자와 여자가 만나 낳은 아기를 보게 되고 그 넋으로 삶을 얼마만큼 잘 세웠느냐 하는 것을 알게 된다. 죽음을 사랑해야 바다와 같은 포용심을 소유하게 된다.

〈다섯, 오(悟)〉

다섯은 '다시 세우다'라는 말의 준말이다. '오(悟)'는 깨달음의 환성이며 만남의 감각이다. 죽음을 알고, 보고, 사랑하여 다시 새로운 삶을 세우게 된다. 즉 죽음을 이긴 부활의 삶이다.

〈여섯, 육(育)〉

'열고 서다' 움직이고 자람을 의미한다. 다섯을 열고 서는 것으로 고치를 열고 비상할 수 있는 자유로운 삶이다. 마치 애기가 어머니의 문을 열고 나와서 서듯이 활기가 넘치는 삶이다. 이러한 삶은 곧 사랑의 자유의 폭이 한없이 넓어지는 것으로, 이때 그는 죽음을 사랑하여 죽을 수도 있고, 삶을 사랑하여 살 수도 있는 자유인인 것이다.

〈일곱, 칠〉

일곱. '일구어 파보다.' 또는 '깊이 파보다.' 또는 '칠 것은 쳐서 아름답게 꾸민다.' 또는 '닦아 내리다'라는 의미이다. 가장 두꺼운 껍질, 어머니(기성) 또는 고치(아집)를 뚫고 서서 세상을 깊이 보는 자아적 눈을 떠서 모든 것을 일구어 본다. 즉 진리를 깨달아 보는 눈을 뜬다. 그리하여 보다 아름답게 칠하여 더욱 아름답게 하고, 때로는 쓸데없는 것은 깨끗하게 치워서 이 세상을 아름답고 깨끗하게 꾸며 닦아 나가는 삶이다. 물론 자신을 보고 칠하고 꾸미고 닦아 나가는 삶이다. 닦아서 보다 나은 성장을 도모하는 상태이다. 즉 수도(修道)와 수신(修身)의 삶이다.

〈여덟, 팔〉

여덟, 열고 듣다. 파다. 팔다. 팔팔한 것. 귀를 열고 듣다. 동(動)하지 않고 정(靜)
하여 우주의 모든 순리 '한' 그리고 '나'까지 원각하는 상태에 있게 된다.

〈아홉, 구〉

아홉은 나를 흡한 상태. 나를 깨달아 흡족하고 만족한 상태. 안전한 사람으로서
의 최고의 상태.

〈열, 십〉

열=열고 싶다. 열리다. 열렬히.
십=하나가 되고 싶다. 왔던 대로 들어가다. 사랑을 하다. 열이나 십은 시작이며
끝인 것이다. 원초적 바람을 이룬 상태다. 한 생명의 완성이다. 우주를 새롭게 창
조한 상태이다.

🍀 우리나라 나이를 헤아리는 숫자

우리나라의 나이를 헤아리는 숫자는 특별합니다.

열 살은 얼에 점이 찍혀 얼이 생기기 시작하는 나이이고,

스무 살은 숨을 영혼이라고 해서 이 무렵에는 자신을 세상에 드러내지 않
고 숨어서 능력을 길러야 하는 나이이고,

187

서른 살은 설익은 영혼으로 몸은 장성했지만 영혼이 아직은 익지 않은 나이이고,

마흔 살은 영혼이 꽉 차는 나이이고,

쉰 살은 이 세상에 사는 일이 쉬워졌다는 나이이고,

예순 살은 여린 순이 나오기 시작하는 나이이고,

일흔 살은 이 세상에서 이룬 나이이고,

여든 살은 영혼이 여물어진 나이이고,

아흔 살은 이제 거의 깨달은 영혼을 가진 나이라는 이야기도 있습니다.

공자께서 삶을 시기에 따라 분류한 나이보다 와 닿는 나이를 헤아리는 숫자입니다.

🍀 한자의 나이

막 태어났을 때를 의미하는 농경과 농와. 농경(弄璋)이란 예전에는 아들을 낳으면 구슬[璋]장난감을 주었다고 합니다. 여기서 유래한 말이고 아들을 낳은 경사를 농경지경(弄璋之慶)이라고 합니다. 농와(弄瓦)란 마찬가지로 딸을 낳으면 실패(瓦)장난감을 주었다고 합니다. 그래서 딸을 낳은 경사를 농와지경(弄瓦之慶)이라고 합니다.

2~3세-제해(提孩): 제(提)는 손으로 안는다는 뜻입니다. 해(孩)는 어린아이란 뜻입니다. 아기가 처음 웃을 무렵(2~3세)을 뜻하는 것입니다. 해아(孩兒)라고 쓰기도 합니다.

삼척동자(三尺童子)란 10살이 채 못 된 아이를 일컫는 말입니다.

15세-지학(志學): 공자(孔子)가 15세에 학문(學文)에 뜻을 두었다는데서 유래. 주(周)나라의 척도에 1척(尺)은 두 살 조금 지난 아이의 키를 뜻합니다. 그래서 6척(六尺)은 15세를 뜻합니다.

16세-과년(瓜年): 과(瓜)자를 파자(破字)하면 八八이 되므로 여자 나이 16세를 나타냅니다. 특별히 16세를 강조한 것은 옛날에는 이때가 결혼적령기였기 때문입니다.

20세-약관(弱冠): 20세 전후한 남자. 요즘은 없어졌지만 옛날에는 원복(元服; 어른 되는 성례 때 쓰던 관)식을 행했다고 합니다.

『예기(禮記)』, 곡례편(曲禮編)'에 "二十日弱하니, 冠이라" 하여 '20세는 약(弱)이라 해서 갓을 쓴다'는 뜻인데, 그 의미는 갓을 쓰는 어른이 되었지만 아직은 약하다는 뜻입니다.

방년(芳年): 20세를 전후한 왕성한 나이의 여자. 꽃다운(芳) 나이(年)를 뜻합니다.

30세-이립(而立): 공자(孔子)가 30세에 자립(自立)했다는 데서 유래하였습니다.

40세-불혹(不惑): 공자(孔子)가 40세에 모든 것에 미혹(迷惑)되지 않았다는 데서 유래하였습니다.

강사(强仕): 『예기(禮記)』에 "四十日强 而仕"라는 구절이 있습니다. "마흔살을 강(强)이라 하는데, 이에 벼슬길에 나아간다"는 뜻입니다.

48세-상년(桑年): 상(桑)의 속자(俗字)는 '十'자 세 개 밑에 나무 목(木)을 쓰는데, 이를 파자(破字)하면 '十'자 4개와 '八'자가 되기 때문입니다.

50세-지명(知命): 공자(孔子)가 50세에 천명(天命: 인생의 의미)을 알았다는 뜻. 지천명(知天命)을 줄인 말입니다.

60세-이순(耳順): 공자(孔子)가 60세가 되어 어떤 내용에 대해서도 순화시켜

받아들였다는 데서 유래했습니다.

61세-환갑(還甲): 회갑(回甲), 환력(還歷)이라고도 합니다. 태어난 해의 간지(干支)로 돌아간다는 뜻입니다.

화갑(華甲): 화(華)자를 파자(破字)하면 십(十)자 여섯 번과 일(一)자가 되어 61세라는 뜻입니다.

62세-진갑(進甲): 우리나라에서 환갑 다음해의 생일날. 새로운 갑자(甲子)로 나아간다(進)는 뜻입니다.

64세-파과(破瓜): 과(瓜)자를 파자(破字)하면 '八八'이 되는데 여자는 8+8해서 16세를 과년이라 합니다. 그런데 남자는 8×8로 64세를 말하고 벼슬에서 물러날 때를 뜻하는 말입니다.

70세-종심(從心): 공자(孔子)가 70세에 마음먹은 대로 행동해도 법도에 어긋나지 않았다는 데서 유래, 종심소욕 불유구(從心所欲 不踰矩)에서 준말.

고희(古稀): 두보(杜甫)의 시 '곡강(曲江)'의 구절 "人生七十古來稀(사람이 태어나 70세가 되기는 예로부터 드물었다)"에서 유래하였습니다.

71세-망팔(望八): 팔십 살을 바라본다는 뜻. 71세가 되면 이제 80세까지 바라보게 된다는 것입니다.

77세-희수(喜壽): 희(喜)자를 초서(草書)로 쓸 때 '七十七'처럼 쓰는 데서 왔습니다. 일종의 파자(破字)입니다.

80세-산수(傘壽): 산(傘)자의 약자(略字)가 팔(八)을 위에 쓰고 십(十)을 밑에 쓰는 것에서 유래하였습니다.

81세-반수(半壽): 반(半)자를 파자(破字)하면 '八十一'이 되는 데서 왔습니다.

망구(望九): 구십 살을 바라본다는 뜻으로 81세에서 90세까지 장수(長壽)를 기원하는 말입니다. '할망구'라는 말 들어 보셨죠? '할망구'의 어원이 '망구'입니다.

88세-미수(米壽): 미(米)자를 파자(破字)하면 '八十八'입니다. 혹은 농부가 모를 심어 추수를 할 때까지 88번의 손질이 필요하다는 데서 여든여덟 살을 표현합니다.

90세-졸수(卒壽): 졸(卒)의 속자(俗字)가 아홉 구(九)자 밑에 열 십(十)자로 사용하는 데서 유래하였습니다. 동리(凍梨): 언[凍]배[梨]의 뜻. 90세가 되면 얼굴에 반점이 생겨 언 배 껍질 같다는 말입니다.

91세-망백(望百): 71세 때 80을 바라보았다면 91세면 백 살을 바라봐야 되는 것입니다.

99세-백수(白壽): 백(百)에서 일(一)을 빼면 백(白)자가 되므로 99세를 나타냅니다. 재미있는 표현입니다.

♣ 인도의 성자(聖子), 간디의 말씀

나라가 멸망(滅亡)할 때 나타나는 일곱 가지 사회악(社會惡)

- 원칙(原則)없는 정치(政治)

- 노동(勞動)없는 부(富)

- 양심(良心)없는 쾌락(快樂)

- 인격(人格)없는 교육(敎育)

- 도덕(道德)없는 상업(商業)

- 인간성(人間性) 없는 과학(科學)

- 희생(犧牲)없는 종교(宗敎)

우리 사회의 자화상을 보는 것 같습니다. 그렇다면 우리는 이제 어떻게 해야 할까요? 어쩌면 저렇게도 그의 말대로 우리가 닮아가고 있는 것인지 정신이 아찔합니다.

하나하나 다시 읽어 봅니다. 우리의 현실을 예언한 듯합니다. 소름이 끼칩니다. 정신을 가다듬을 때입니다.

제2부
화합

제5강

도리도리 짝짝꿍

좋은 인맥을 만드는 방법

도라지 꽃

" 도리도리 짝짝꿍 "

🍀 전통놀이를 통한 지도자를 위한 가르침

1. 불아불아(弗亞弗亞): 할아버지, 할머니들은 어린이의 허리를 잡고 세워서 좌우로 기우뚱 기우뚱하면서 '부라부라'라고 하면서, 귀에 익혀준다. 불(弗)은 하늘에서 땅으로 내려온다는 뜻이고, 아(亞)는 땅에서 하늘로 올라간다는 뜻을 말하며, 弗亞弗亞는 사랑으로 땅에 내려오고, 신이 되어 다시 하늘로 올라가는 무궁무진한 생명을 가진 어린이를 예찬하는 뜻이다.

2. 시상시상(詩想詩想): 어린이를 앉혀놓고 앞뒤로 끄덕끄덕 흔들면서 '시상시

상' 하고 부른다. 사람의 형상과 마음과 신체는 태극과 하늘과 땅에서 받은 것이므로 사람이 곧 작은 우주라는 인식 아래 조상님을 거슬러 올라가면 인간 태초의 하느님을 나의 몸에 모신 것이니, 조상님과 하느님의 뜻에 맞도록 순종하겠다는 것을 나타내는 뜻이다.

3. 도리도리(道理道理): 머리를 좌우로 돌리는 동작으로 천지의 만물이 무궁무진한 도리로 생겨났듯이 너도 도리로 생겨났음을 잊지 말라는 뜻이며, 대자연의 섭리를 가르치는 뜻이다.

4. 지암지암(持闇持闇): 두 손을 앞으로 내놓고 손가락을 쥐었다 폈다 '잼잼' 하는 동작인데, 그윽하고 무궁한 진리는 금방 깨닫거나 알 수 없으니 두고두고 헤아려 깨달으라는 뜻이다.

5. 곤지곤지(坤地坤地): 오른쪽 집게손가락으로 왼쪽 손바닥을 찧는 동작으로 하늘의 이치를 깨달으면 사람과 만물이 서식하는 땅의 이치도 깨닫게 되어 천지 간의 무궁무진한 조화를 알게 된다는 뜻이다.

6. 섬마섬마(西摩西摩): 어린이를 세우면 서(立)라는 말로 섬마섬마라고 하는데, 정신문명인 강상의 이치만으로는 안 되므로 서마도(西磨道)에 입각한 물질문명을 받아들여 발전해 나가라는 뜻으로 섬마섬마 또는 따로따로라고 부르기도 하며, 독립하여 정신과 물질에서 발전하라는 뜻이다.

7. 업비업비(業非業非): 무서움을 가르치는 말로써 어릴 때부터 조상님들의 발자취와 하느님의 뜻에 삶을 살라는 뜻인데 자연 이치와 섭리에 맞는 업이 아니면 벌을 받게 된다는 뜻이다.

8. 아합아합(亞合亞合): 손바닥으로 입을 막으며 소리 내는 동작인데, 두 손을 가로 모아 잡으면 亞자의 모양이 되어 이것은 천지 좌우의 형국을 이 몸 속에 모신다는 것을 상징하는 뜻이다.

9. 짝짝궁짝짝궁(作作弓作作弓): 두 손바닥을 마주치며 소리 내는 동작으로 천지 좌우와 태극을 맞부딪쳐서 하늘에 오르고 땅으로 내리며, 사람으로 오고 신으로 가는 이치를 깨달았으니 손뼉을 치면서 재미있게 놀자는 뜻이다.

10. 질라아비훨훨의(地羅亞備活活議): 나팔을 불며 춤추는 동작인데 천지 우주의 모든 이치를 깨닫고 지기(地氣)를 받아 생긴 육신을 活活(훨훨)하게 자라도록 즐겁게 살아가자는 뜻이다.

마음을 여는 법

거북은 참 약해 보이고 온순해 보입니다. 그러나 거북의 목을 강제로 뺄 수 있는 강력한 힘을 가진 사람이 없을 정도로 무서운 힘을 갖고 있다고 합니다. 일반적으로 거북의 체중은 12~18kg밖에 되지 않지만 70~90kg 나가는 사람도 움츠린 거북의 목을 결코 뺄 수 없다는 것입니다.

그런데 거북의 목을 빼는 간단한 방법이 있습니다. 그것은 거북을 따뜻한 화롯불 가까이에 놓아두는 것입니다. 그러면 거북의 목은 자연스럽게 나오게 된다고 합니다.

우리가 잘 아는 이야기 중에 나그네의 외투를 벗긴 태양의 이야기가 있습니다. 거센 바람이 못 벗긴 나그네의 옷을 태양이 계속 빛과 열을 쪼이니까 나그네가 자연스럽게 외투를 벗었다는 이야기 말입니다.

마음을 열고 이웃을 확인하며 정을 나누는 비결은 '내 식대로 하라'는 강압적인 태도가 아니라 온유와 이해와 빛과 열을 끊임없이 발하는 마음씨입니다.

- 여운학 『지혜로 여는 아침』에서

박성희님은 『공감』이라는 책에서 공감은 사람 사이에 깊은 이해와 소통을 가능하게 하는 소중한 역할을 한다고 합니다. 바람직한 '관계'가 있는 곳에는 반드시 공감이 있습니다. '나'와 '너'가 감응하여 공명하게 만들고 '하나'라는 공감대를 바탕으로 서로 성장할 수 있게 이끌어 가는 힘이 공감에 깃들어 있기 때문입니다. 공감이 있어서 우리는 서로를 더 잘 이해할 수 있고, 공감이 있어서 우리는 더불어 사는 삶을 즐기며, 공감이 있어서 우리는 더 행복하게 성장할 수 있습니다. 관계 속에서 태어나서 관계를 즐기다가 관계를 떠나는 것이 인생이라고 할 때 이 관계를 윤택하고 풍부하게 해 주는 공감의 중요성은 더 말할 나위가 없습니다.

그런데도 사람들은 공감은 무한한 힘을 가지고 있다는 것을 잘 알지 못합니다. 공감하기는 무척 쉬운 일임에도 많은 사람들이 그것을 실천하지 못하고 있습니다. 공감은 상대편을 인정하는 것으로부터 시작합니다. '나는 당신 편입니다.' '당신의 마음이 충분히 이해가 갑니다'라고 말하는 것으로 시작합니다. 제3자의 입장이 아닙니다. 관찰자의 입장도 아닙니다. 같은 입장에서 듣고 인정하는 것입니다.

사람들이 저지르는 큰 실수 가운데 하나는 힘들어하는 이들에게 도움을 주려할 때 가르치려 한다는 것입니다. '그럴 때는 이렇게 하면 돼' '이런 방법을 한 번 써 봐'라고 방법과 비법을 알려 주면 된다고 생각합니다. 그러나 그러한 가르침은 듣는 이로 하여금 감사의 마음보다는 미움의 마음을 갖게 할 수 있습니다. '저 사람은 나를 몰라' '저분은 나의 사정을 전혀 이해하지 못하고 있어'라고 생각하기 쉽다는 것입니다. 도와주려는 의도와 다르게 상대편은 오히려 자신에게 전혀 도움이 되지 못한다고 생각하는 경우가 많습니다. 많은 방법을 전수해 주었음에도 오히려 마음의 문을 닫아 버리기도 합니다.

이러한 실수는 부부와 자녀 간에도 종종 일어납니다. 자신이 알고 있는 노하우를 알려주기 위해 언성을 높이며 해결해 주려고 노력합니다. 그리고 그것으로 자신은 도움을 주었다고 생각하지만 상대편은 정반대로 생각합니다. 야단맞은 느낌이 들고, 자신을 무시하고 엄하게 대한다고 생각하게 될 수도 있습니다. 공감이 되지 않는 상태에서 주는 도움이나 조언은 오히려 상대의 마음을 더욱 상하게 할 수 있다는 점을 기억해야 합니다.

공감이란 무엇인가를 가르치는 것이 아닙니다. 먼저 상대편의 마음을 이해해주고 상대편의 입장에서 생각하는 것입니다. 공감(共感)이란 한자어를 풀이해 보면 뜻이 더욱 분명해집니다. 공감할 공共에, 마음 감感자를 쓰고 있습니다. 공감이란 같은 마음을 품는 것입니다.

내가 먼저 극적인 변화를 당하면 삶은 자연스럽게 바뀌게 될 것이라고 생각하지만 그러한 극적인 체험을 통해 삶이 바뀌는 것은 거의 없습니다. 극적인 체험이 삶까지 완전히 바꾸지 못하는 경우가 허다하다는 것을 알아야 합니다.

영적인 체험을 끝없이 갈망하는 생각 속에 영은 선하고 육은 악하다고 하는 것은 헬라철학의 영향 때문입니다. 초기 이단 가운데 하나인 영지주의가 이러한 원리를 따르고 있습니다. 우리는 이 속에서 정말 위험한 속임을 발견합니다. 마음만을 거룩한 것으로 여기는 것은 잘못된 삶으로 왜곡시킬 수 있다는 것입니다. 우리에게 주어진 평범한 일상을 악한 것으로, 또는 가치가 낮은 것으로 생각하게 만들어 버립니다.

태도가 바뀌면 생각도 바뀝니다. 다시 본문으로 들어가 봅시다. 본문은 육신을 따라 살아가는 자는 반드시 육신의 생각을 할 것이라고 말씀합니다. 즉 생각은 우리의 겉으로 드러난 행동을 통해서 만들어진다는 것입니다. 생각이 태도를 만들어내기도 하지만, 태도가 행동을 만들기도 한다는 것을 분명하게 보여줍니다.

외부의 환경에 의해 인간이 규정된다고 하는 환경 결정론자들이 모두 옳은 것은 아닙니다. 그러나 다 틀린 것도 아닙니다. 환경은 생각과 구별할 필요는 있지만 격리시켜서는 안 됩니다. 맹모삼천지교라는 예화에서 보듯, 사람들은 외부의 환경에 의해 지배당하기도 합니다. 감사한 마음이 들어 '감사합니다'라고 말할 수도 있지만, '감사합니다'라고 말함으로 감사한 마음이 생길 수 있는 것입니다. 거룩하지 않는 말, 더럽고 추한 언어를 사용하면서 거룩한 생각을 하게 될 것이라는 생각은 자가당착(自家撞着)이 아닐 수 없습니다. 그렇기 때문에 거룩한 생각도 중요하지만, 거룩한 태도도 중요합니다.

18세기 조선 후기의 대학자요, 실학사상을 집대성한 정약용이 유배지에서 두 아들에게 보낸 편지의 일부를 소개하겠습니다.

"비스듬히 드러눕고 옆으로 삐딱하게 서고, 아무렇게나 지껄이고 눈알을 이리저리 굴리면서도 경건한 마음을 가질 수 있는 사람은 이 세상에 없다. 때문에 몸을 움직이는 것, 말을 하는 것, 얼굴빛을 바르게 하는 것, 이 세 가지가 학문하는 데 있어 가장 우선적으로 마음을 기울여야 할 일이다. 이 세 가지도 못하면서 다른 일에 힘쓴다면, 비록 하늘의 이치에 통달하고 재주가 있고 다른 사람보다 뛰어난 식견을 가졌다 할지라도 결국은 발꿈치를 땅에 붙이고 바로 설 수 없어 어긋난 말씨, 잘못된 행동, 도적질, 대악, 이단이나 잡술 등으로 흘러 걷잡을 수 없게 될 것이다."(정약용, 『유배지에서 보낸 편지』 71쪽, 창비)

학문(마음, 내용)을 하기 위해서는 먼저 바른 행동과 언어(태도)가 필요합니다. 사도바울은 잘못된 삶을 살아가면서 올바른 진리를 추구한다고 주장하는 이들에게 엄한 경고를 하고 있습니다. 로마서는 교리서로 구분합니다. '오직 믿음으로만 의롭게 된다'는 '이신칭의'를 주장합니다. 그러나 사도바울은 칭의와 삶을 구분하지만 분리하지는 않습니다. 로마서 12장 1절에서 이렇게 권면합니다.

"그러므로 형제들아 내가 하나님의 모든 자비하심으로 너희를 권하노니 너희 몸을 하나님이 기뻐하시는 거룩한 산 제물로 드리라 이는 너희가 드릴 영적 예배니라"

바울은 여기서 분명하게 우리가 드려야할 예배가 무엇인지를 밝히고 있습니다. 그것은 우리의 '몸'입니다. 즉 우리의 '삶'을 의미합니다. 삶이 없는 예배는 거짓된 예배요, 가짜 예배입니다. 영과 몸은 분리할 수 없는 불가분의 관계입니다. 육신의 삶을 살면 반드시 육신의 생각을 하게 되고, 영적인 삶을 살면 영적인 생각을 하게 되는 것입니다. 먼저 여러분의 태도를 바꾸어 보십시오. 바른 언어를 사용해 보십시오. 잘 되지 않지만 억지로라도 좋은 태도를 습관화시키는 것이 중요합니다. 그렇게 살다보면 좋은 생각을 갖게 될 것이라고 바울은 조언합니다.

일삼성(日三省), "날마다 세 번씩 자신을 반성하라."

중국의 유학자 증자가 한 말입니다. 증자는 중국의 철학자로 다음 백과사전에서 검색해보면

BC 505~436경. 중국의 철학자. 이름은 삼(參). 자는 자여(子輿). 공자의 문하생이며 『대학』의 저자로 알려져 있습니다.

『대학』은 『예기』의 한 부분이며 4서(四書) 가운데 하나로, 그는 여기에서

제2부 화합

유가의 덕목인 충(忠)과 서(恕)의 중요성을 강조했습니다. 그는 유가에서 강조하는 '효'를 재확립하는 데 힘썼는데, "부모를 기리고, 부모를 등한시하지 않으며, 부모를 부양한다"라고 하여 효를 3단계로 열거했습니다.

대학(大學)은 크게 넓게 두루 배우는 것을 말합니다.

『대학』의 내용을 요약한다면,

첫째, 명덕을 밝히는 것(明明德). 하늘이 주신 자신의 선한 본성을 갈고 닦는 자신의 노력을 말합니다. 수신을 한다는 것은 격물, 치지, 성의, 정심을 한다는 것입니다.

둘째, 백성을 친애하는 것(新民). 사람을 사랑하고 사람들과 조화를 이룸. 다른 사람들을 날로 새롭게 함. 제가, 치국, 평천하는 오륜을 실천함으로 가능합니다.

셋째, 최고의 선에 도달하는 것(止於至善)이라 할 수 있는데 지선(止善) 더할 수 없이 착함. 지극히 선한 경지. 친(신)민을 하고 수신(명명덕 - 밝은 덕을 밝힘)이 이루어진 상태로 이 세 가지를 3강령三綱領이라 합니다.

8조목은,

1. **성의(誠意)**: 성(誠)은 성실함, 의(意)는 마음이 발(發)하는 것임. 그 마음이 발하는 것을 성실히 하여 스스로 만족하고 스스로 속이는 것이 없는 것을 말함.

2. **정심(正心)**: 정심이란 마음을 바르게 가지는 것을 의미함. 사욕(私欲 - 사사로운 욕심)을 버리고 마음을 평안하게 하는 것을 말함.

3. **격물(格物)**: 격은 지(至)와 같이 '이르다'는 의미요, 물은 사(事)와 같음. 사물의 이치를 깨달아 그 이치를 온전히 이해하고 체득함.

the collected wor
bookshop
MisterE Books
Book Nook
Paragraphe
EMERGENCY
EXIT
ONLY
ALARM WILL SOUND
THE OXFORD BOOKSELLER
community
bookstore
BOOKS
HAYMARKET
BAILEY/COE
BOOKS
About me

누구나 할 수 있다고?

가끔 주변 사람들이 착각한다. 나는 좋은 대학을 졸업했고, 영어도 잘한다고. 내가 어떤 사람인 줄 알면 분명 '내가 이 사람보다 못할 게 없네?' 하고 생각할 것이다.

강원도 철원. 하루에도 몇 번이나 탱크들과 군용 차들이 왔다갔다하는 마을. 턱별시 아이들은 나이키를 신을 때 만화 캐릭터가 그려진 운동화를 신고 다녔어도, 한 학년 250명 중 200등을 하면서도, 어릴 때부터 지금까지 변하지 않는 세 살 적 성질이 있다. 하고 싶은 것은 해야 한다. 즐겁지 않으면 안 한다. 재밌는 일만 한다. 마땅한 취미도, 특별히 잘하는 것도 없는 나는 좋아하는 일은 끊이지 않았다.

컴퓨터. 지금은 누구나 개인 컴퓨터를 가지고 있지만 내가 고등학교 땐 국민 PC 보급이라는 사업이 진행 중이었다. 게임은 절대 하지 않겠다는 나의 끈질긴 설득으로 부모님은 결국 90만 원 하는 컴퓨터를 사주셨다. 전화선으로 연결하는 모뎀으로 노래 한 곡 내려 받는데 10분 이상을 소비하면서도 그 시간이 전혀 길게 느껴지지 않았던 시간 많은 고등학생이었다.

컴퓨터도 생겼겠다 공부하는 시간은 0에 가까웠고 앉아서 게임만 했다. 스타 크래프트, 디아블로, 천 년, 포트리스 등 한번 앉으면 끝이 없었다. 아침 등굣길. 학교까지 시내로 버스를 타고 읍내로 나가서 곧장 학교로 가는 일은 거의 없다. 이른 아침 친구 집의 문을 열고 들어가 자는 친구 옆에서 컴퓨터를 켜고 게임을 한다. 그러면 친구는 주섬주섬 일어나 세수를 하고 학교 갈 준비를 마친다. 친구와 학교에 가면 먼저 온 친구들이 책상에 엎드려 자고 있다. 나도 잔다. 친구도 잔다. 전날 밤새 게임을 했기 때문에 수업을 하는 것은 거의 불가능하다. 사실 수업 자체에 관심도 없었다. 오로지 놀려고 다녔던 학교였기에.

신철원 종합 고등학교. 정보처리과. 인문계 고등학교가 아니다. 컴퓨터 관련 수업이 많아 컴퓨터 실을 이용할 기회가 많았다. 수업을 열심히 하는 선생님 뒤에서 끊임없는 컴퓨터 키보드 소음이 들린다. 타타타타 타타타타타타탁. 인터넷 테트리스 게임, 스타 크래프트, 슈퍼마리오 등 학교에서 할 수 있는 게임은 다했다. 학생들의 게임을 막으려고 학교에선 요상한 프로그램도 설치했지만 몇 시간이면 다 풀 수 있는 수준급의 아이들이었다. 내 친한 친구는 게임을 하다 병원까지 실려간 열정적인 아이였다.

방과 후. 야간 자율학습도 없다. 학원? 있지만 가는 친구들도 없다. 친구들과 삼삼오오 어울려 또 놀러 간다, 피시방으로. 시골에 논, 술집, 피시방, 미용실이 전부다. 있는 게 없다. 예전이야 도랑에서 가재 잡고 놀면 됐겠지만 그러기엔 인터넷 성장이 너무 급속도였다. 늦으면 자리가 없어 피시방까지 막 뛰었다. 여기는 강원도 철원이다. 주말엔 외박 나온 군인들이 피시방을 점령했기 때문에 경쟁이 더욱 치열했다. 캐릭터 레벨을 올리고 비싼 아이템을 구하는 게 유일한 재미였다. 지금 있는 셧다운제도도 없었다. 지금 생각해보면 부모님의 걱정이 이만저만이 아니었겠다.

공부에 손을 놓은 계기가 있다. 초등학교 4학년 선생님 말씀.

"이제까지 너희가 배운 산수는 쉬운 거였고, 이제부터 엄청 어려워질 거야."

"그래? 그럼 안 해야지."

이렇게 공부와 이별했다.

개그맨

게임 말고 또 좋아하는 게 있었다. 중학교. 하루는 아이들이 모여 만화책을 보고 있었다. 제목은 '힙합'. 듣도 보도 못했던 힙합이라는 주제를 다룬 만화책이었다. 그것이 나의 학창 시절에 또 다른 생기를 불어넣어 주었다. 강력한 비트의 음악과 바닥에서 뒹구는 묘기 같은 춤은 나 말고도 같은 세대 모두를 열광하게 했다. 그때부터 춤을 췄다. 댄스 비디오테이프를 구해서 틀어놓고 친구들과 모여서 따라 했다. 아침에 복도에 서 헤드스핀을 한답시고 헬멧을 구해 머리를 바닥에 대고 빙글빙글 도는 시늉을 했고, 툭하면 물구나무를 섰다. 방과 후엔 교실 책상을 뒤로 밀어놓고 춤추는 애들이 모여 브레이크 댄스를 연습했다. 당시 HOT, S.E.S. PINKL, 잭스키스 등 최고의 가수들이 활약 중이었고 춤은 당연 브레이크 댄스였다. 가수도 될 수 있을 것 같았다.

춤을 아무리 좋아하고 쉬는 시간마다 물구나무를 서고 몸을 바닥에서 빙글빙글 돌렸지만 뭐 하나 제대로 하는 것은 사실 없었다. 그냥 재밌었고 좋았다. 학교에서 나는 좀 까불이였는데 그 덕분에 쓸데 없는 인기는 많았다. 친구로는 좋은데 남자친구로는 별로인 그런 쓸데없는 인기. 한 친구가 이런 말을 했다.

"너 개그맨 하면 잘하겠다."

그 한마디에 내 꿈을 가수에서 개그맨으로 바꿨다. 그만큼 단순하다. 춤을 추는 게 좋고 재밌긴 했지만, 친구들 앞에서 까부는 것도 좋았다. 무엇보다 개그맨이 되면 행복할 것 같았다. 수많은 무명 개그맨, 배우들이 있고 그들이 힘든 생활을 하는 것 따위는 중요하지 않았다. 내가 재밌으면 그걸로 됐으니까.

춤도 힙합에서 엽기댄스로 바뀌었다. 당시 이박사라는 가수의 노래가 반짝인기였고, 우리는 팀을 만들어 이박사 음악에 맞춰 춤을 췄다. 시골 춤 대회가 얼마나 큰 규모겠느냐마는 대회에 나가서 상도 탔다. 덕분에 학교에서도 반짝 스타였다.

그렇게 춤추고 게임을 하며 고삼이 되었다. 대학생이 될 것이라고는 전혀 생각하지 않던 고삼. 이런 고삼도 있다. 미래에 대해서는 고민 자체가 없었다. 소위 말하는 서고연 대학에도 마음만 먹으면 갈 수 있는 줄 알았다. 그렇게 난 멍청했고 아는 것도 하나 없는 순진무구한 꿈만 꾸는 고삼이었다. 그렇다고 마냥 손을 놓고 있을 수는 없는지라 수능 대신 연예인 만들어주는 학원에 다니기로 결심했다.

"나 개그맨 될 거야."

집은 발칵 뒤집어졌다. 엄마 아빠만 반대하는 게 아니라 큰아버지, 작은아버지, 고모, 이모 사방팔방에서 반대였다. 하지만 난 하고 싶은 건 해봐야 하는걸. 그때나 지금이나 똑같다. 하고 싶은 건 해봐야 한다. 단점으로 작용할 때도 있지만 이런 성격이 난 아직도 좋다.

실업계 고등학교라 취업기간이 있었다. 학교에는 소 때려잡는 도축업체에 취업했다고 거짓말을 하고 무작정 서울에 있는 이모네로 갔다. 집에서는 반대가 워낙 심해 땡전 한 푼 지원을 받지 못했다. 남들은 수능을 준비하는 시간에 치킨 배달로 착실하게 모은 돈 몇 푼 가지고 갔다. 여의도에 있는 한 연기전문학원.

첫 달에 43만 원, 둘째 달에 30만 원, 셋째 달부터 25만 원씩 내라고 한다. 우리 동네 수학학원이 한 달에 6만 원이었는데 서울은 원래 그런가 보다 하면서 야간엔 편의점 아르바이트, 평일 세 번은 연기학원에 다녔다. 주 5일 수업도 아니다. 월, 수, 금 세 번. 이것도 충격적이었다. 서울은 원래 그런가 보다 했다.

다른 세계였다. 나처럼 촌에서 혼자 올라온 사람은 도무지 없고 명품 가방 가지고 다니는 애들, 처음 보는 메이커 선글라스 쓰고 다니는 애들, 몇 십만 원짜리 모자 쓰고 다니는 애들, 지갑에 20만 원밖에 없다고 투덜대는 애들. 이게 가능한가 싶었다. 학원 선생님도 나에겐 별 관심을 두지도 않았다. 잘하든 말든 다른 친구들과 나를 대하는 태도가 확연히 달랐다. 처음 경험한 서울의 이미지가 그랬다. 다른 세계. 그냥 혼자 하기로 했다. 촌놈이 여의도에 갖다 바친 돈 100만 원. 눈물이 앞을 가렸지만, 야간 아르바이트와 내가 있을 곳이 아닌 것 같은 환경으로 마음도 몸도 피곤했다. 석 달간의 서울 체험을 마치고 철원으로 돌아와 연기 수업 책을 가지고 대사를 연습했다. 집에서 하면 부모님께서 노발대발하실 게 뻔해 뒷 개울에 가서 연습했다.

수능

'그래도 고등학교 때 추억 하나는 있어야지'라는 생각으로 수능을 봤다. 무슨 시험시간이 한 시간이나 넘는 게 이리 많은지……. 시험지를 다 풀었는데 아직도 한 시간이 남아있다. 그렇게 몇 과목을 봤는지 모르겠다. 수능 시험장에서 잠은 실컷 잤다. 정확히 기억하는 내 수능시험 점수. 400점 만점에 129점. 반도 못 맞혔다.

그 대신 나는 이 대학 저 대학에 실기시험을 보러 다녔다. 원서를 넣은 대학마다 다 탈락했고 그때 또 느꼈다. '이건 뭐지?' 마지막 하나 남은 대학. 집에서는 거리가 너무 멀어서 실기시험은 보지도 않았다. 아이러니하게도 실기를 보지 않은 학교에서만 합격 통지서가 왔다. 그런 대학이라면 차라리 가지 않겠다는 생각으로 잠시 방황을 하던 중, 친구가 좋은 제안을 하나 했다.

"전문대 학위를 인정해주는 직업전문 학교가 있는데, 같이 갈래?"

항공정비를 배우는 학교다. 초등학교 4학년 때 이후로 공부와 이별한 내가 항공정비를 배운다고? 별로 내키지는 않았지만, 학교에 가서 면접을 봤다. 여기 아니면 갈 곳이 없었기 때문에 최대한 공손한 자세로 면접을 봤고 다행히 나 같은 놈도 합격이라는 것을 해봤다.

친구. 춤. TV. 게임. 내 소중한 학창시절 전부이다. 읽은 도서 0.5권(무슨 책인지는 모르지만), 외운 영어단어 0개, 암기한 수학 공식 0개. 그렇게 맞이한 20살. 이젠 어디로 가나…….

한숨만 나왔다. 항공정비라, 어렵게 합격한 항공 정비과. 이곳에서조차 실패자의 모습으로 남아있긴 싫었다. 무조건 열심히 할 생각이었다. 공부도 열심히 해보고, 학교에서 시키는 건 무조건 열심히 할 각오였다. 그러다 처음으로 나의 10년 뒤 모습을 생각해 보았다. 작업복을 입고 손에 기름 때를 묻히고 항공기를 정비하고 있는 내 모습을. 이는 누군가가 그토록 꿈꾸는 직업일 수 있다. 사실 너무나 매력적인 일이니까. 하지만 나에겐 아니었다. 놀기 좋아하고 밖으로 나돌기 좋아하는 내 성격엔 맞지 않았다. 10년 후. 나는 행복할까? 처음으로 미래에 대해 심각한 고민을 하며 그렇게 방황이 시작되었다.

부사관!

직업전문 학교에서는 부사관을 장려했다. 육해공군 부사관에 지원해 합격하면 전액 장학금을 받을 수 있었고, 군인으로서의 경력도 쌓을 수 있었다. 이거나 해볼까 싶었다. 마침 먼 친척 중에 대위로 전역한 분이 우리 집에 놀러 와서 부사관의 좋은 점을 주구장창 설교했다. 이에 부모님과 다른 친척 모두 날 군대에 넣으려고 노력을 했다. 설득에 못 이겨 나도 수긍을 했고, 못난 아들이 뭐라도 하나 할 수 있겠다는 기대였을까. 집에서는 대환영이다. 그렇게 해군 부사관 모집 지원서류를 제출했다.

서류전형, 합격

　면접. 합격. 강원도 철원에서 군인들과 함께 자란 게 플러스 요인이 된 것 같다. 신체검사다. 신체검사를 통과하면 체력검사가 기다린다. 별 검사를 다 하더라. 시력, 청력, 키, 몸무게, 가슴둘레까진 그렇다 쳤다.

　수백 명의 부사관 지원자가 모여있는 체육관. 열을 맞춰 지원자들을 세우더니 팬티까지 벗으란다. 도대체 뭘 검사하려고 팬티까지 벗기는지. 하나 둘 벗으니 나도 분위기에 휩쓸려 벗었다. 몇 명의 현역 병사가 비닐장갑을 손에 끼더니 지원자들의 고환을 만지며 돌아다닌다. 두 개가 다 정상적으로 있는지를 검사했다. 하나의 비닐장갑으로 수백 명의 같은 곳을 만졌다. 기분이 정말. 정말. 정말 더러웠다. 하지만 그것이 끝이 아니었다. 지원자 전체는 몸을 ㄱ자로 만들어야 했다. 이번엔 항문검사다. 뭘 보려고 하는지 모르겠는데 이번엔 그 병사들이 수백 명의 항문을 눈으로 훑고 지나간다. 정말 너무. 너무. 너무. 너무 치욕스러웠다.

　그렇게 고난의 시간을 보낸 후 피검사가 남았다. 주삿바늘을 팔에 찔러야만 하는 피검사. 난 주삿바늘이 내 몸에 들어오는 게 너무 싫다. 끔찍하다. 피를 뽑기 위해 긴 줄을 서 있는 내내 고민했다. 내가 왜 여기서 이러고 있지? 군인. 10년 후. 나는 행복할까? 답은 당연히 No였다. 두 번 고민 안 했다. 바로 짐을 싸서 집으로 왔다. 치욕스러운 검사 전에 집으로 가지 않은 게 후회스러웠다.

"나 군인 안 해."

엄마는 나를 인생 실패자라고 부르며 고래고래 윽박질렀다. 아버지도 아마 밖에서 줄담배를 피우신 것 같다. 다시 내가 좋아하는 일을 하기로 했다. 하늘은 스스로 돕는 자를 돕는다고 했던가? '편입'이라는 제도를 처음 알게 되었고 편입을 위해 죽자사자 노력했다. 개그맨보다는 방송 업계에서 일하고 싶었다. 그래서 전공은 신문 방송으로 정했다. 대학 낙방의 경험도 있겠다, 이번엔 대충 준비하면 무조건 낙방이라는 사실을 미리 알고 있었다. 신문 방송과를 목표로 생애 최초의 노력은 시작됐다.

태어나 처음으로 노력이란 것을 해보았다. Be 동사는 뭐고, 동사는 뭐고 명사는 또 뭐야!! 초등학교 4학년 이후로 책을 읽거나 공부를 한 시간은 채 10시간이 되지 않는다. 이런 돌머리로 공부하려니 도대체 뭐 하나 되는 게 없다. 학과 성적도 중요했기에 공업수학, 열역학, 기체역학 공식을 외웠다. 2차 방정식도, 분수의 덧셈과 곱셈도 잘 모르는 상태에서 삼각 함수, 이상한 공식들과 적용방법들을 무조건 암기했다.

뭐 알 리가 있나. 무작정 외웠다. 공식이건 배운 내용이건, 노트에 전부 받아 적어 외우고 또 외웠다. 칠판을 쳐다보는 내 눈은 레이저를 쏘고 있었고 뭐 하나 놓칠 수 없었기에 수업시간엔 잠도 오지 않았다. 그만큼 절실했다. 내가 정말 하고 싶은 것을 찾았으니, 그것을 얻기 위해선 노력이 필요했다.

편입을 준비한다고 하면 여기저기서 "니가?"라는 소리가 들려 오곤 했다. 친한 친구들이 무시하는 발언을 하다니, 그것참 화가 난다. 지금 생각하면 이런 무시하는 발언들이 참 고맙다. 열심히 달리는 엔진에 휘발유를 부은 격이니까. 노력과 의지가 빵빵 터지는 나날이었다. 매일 밥 먹고 자는 시간 말고는 공부만 했다.

공부

공부라는 걸 나도 해봤다. 학교에서 배운 내용 복습을 마친 후엔 영어 단어를 100개씩 외웠다. 다음날이면 까먹었기에 반복, 또 반복했다. 그렇게 고등학교 영어단어를 다 외우고 편입에 나오는 단어 책을 구입해 또 외웠다. 따로 세어보진 않았지만 같은 단어 책을 스무 번 이상 봤다. 그만큼 절실했기 때문에. 문법도 공부했다. 무작정 외웠다. 기초 문법책을 몇 번 보고 가장 유명한 문법책을 구입해 달달 외웠다. 문제를 풀어보고 틀린 것은 노트를 만들어 따로 공부했다. 나머지 시간은 지문 독해를 하며 시간을 보내다 잠이 들었다. 다음날 일어나면 다시 복습. 잠자는 시간도 아까워서 단어 테이프를 들으며 잠을 잤다. 시골에서 농사짓는 부모님을 도와드리며 주말을 보낼 때도 듣고 또 들었다. 정말 열심히 한 것 같다. 장학금이라는 것도 받아봤다. 학과 성적 우수자에게만 주는 그 장학금을 나도 받아봤다. 1등은 아니어서 얼마 되지 않는 금액이었는데 장학금을 받아보다니, 태어나서 이런 일도 있나 싶었다. 그렇게 2년이 지나 졸업을 하고, 남들이 군대 갈 때 나는 편입 시험을 쳐야 했다.

안 될 놈은 안 된다

편입 시험만 보면 됐다. 80학점 이상이면 편입시험을 볼 수 있었으니까. 근데 이게 웬일? 전산 오류로 6학점이 날아갔다. 두 과목을 이수하지 않은 걸로 처리가 되어 있었다. 전산 오류라니……. 한 학기 동안 열심히 듣고 시험 봐서 좋은 성적을 받은 그 두 과목이 전산 오류로 사라졌다니……. 담당 교수님과 해당 기관에 가서 수정을 요구하고 또 요구했다. 하지만 결국 돌아온 대답은 어쩔 수 없다는 대답뿐. 편입 시험을 볼 수가 없었다. 세상에 이런 일도 있구나. 학교에서는 미안하다는 의미로 1년간 기숙사를 지원해주기로 했고 식대도 지원해주기로 했다.

1년 더 준비할 수 있는 기간이 생겼다고 위로하며 또 공부만 했다. 이전엔 학과공부까지 신경 써야 했지만 이젠 영어공부에만 집중할 수 있었다. 그렇게 단어를 보고 또 보고 문법을 보고 또 보고 문장을 읽고 또 읽었다. 그렇게 독학을 하다가 문득 내 실력이 궁금했다. 이렇게 하면 편입할 수 있을까? 나도 학원이라는 걸 다녀보고 싶었다. 학원에 다니고 싶다고 학교에 요청했고 그 요구는 쉽게 받아들여졌다.

　동대문의 한 유명한 편입학원에 등록했다. 처음 반 배정고사를 보았는데 그 점수를 아직 잊지 못한다. 100점 만점에 60점. 보통 80점 이상은 맞아야 안정적인데 60점이라니. 때는 9월이었고 오줌을 찔끔 지릴 정도로 등골에서 식은땀이 났다. 다시 시작하기로 했다. 새벽 첫 번째 반에 등록했다. 지각은 한 번도 하지 않았고 학원이 문 닫는 밤 10시까지 자습실에서 공부하다 귀가했다. 학원이 좋긴 좋았다. 독학으로 공부했던 영어가 체계가 잡히는 듯했다. 한 달 후 본 모의고사에서 반이 업그레이드되었다. 그렇게 한 달, 또 한 달. 편입시험을 한 달 앞두고 치른 모의고사. 반 109명 중 1등이었다. 전국 1만여 명 중 1%에 들었다. 학원 모니터로 결과를 확인하고 나니 눈물이 나올 것 같아 화장실에서 세수했다.

　그렇게 편입시험날이 왔고, 생일날 미역국도 먹지 못한 채 시험장으로 향했다. TV에서 보면 엄마들이 교문에 엿도 바르고 기도도 하고 하던데 누구 하나 응원해주는 사람 없이 고사장으로 들어가 시험을 봤다. 시험을 보고 나오니 후련하긴 한데 문제가 너무 어려웠다는 생각을 떨쳐버릴 수가 없었다. 주사위는 던져졌다. 발표날만 기다리며 하루하루를 마음 졸였다.

　합격자 발표날. 그 중 가장 가고 싶었던 학교가 있었다. 내가 졸업을 한 학교이기도 한. 홈페이지에 접속하고 수험번호를 입력하고, '다음' 버튼을 누르고 눈을 지그시 감았다. 살짝 눈을 뜨니 고맙게도 "합격"이라는 글자가 보였다. 이번에도 눈물이 나려고 했다. 노력은 배신하지 않는다는 것을 이때 처음 느꼈다. 초등학교 4학년 이후로는 공부라는 것을 해본 적 없던 촌놈이 4년제 대학 7개에 모두 합격을 했다. 한 학교는 면접에서 떨어지긴 했지만 내가 원하는 학교 신문 방송과라니 행복하기만 했다. 지금 시점에서 돌아보면 대학이 결국엔 전부가 아니라는 것에 한 표 던질 수 있지만 나도 무엇이든 할 수 있다는 자신감을 가진 중요한 사건이었다.

학교 입학

편입생이라 학우들과 잘 어울리지 못하는 것이 싫었다. 그래서 과 연극 동아리에 들어갔다. 처음엔 어색했지만, 편입생이 동아리에 들어오다니 대단하다고 더 잘 챙겨줬다. 과 사람들과도 친해지고 그렇게 하고 싶었던 연극을 동아리에서라도 하니 하루하루가 너무 즐겁다. 결국엔 주연급 배우로 연기도 했다. 이번에도 개그 캐릭터이다. 어쩔 수 없나 보다. 대학에 갔으니 이젠 군대도 가야겠지.

군대 얘기는 대한민국 신체 건강한 남성이면 누구나 경험한 것이니 생략하기로 한다. 여기까지가 내 성장 배경이다. 강원도 철원에서 제대로 된 교육도 받아본 적 없고 하고 싶은 일만 하려 하는 어떻게 보면 제

4. 치지(致知): 치는 지(至)로서 '이름'을 의미하며, 지(知)는 식(識)을 의미함. 나의 지식(사물의 이치에 대한 지식)을 쌓아 아는 바를 지극히 함.

5. 수신(修身): 하늘이 주신 자신의 선한 본성을 갈고 닦는 자신의 노력. 수신을 한다는 것은 격물, 치지, 성의, 정심을 한다는 것임.

6. 제가(齊家): 집안을 가지런하게 함. 부모와 자식 사이에 사랑과 공경이 있으며, 형제간에 우애가 있는 것이 집안을 가지런하게 하는 것임.

7. 치국(治國): 나라를 바로 다스림. 임금과 신하 사이에 의리와 충성이 있으면 나라가 바로 다스려지는 것임.

8. 평천하(平天下): 천하를 평(고르게)하게 함. 천하 모든 사람들의 명덕(착한 본성)을 밝혀 천하를 평화롭게 하는 것을 말함. 건물이나 제도에 중심을 두지 말고 크게 두루 배우는 것에 대해서 생각함.

증자의 하루 반성도 참고하면 대학을 실천하는데 도움이 될 것입니다.

전문: 증자왈 오 일삼성오신(曾子日 吾 日三省吾身)하나니 위인모이불충호(爲人謀而不忠乎)아, 여붕우교이불신호(與朋友交而不信乎)아. 전불습호(傳不習乎)이니라.

풀이: 나는 매일 나 자신을 세 가지를 반성한다. 남을 위해서 일을 하는데 정성을 다하였든가, 벗들과 함께 서로 사귀는데 신의를 다하였든가, 전수받은 가르침을 실천했는가(또는 아래와 같이 번역하는 경우의 책도 있음) 제대로 익히지 못한 것을 남에게 전하지 않았던가.

🍀 노후의 준비(오후), 50 이후의 독립

과거에 대한 집착은 방해만 될 뿐입니다. 정서적 독립과 경제적 독립이 필요합니다. 정서적으로 홀로 서려면 죽음에 대한 명상, 자존심을 버린 일자리, 취미가 필요합니다. 개인적 기쁨을 당당하게 찾아야 하고, 주변에는 그것을 지원하고 즐거움을 나눌 수 있는 가족과 친구가 있어야 합니다.

그러나 위로와 치유의 달달함을 찾아 여기저기 기웃거리지 말고 직시하고 직면해야 합니다. 정직하게 우리들의 어리석음, 겁 많음, 게으름, 나약함, 이해타산, 무력감 나아가 누군가가 나서서 내 문제를 잘 해결해주겠지 하는 마음의 핑계가 보입니다. 정면으로 자신의 상처와 마주할 수 있는 용기가 필요합니다. 그래야만 비로소 고통을 해결할 수 있는 첫발을 내디딜 수 있습니다.

🍀 대접

대접(待接)을 뒤집으면 접대(接待)가 되고 접대를 뒤집으면 대접이 되지만 실제 내용상은 말 순서뿐 아니라 차이가 큽니다. 접대는 '뭔가 필요한 사람'이 '그 필요를 위해 어떤 형태든 권력을 가진 사람'에게 하는 것이고, 반면 대접은 일종의 선물로, 꼭 뭔가를 바라기보다는 상대방을 존중하는 마음에서 나온 것입니다. 대접은 남을 존중하는 마음으로 은혜에 보답하는 감사표시입니다. 자신이 이룬 성취나 업적, 일이 잘됐을 때 본인도 열심히 노력했지만 나를 도와준 다른 사람 덕분이라고 생각하는 마음이 우러나올 때 상대방을 대접하겠다는 마음이 생깁니다. 접대는 똑같이 은혜를 입었지만 내가 받았으니까 나도 그에 상응하는 뭔가를 하지 않으면 뒤탈이 생기기 마련입니다.

대접은 진심이지만, 접대는 탐욕을 숨긴 사심입니다. 대접하는 사람은 상대에게 선물을 준 것이라면, 접대는 상대에게 뇌물을 준 것이나 다름없습니다. 선물은 더없이 즐겁고 기쁘지만, 뇌물을 받은 순간은 즐거울 수도 있지만 받고 나면 참을 수 없는 무거움에 억눌려 살아갑니다.

크리스토퍼 리더십이야기

〔나눔〕소유로부터의 해방

1. 함께 누릴 수 있는 일을 찾아 실천한 경험
2. 대가를 바라지 않는 나눔에서 얻은 대가
3. 소유와 나눔이 주는 각각의 기쁨과 차이
4. 물질의 나눔, 생각의 나눔, 마음의 나눔에서 느낀 체험
5. 주어도 아깝지 않는 느낌에서 깨달은 의미

시루떡 정보: 선물(膳物)

시루떡 정보는 그냥 말만 하지 않은 우리 선현들의 소통과 화합의 말하기 비결입니다. 모든 정보를 시루떡에 담아 이웃에 알렸습니다. 돌 떡, 이사 떡, 제사 떡, 생일 떡, 개업 떡 등 물심양면을 생활 속에서 실천하며 소통하고 화합했던 것입니다. 요즘 대형마트 시식코너나 화장품 샘플 등은 시루 떡 정보의 변화 같습니다.

 선물

선물(膳物)의 한자 '선(膳)'은 원래 '반찬'을 뜻하는 것으로 특히 고기반찬이 귀한 시절 손수 조리한 반찬을 살갑게 주는 데에서 유래했다고 합니다. 순수한 정을 담아 남에게 주는 선물은 주는 이도 기쁘고 받는 사람은 흐뭇해지고 더러 감동을 느끼기까지 합니다.

그런데 선물과 구분해야 할 것이 뇌물입니다. 뇌물죄로 문제가 된 사람들은 대개 대가성이 없는 의례적인 선물이었을 뿐이었다고 하면서 억울함을 하소연하는 경우가 많습니다. 사교적 의례로서의 선물과 뇌물을 어떻게 구별할 것인가? 한자 '뇌(賂)'의 유래를 보면 조개 패(貝)에 각기 각(各)이 합해 만든 조어로 문자 그대로 해석하면 개별적으로 유통되는 재화 즉 몰래 주고받는 재물이라는 뜻에서 기원한 것으로 보입니다.

뇌물성은 또한 당시의 사회상태, 경제상황, 국민들의 의식수준을 반영하고 있습니다.

인터넷에 떠도는 선물과 뇌물의 차이

1. 물건을 받고 잠을 잘 못 이루면 뇌물, 잠을 잘 자면 선물

2. 언론발표에 문제가 되면 뇌물, 문제가 안 되면 선물

3. 자리를 바꾸면 못 받으면 뇌물, 바꾸어도 받는 것은 선물

4. 선물은 선뜻 주는 것, 뇌물은 뇌를 굴리면서 주는 것

〈의사소통에서 인생의 3대 보약〉

1. 칭찬, 공감
2. 믿음
3. 인정, 격려

'오는 정이 있어야 가는 정이 있다'는 옛말과 같이 세상에 순수한 정의 징표인 선물을 주고받는 일이 없다면 살아가는 재미가 크게 적어질 것입니다. 그렇지만 어떤 대가를 주고받는 정이라면 차라리 없는 것이 나을 것입니다. 선물과 뇌물을 혼동해 어려움을 겪지 않도록 해야 할 것입니다.

🍀 우리가 바라는 것

홍부의 박속에는 무엇이 있었나요?

1. 초등학교 5학년 교과서에는

   첫 번째 박에는 곡식과 금은보화,

   두 번째 박에는 비단과 살림살이,

   세 번째 박에는 으리으리한 집과 하인,

   네 번째 박에는 아름다운 여인이 나옵니다.

2. 어른들의 흥부전에는

첫 번째 박속에는 만병통치 약 - 건강,

두 번째 박속에는 경서 - 학업,

세 번째 박속에는 금은보화 - 부,

네 번째 박속에는 미녀 - 쾌락

그리고 일반적으로는 쌀, 집, 돈이 들어 있었다고 합니다.

흥부의 박속에는 부와 명예와 건강이 들어 있었다고 할 수 있습니다. 현재 현실을 살고 있는 우리들에게는 흥부의 박보다 더 소원을 이루게 하는, 반드시 소원을 이루는 박이 있습니다. 절박입니다. 우리가 맡은 삶의 과제가 절박하면 이뤄집니다. 이룰 수 있습니다. 반드시!!

주렁주렁 사랑의 열매

" 좋은 인맥을 만드는 방법 "

인간의 주성분은 사랑입니다.

사랑은 인간의 원초적인 본능입니다.

'홀로 사랑'이든 '더불어 사랑이든'……:

사랑에 굶주리지 않은 사람은 없을 것입니다.

사랑은 언제나 넘치는 법이 없습니다.

주는 쪽에서는 아무리 지극해도, 받는 쪽에서는 부족하고 아쉽고 목마를

수밖에 없습니다.

제2부 화합

친구가 되는 것은 중요합니다.

친구사이에는 믿음이 바탕이 되어야 합니다.

친구도 두 가지로 나눕니다.

붕(朋): 벗, 친구, 무리, 떼, 어렸을 때부터 친해서 흉허물이 없는 사이.

우(友): 벗하다. 우애 있다. 뜻이 맞는 친구, 세상을 울면서 사귄 친구.

인생을 잘 살려면

첫째, 지혜로운 스승을 만나야 하고,

둘째, 어려울 때 함께 할 수 있는 벗을 만나야 하고,

셋째, 다사로운 동반자를 두고,

넷째, 하고 싶은 일에 열정을 바쳐야 합니다.

🍀 호감을 사는 7가지 성품

1. 다른 사람에게 관심을 갖는 습관을 기른다. 그리고 그들의 장점을 칭찬한다.

2. 대화할 때 설득력과 확신을 줄 수 있는 능력을 계발한다.

3. 자신의 신체 조건과 자신이 하는 일에 어울리는 복장을 갖춘다.

4. 당신이 원하는 성격을 선정하고 그에 맞게 적극적으로 성격을 개조한다.

5. 따뜻한 감정과 정열을 표현할 수 있는 인사 기술을 익힌다.

6. 자신의 유일한 한계는 자신의 마음속에 선정하는 것뿐이라는
   사실을 깨닫는다.

7. 다른 사람에게 호감을 가짐으로써 호감을 갖게 한다.

- 나폴레옹 힐

🍀 좋은 의사소통을 위한 10가지 지침

1. 상대방의 흠을 잡는 단어를 쓰지 않는다.

   예〉 순전히 노력 부족이야, 어린애 같은 유치한 행동이야, 전혀 도움이 되지 않아, 도대체가 생각이 없어, 머리를 써라, 그렇게 밖에 못해? 도대체 제대로 하는 게 없어 등

2. 일반화된 이름 붙이기를 하지 말라.

   상대방의 정체성에 대하여 일반화된 공박을 하는 것이다. 즉, 상대방의 행동자체가 아니라 인간성에 초점을 맞추는 것이다.

   예〉 어리석다, 미쳤다, 이기적이다, 게으르다, 쓸모없다, 너는 안 돼, 구제불능, 돌대가리, 병신, 바보, 멍청이, 천치, 놈, 년 등

3. 비난하고 판단하는 식의 '너'메시지를 쓰지 말라.

   메시지는 상대에게 직접적으로 이유를 돌리지 않으며, 비난하지 않는 진술 방법이다.

   예〉 너 - 전달: 당신은 꼭 늦게 들어와 저녁 시간을 망치는군요.

   　　나 - 전달: 당신이 늦게 오면 나는 당신과 저녁시간을 보내지 못하게 되어서 속상해요.

4. 과거의 일을 들추지 말라.

   명확한 의사소통은 당면한 문제에만 초점을 맞추는 것이다. 과거를 돌아보는 것은 때로 유용하고 문제를 긴 안목으로 보게 해준다. 그러나 옛이

211

야기를 들추는 것은 상대방의 잘못에 대해 근거를 찾기 위한 경우가 흔하다. 화가 났을 때 옛 일을 들먹이지 않도록 한다.

5. 부정적인 비교를 하지 말라.

명확한 의사소통은 상대방이 자기 자신에 대해 나쁜 감정을 갖게 만들려는 것이 아니다. 그것은 상처를 주기 위한 것이 아니라 오히려 도움을 주기 위한 것이다. 부정적인 비교는 처벌하고 공격하는 것이다.
예〉 누굴 닮았니? 피는 못 속여 등

6. 위협을 하지 말라.

위협에 포함된 기본적인 메시지는 '당신이 잘못했으니까 내가 당신을 처벌할 것이다'라는 것이다. '당신은 나쁘다'라고 하는 메시지는 듣는 사람 입장에서는 고통스러운 것이다. 상처를 주려는 의도는 관계를 손상시킨다.

7. 감정으로 공격하기보다는 그것을 말로 표현하라.

자신의 감정에 대해 말할 때 아주 명료한 단어를 사용한다. 감정으로 공격한다는 것은 그것을 무기처럼 사용한다는 말이다. 목소리가 커지고 비꼬기도 하고 차갑게 적대적으로 되기도 한다. 명료하게 의사소통을 하려면 목소리와 억양을 최대한 정상적으로 유지해야 한다. 그래야만 상대방이 과장 없이 당신의 감정을 들을 수 있다.

8. 개방적이고 수용적인 신체 언어를 사용하라.

신체는 당신이 의사소통에 얼마나 열려 있고 그것을 얼마나 바라는지를 보여준다. 입술을 악물고, 주먹을 꼭 쥐고 있다면 몸은 당신이 이야기하고 싶지 않다는 것을 너무나 큰 소리로 말하고 있는 것이다. 몸이 의사소통에 열려 있게 하려면, 눈 맞춤을 유지하고, 듣는 동안 고개를 끄덕이고, 팔짱낀 팔을 풀고, 약간 앞으로 향해 앉으며 얼굴 표정을 이완시킨다.

9. 전체 메시지를 일치적으로 사용하라.

의사표현을 할 때 관찰, 사고, 감정, 기대의 네 요소가 모두 포함될 때 분명하고 친밀감을 형성시킬 수 있는 대화가 될 수 있다. 네 가지 요소 중 하나 이상을 뺀 부분적인 메시지는 심각한 오해를 초래할 수 있다. 전체 메시지는 관찰, 사고, 감정, 기대의 네 가지 요소를 모두 포함한다.

예〉 "당신은 일하는 데 너무 많은 시간을 보내는 것 같아요"라고 말할 때 아내는 남편의 건강을 염려하는 것인데, 남편은 아내가 함께 있어주지 않는 것에 대한 불만을 표하는 것이라 오해하여 아내가 자신의 입장을 이해 못한다고 짜증을 부리게 된다.

10. 분명하게 말하라.

은연중에 암시하거나 질문을 가장하여 비난하지 말고 분명하게 본 것과 생각한 것과 느끼는 것과 원하는 것을 말해준다.

예〉 "당신은 언제나 그랬듯이 말이 없군요" 하는 대신 "당신 오늘도 말이 별로 없군요. 나한테 관심이 없나보다 생각이 돼서 속상해요. 당신이 무슨 생각을 하고 있는지 말을 해주었으면 좋겠어요."

예〉 "왜 나를 그런 식으로 쳐다봐?" 이것은 실제로 그 이유가 궁금하다는 것이 아니라 그런 식으로 쳐다보는 게 기분 나쁘다는 뜻이다. "당신이 나

213

를 그렇게 쳐다보니까 내가 무엇을 잘못하지는 않았나 하는 불안한 느낌
이 들어요."

1. 관심
2. 공감
3. 배려

내가 쓰는 말이 내 인생입니다. 만남은 인연이고, 관계는 노력입니다.

짐 콜린스는 "성공이란 나이가 들수록 가족과 주변 사람들이 점점 더 나를 좋아하는 것이다"라고 했고, 헨리 존스는 "현재의 내 모습과 1년 후의 내 모습의 차이는 내가 만나는 사람들과 내가 읽는 책의 수에 달려 있다"고 했습니다.

인맥은 인삼처럼 제대로 되려면 5~6년이 걸립니다.

인간관계의 발전 단계는 호감 - 기대감 - 공감 - 친밀감 - 신뢰감으로 발전합니다.

호감 가는 첫 만남을 위해서는

1. 반갑게
2. 관심 있게
3. 밝게 해야 됩니다.

🍀 기대치 위반효과

  사람들은 열 번 잘하다가 한 번 못했는데 심하게 꾸중한다고 억울하다고 하소
연합니다. 기대치를 위반했기 때문입니다. 늘 못하던 사람이 어쩌다 한 번 잘하
면 많은 칭찬을 듣습니다. 이것 역시 기대치 위반효과입니다. 그래서 잘하는 사
람은 늘 겸손해야 합니다. 기대감에는 전문성(유능성), 정보, 기회, 자원, 긍정적 정
서, 비전(꿈) 등이 작용합니다.

소통과 화합의 말하기 비결 33

함께 할 때 가장 행복한 세 가지

1. 아름다운 장소

2. 사랑하는 사람

3. 맛있는 밥

소통과 화합의 말하기 비결 34

사소한 행복

1. 맛있는 음식

2. 마음이 통하는 대화

3. 함께하는 운동

4. 놀이(게임)

🍀 일반 사람들의 뇌가 좋아하는 것

1. 움직임

일요일이나 휴일에 집에만 있었으면 자학합니다. 방콕 했다거나 자빠져 있었다고 하거나 뒤집어져 있었다고 하기도 합니다. 누군가 외국에 간다고 하면 무조건 "좋겠다"하며 부러워합니다.

2. 참신함

우리나라 사람들은 누구나 새로운 것을 좋아합니다. 가끔 가구점에서는 엔틱이 비싸다고 합니다. 시간이나 공간에서 멀어지면 아름답게 보이는 경우도 있지만 거의가 참신한 것을 좋아합니다. 인기나 유행이 바뀌는 것을 보면 알 수 있습니다.

3. 실수

죽지 않을 만큼, 실패까지 아닌 실수는 사람들을 즐겁게 합니다. 뇌가 실수를 좋아하기 때문입니다. 아이들이 뒤뚱뒤뚱 걷다가 넘어지거나 예쁘게 차려 입은 아가씨가 많이 다치지 않을 만큼 넘어지면 모두가 웃음을 참지 못합니다. 그러니 하지도 않은 실수를 미리 당겨서 겁먹지 마시고 실수를 통해 성장하기 바랍니다.

4. 애매한 것

너무 분명한 것은 별로 좋아하지 않는 것 같습니다. 분명하면 금방 싫증내는 것 같습니다. 프랑스 파리 루브르 박물관에 있는 모나리자의 미소는 아직도 인기가 있습니다. 웃는 건지 아닌지 애매한 표정으로 지금도 인기를 누리고 있습니다.

제6강

우리가 진정 바라는 것

아함아함 - 말씀

66 우리가 진정 바라는 것 99

누군가에게는 숨은그림찾기처럼 또 누군가에게는 신기루처럼 느껴지는 것은 '가능성'이라고 합니다. 당신과 함께 태어나 당신 속에서 조금씩 그러나 분명히 자라고 있는 것이 '가능성'입니다.

'**오브제 프티 아**(objet petit a)'

프랑스 정신분석학자 자크 라캉은 욕망을 이렇게 분석했습니다.

직역하면 '자신이 원하는 작은 상(像)'이라는 뜻으로 인간이 삶을 살아갈 수 있게 하는 원동력이라고 합니다. 인간은 이것을 추구하는데 만족을 못하니까 이것을 얻기 위해 끊임없이 노력한다는 것입니다.

219

장인의 손길을 거친 최고의 명품은 욕망의 반영입니다. 쉽게 가질 수 없는 이들 명품은 닿을 듯 말 듯한 거리에서 소유욕을 자극합니다. 하지만 누구나 아무렇지도 않게 손에 넣을 수 있다면 더는 명품이 아닙니다. 욕망이 끝난 지점에서 사람들은 다시 동경을 시작합니다.

대중화된 명품은 또 다른 욕망을 낳습니다. 평범하지 않은 서비스와 나만을 위한 제품, 고객의 욕망에 맞춰 명품업체들은 단순히 제품을 파는 데서 나아가 각종 VIP용 서비스를 선보이며 그들의 욕망을 따라갑니다.

우리가 바라는 것은 진정성(眞情性)일 것입니다. 참된 성정과 높은 지능지수, 아름다운 용모를 바랄까요? 예나 지금이나 우리가 바라는 것은 진짜 사람, 진짜 사랑일 것입니다! 진짜 사람은 이 부분을 인정해야만 상대가 진짜 사랑하고 나를 이해해 주는구나 생각하게 될 것입니다.

자존심은 스스로 존엄하다는 것을 인정하고, 자신이 존귀하듯 나 아닌 다른 모든 것도 소중하게 여기는 것입니다. 자신만을 소중하다고 여기는 것은 자만심입니다. 사랑받는 비결은 내가 사랑으로 가득차면 됩니다. 내가 사랑으로 가득 차 있으면 당연히 사랑스러운 사람이 될 수밖에 없습니다. 미워하려면 내 마음에 미움이 있어야 하니까, 내 소중한 마음에 미움을 담는 것은 어리석은 일입니다.

그런 의미에서 보면 향약의 4대 덕목은 지금도 소통과 화합의 중심이 될 법도 합니다.

서로 선행을 권장하고 잘못은 고쳐주는 덕업상권(德業相勸),

슬프고 괴로운 일은 서로 슬퍼하고 위로해 주는 과실상규(過失相規),

예절과 풍속으로 서로 사귀는 예속상교(禮俗相交),

힘든 일은 서로 도와주고, 조그마한 것이라도 서로 나누는 환난상휼(患難相恤)

예나 지금이나 사람살이는 비슷한 모양입니다. 지금도 실천해야 할 덕목입

니다.

🍀 평범한 사람이 바라는 것

1. 건강과 장수

2. 음식

3. 수면

4. 금전 및 금전으로 살 수 있는 것

5. 성욕의 만족

6. 자손의 번영

7. 자기의 중요성

영국 런던대학 사회경제학 저널에 따르면 가족과 친구가 주는 행복이 연봉 1억 원, 좋은 사람과 결혼 6,300만 원, 좋은 이웃 4,600만 원, 이혼은 1억 8,000만 원 빚진 것과 같다고 합니다. 새 차는 3주간 행복하고 새 집은 3달, 마누라는 3년간 행복하다고 합니다.

행복 지수는 이룸, 나누기, 바람이라고 합니다. 바람이 적으면 이룸이 크고 행복하다고 합니다. 목적 + 열정 + 실천 = 평화

진정성은 참되게 사는 삶이라고 할 수 있습니다. '내가 제대로 사는 걸까?' 라는 의문은 결국 진정성을 향한 강한 열망이 있는 것입니다. 별 탈 없이 재미있게 사는 것만으로 충족되지 않는 무언가가 있기에 가끔 '내가 제대로 사는 걸까?' 하는 의문을 갖게 되는 것입니다.

진정성에는 거짓말을 하지 않는다는 뜻이 들어 있습니다. 아울러 정성을 다한다는 뜻도 포함되어 있습니다. 자신과 다른 사람의 인격을 완성하고 동시에 서로의 잠재성을 창조적으로 실현할 수 있게 돕는 인간관계의 깊은 원리입니다.

그래서 진정성을 충실히 누리고 사는 사람은 그렇지 않은 사람들과 엄청나게 다른 성향을 보입니다. 우선 얼굴부터 다릅니다. 이들의 얼굴에는 순수함과 천진난만함이 묻어 있습니다. 미남미녀가 아니어도 얼굴에서 광채가 뿜어져 나오고 신뢰감을 주는 해맑음과 따사로움이 있습니다. 또한 돈과 권력과 명예에 미쳐 날뛰는 사람들은 흉내 내기도 어려운 품격이 얼굴에 서려 있습니다.

그뿐만이 아닙니다. 이들과 더불어 살아가는 주위 사람들 역시 밝고 건강합니다. 한 사람에게 퍼진 진정성이 사방을 밝게 하기 때문입니다. 그리하여 진정성의 가치를 아는 사람들이 함께 모입니다. 그리고 서로를 존중하며 홀로 또 함께 참된 자신의 길을 걸어갑니다.

인격은 분명히 존재합니다. 그리고 인격의 품위에 따라 품격이 달라지는 것도 분명한 사실입니다. 똑같은 세월을 살았어도 품격 있는 삶과 그렇지 않은 삶이 누리는 경지는 하늘과 땅 차이입니다. 품격 있는 삶을 살아가기 위해서는 진정성을 가지고 살아야만 합니다.

- 박성희, 『진정성』에서

가짜와 진짜

예술과 유희는 비록 '가짜'지만 또 한편으로는 '진짜'를 추구합니다. 그것들은 모두가 가짜라는 것을 명확하게 알지만 진짜로 간주하고 있는 일입니다.

아이들의 인형놀이를 한 번 자세히 지켜보십시오.

그러면 그들이 얼마나 진지한지를 알 수 있을 것입니다. 인형에게 주사를 놓을 때는 반드시 '소독'을 하며 솜이나 솜이 없다면 종이를 솜처럼 동그랗게 말아서 인형의 엉덩이를 문질러 주면서 "착하지. 정말 씩씩하네. 울지 마"라고 말합니다. 아이들은 주사를 놓는 단 하나의 순서도 빠뜨리지 않습니다.

진정으로 놀이를 하고 있는 사람이나 진정으로 예술을 하고 있는 사람은 똑같이 모두 혼신의 힘을 다해 자신이 하고 있는 행위가 가짜라는 것을 잊어버린 사람들입니다. 이럴 때는 끼어들지 말고 그냥 놔둬야지 그렇지 않으면 그는 화를 낼 것입니다. 어린아이들이 놀이를 할 때 어른이 옆에 있는 것을 가장 싫어하는 이유는 어른들이 자신들의 그 '의식적인 자기기만'을 방해하기 때문입니다. 그래서 어린아이와 친구가 되고 싶다면 그들과 마찬가지로 진지한 자세로 놀이에 임해서 고양이가 되라고 하면 고양

223

이가 되고 강아지가 되라고 하면 강아지가 되어야 합니다.

예술도 마찬가지입니다. 가령 중국고전 연극은 허구성이 대단히 강해서 '술과 잔만 있고 요리와 젓가락은 없으면서도 마치 모든 것이 다 갖추어진 것처럼 행동합니다. 그래서 연극이 시작되어 동작을 하게 되면 진지하기 그지없습니다. 바늘에 실을 꿰려고 실 끝을 말아 올려 매듭을 만드는데 연극하는 사람의 손에는 바늘도 없고 실도 없습니다. 거짓이라는 것을 알지만 진지하게 하는 것입니다. 그 이유는 바로 그렇게 해야만 진정한 정감적 체험을 얻을 수 있으며, 예술과 유희의 성공여부는 전적으로 이런 체험을 얻을 수 있는가 없는가에 달려 있기 때문입니다.

체험이 있으면 유쾌하고 체험이 없으면 유쾌하지 않습니다. 무엇을 체험하는가는 중요하지 않습니다. 그렇기 때문에 전쟁놀이와 사냥놀이에서 승리하는 쪽은 당연히 즐겁지만 실패하는 쪽도 반드시 실의에 빠지지는 않으며 사냥꾼은 당연히 의기양양하지만 토끼들도 반드시 기분이 언짢고 우울하지는 않습니다. 그렇지 않다면 아주 어린아이들은 놀이에 동참할 수 없고 약소한 동물역할을 하려는 사람도 없을 것입니다.

놀이에의 참가와 예술 감상은 모두 외부인이 내부인의 역할을 맡는 것으로 가상 속에서 '그런 것 같으면서도 아닌' 즐거움을 깨닫는 일입니다. 닮지 않은 것은 재미가 없고, 지나치게 닮은 것도 재미가 없기 때문에 반드시 '그런 것 같으면서도 실제로는 아닌 것' 이어야 합니다.

이런 즐거움은 체험과 상상에서 비롯되는 것으로, 일종의 가설적 체험과 진실한 상상이기 때문입니다. 내부인이라는 신분은 체험의 진실을 보장하며 외부인이라는 신분은 상상의 자유를 보장하기 때문에 그 절묘함이란 말로 표현할 수 없을 정도이고 그 즐거움은 끝이 없습니다.

이는 꿈을 꾸는 것과 닮았기 때문에 예술을 백일몽이라고 생각하는 사람도 있지만 사실은 그렇지 않습니다. 꿈은 순수한 환상으로, 물질적 매개나 수단을 필요로 하지 않습니다. 그러나 예술과 놀이는 그렇지 않습니다. 가령 기마놀이를 하려면 적어도 말로 삼을 대막대기가 있어야 합니다. 어렸을 적부터 대말을 타고 놀며 친하게 지내온 벗이라는 뜻으로 죽마고우(竹馬故友)라고 했는데 대막대기가 없어서야 되겠습니까? 대막대기가 없어도 아쉬운 대로 빗자루로 대체할 수는 있지만, 빗자루는 자칫 마녀 같다는 느낌을 줄 수 있기 때문에 쓰지 않는 것이 가장 좋습니다.

또한 꿈은 순수하게 개인에게 속한 것으로, 타인과 함께 즐길 수 없습니다. 함께 예술을 감상하거나 유희를 하기 위해 다른 사람을 초대할 수는 있지만, 함께 같은 꿈을 꾸자고 초대해서 꿈속으로 들어갈 수는 없습니다.

꿈에는 사회적 가치가 없고, 유희의 규칙과 예술적 기교도 없습니다. 멍청이만이 꿈과 현실을 분간하지 못하고 사람들에게 이야기하기 때문에 그런 것을 황당무계하다고 하는 것입니다.

예술과 유희는 대단히 닮았지만 사실 차이가 더욱 큽니다. 우선 유희는 쾌감에만 관심을 가질 뿐 내용에는 관심이 없습니다. 유희를 하는 사람은 방금 전에 독수리가 새를 잡는 놀이를 하고 곧바로 돌아서서 귀염둥이 새끼 양 놀이를 할 수 있습니다. 그는 작은 새나 새끼 양의 운명에는 관심이 없습니다. 예술가는 자기 작품 속 인물의 운명에 관심을 갖지만 유희를 하는 사람은 자기 작품의 내용에 관심을 갖지 않습니다. 유희는 결국 순수한 향락일 뿐입니다. 어떤 내용을 가지고 있든 별로 의미가 없습니다.

하지만 한 민족의 예술은 설령 미성숙한 초기단계라고 하더라도 진실한 내용과 의의를 요구합니다. 그래서 훌륭한 예술품은 종종 인생의 철리로 가득하고 진리의 빛으로 반짝입니다. 하지만 이런 유희가 있습니까?

다음으로 유희는 형식에도 관심이 없습니다. 인형놀이를 할 때 일반 인형대신 헝겊인형을 사용할 수 있으며 헝겊인형도 없다면 아쉬운 대로 베개를 사용할 수도 있습니다. 베개를 '아기'라고도 할 수 있습니다. 예술이 이런 식으로 대체를 할 수 있을까요? 진지한 화가는 심지어 선 하나를 잘못 그리는 것조차도 인정하지 못합니다. 예술품의 가치는 종종 독특하고 신선하며 중복될 수 없고 대체될 수 없는 형식에 있기 때문입니다. 예술가에게 형식의 문제는 조금도 양보할 수 없는 부분입니다.

그 다음으로 예술과 유희가 주는 느낌 또한 다릅니다. 놀이가 주는 것은 쾌감이고 예술이 주는 것은 미감입니다. 미감은 전달될 수 있지만 쾌감은 오직 개인에게 속합니다. 물론 놀이도 옆에서 구경할 수 있지만 '구경을 하는 것'과 '놀이를 하는 것'은 어쨌든 별개의 일입니다.

그래서 놀이를 좋아하는 사람은 구경꾼이 되면 절대 참지 못합니다. 하지만 예술 활동에서는 창작자와 감상자가 엄연히 분리되어 있고 이것은 대단히 정상적인 일입니다. 미감은 전달될 수 있기 때문입니다. 전달할 수 있는 이상 모든 사람이 예술가가 될 필요는 없습니다. 그래서 놀이는 놀이를 하는 사람한테만 유쾌함을 줄 수 있지만 예술은 전 인류에게 즐거움을 선사할 수 있습니다.

마지막으로 예술은 인류문화의 정화로, 한민족의 문명정도를 나타내지만 유희는 기껏해야 부유한 정도나 한가한 정도를 나타낼 수 있을 뿐입니다. 유희를 하는 조건은 결코 까다롭지 않아서 돈이 있거나 여가가 있으면 되지만 예술을 하려면 문화가 있어야 합니다. 예술은 결코 사람들이 심심하고 할 일이 없어서 그저 마음이 내키는 대로 노는 것이 아닙니다. 불후의 예술작품들의 아래에는 종종 인류의 오랜 고난이 가로누워 있고, 감동적인 예술 걸작들 속에는 종종 인류가 전진하는 동력이 내포되어 있곤 합니다. 이것은 유희가 절대로 따라할 수 없는 점입니다. 그래서 예술은 최종적으로 사회역사의 진보를 추동하고 인간의 전면적이고 자유로운 발전을 촉진하지만 유희는 그럴 수 없습니다.

예술이 모방이고, 표현이고, 유희라고 한다면, 어떤 물건이 현실을 반영하거나 정감을 표현하거나 아니면 유희처럼 '의식적인 자기기만'을 하기만 하면 바로 예술일까요?

그렇지는 않을 것입니다. 어떤 사람이 "분노가 시인을 만든다고 합니다. 하지만 나는 자주 분노하는데도 어째서 시인이 아닐까요?" 하고 물었습니다. 여기에는 두 가지 문제가 있습니다.

하나는 그의 분노가 사회적 의의를 가지는가? 하는 것입니다. 그가 단순히 시장에 가서 장을 보다가 돈을 내는 것을 잊어버리고 집에 돌아와서 스스로에게 화를 낸다면, 아마도 시를 쓸 수 없을 것이며 설령 쓴다고 하더라도 보는 사람이 없을 것입니다. 둘째 그의 분노가 사회적 의의가 있다고 하더라도 그가 적절한 형식을 찾았는지를 따져봐야 합니다. 적절한 형식을 찾지 못했다면 시인이 될 수 없습니다. 여기에 대해서 크로체는 모든 사람들의 마음속에 동일한 시의 제재가 존재할 수 있지만 바로 독특한 형식이 시인을 시인으로 만든다고 말했습니다. 예를 들어 많은 사람들이 마음속에 사랑을 간직하고 있습니다. 그래서 가능성이라는 의미에서 우리들 각자는 모두 시인입니다. 그런데 시를 쓰는 사람이 한 둘이 아닐 텐데 소수의 사람만이 시인이 될까요? 그리고 이 세상에 사랑의 시가 한두 편이 아닐 텐데 어째서 소수의 몇 편만이 훌륭할까요? 그들은 독특한 표현방식을 가지고 있기 때문입니다. 분노를 묘사한 베이다오(北島)는 대답(回答)이라는 시에서 "비겁함은 비겁한 자들의 통행증이고 고상함은 고상한 자들의 묘지명이다. 보라, 저 도금된 하늘에 죽은 자의 일그러진 그림자들이 가득 떠다니는 것을" 이라고 노래했습니다. 이 시는 대단히 훌륭합니다. 아주 훌륭한 시의 형식을 가지고 있을 뿐만 아니라 전달하는 정감이 사회적 의의를 가지고 있으며 보편성을 가지고 있습니다. 정감의 보편성은 아주 중요합니다. 사랑, 죽음, 생명의 가치 등과 같은 사회의 보편적 의의를 가진 정감과 제재들을 가져야만 비로소 예술이 표현하는 대상이 될 수 있습니다. 그래서 잃어버린 사랑을 노래할 수는 있지만 잃어버린 돈을 노래할 수는 없습니다. 마찬가지로 작은 강에서 죽은 물고기를 노래하는 사람은 있을 수 있지만 시장에 잊어버리고 두고 온 물고기를 노래하는 사람은 없을 것입니다.

내용의 의의는 예술을 필요로 만들고 형식의 창조는 예술을 가능으로 만듭니다.

- 이중텐, 『미학강의』에서

Chapter 2

사랑 그리고 아기

" 아함아함 - 말씀 "

어린 시절 우리는 "아~"소리를 내고 손으로 입을 막고 "함"놀이를 배우며 '아함아함'놀이를 배웠습니다.

입조심 말조심을 하라는 선현들의 가르침이었습니다.

제2부 화합

봄에는 씨앗을 묻어야 합니다. 어떤 씨앗이든 땅에만 떨어지면 싹이 나는 계절이 봄입니다. 그게 무슨 씨앗이든지 봄에 묻어야 합니다. 씨앗 한 톨은 가을에 수백 배의 알곡이 되어 돌아옵니다. 따로 가꾸지 않아도 햇볕과 바람과 비가 저절로 그렇게 만들어 줍니다.

땅에 씨앗을 심자는 것은 반드시 '수확'에 목적이 있는 것은 아닙니다. 돋아 나는 싹을 보자는 것이고 싹이 자라 꽃이 피고 열매가 맺고 여무는 것을 들여다보자는 것입니다. 땅에 씨앗을 심어 두면 이 세상 모든 것이 서로 관계를 맺고 끊임없이 순환하면서 서로를 살린다는 것을 깨닫게 됩니다.

사람은 애정을 갈구하지만 거꾸로 애정을 쏟을 대상도 필요합니다. 아침마다 햇볕을 받고 쑥쑥 넌출넌출 자라는 채소를 들여다보면 참으로 정신이 위로를 받게 됩니다.

요즘은 종자회사가 만들어 낸 품종은 단위면적당 생산량을 높이는 데만 집중해 병충해에 취약하고 영양분도 과하게 필요합니다. 종자회사가 대개 농약회사까지 함께 운영하다보니 씨앗이 맺히지도 않게 육종했습니다. 지금 우리 땅에 심는 무 배추 상추 씨앗의 대부분은 다국적 기업에서 돈 주고 사온 것입니다.

예부터 우리 땅은 콩의 땅이었다고 합니다. 우리 토종의 씨앗을 심듯이, 우리말의 씨앗이 자랐으면 좋겠습니다.

'말'은 '마음'에서 비롯했습니다. 말은 마+알(얼)이니 '마음의 알맹이'라는 뜻입니다. 말을 한다는 것은 나의 본질인 얼의 상태를 드러내는 일입니다.

얼이 시든 사람의 말에는 생명력이 없고, 얼이 활짝 핀 사람은 말로써 다른 사람을 살립니다. 내가 하는 말에 나의 얼이 비쳐 나오듯이, 우리말을 통해 우리 민족의 얼을 볼 수 있습니다. 우리말의 가치를 알고 쓰는 것이 우리의 얼을 더욱 빛내는 길입니다.

우리의 선현들은 말에도 씨를 붙였습니다. 말씨, 글씨, 마음씨, 솜씨 등 씨를 붙여 놓았습니다. 씨앗의 원리는 심는 대로 거두게 되는 것입니다.

팥 심은 데 팥 나고 콩 심은데 콩 나듯이, 악의 씨를 심으면 악을 거두게 되고, 선의 씨를 심으면 선을 거두게 됩니다. 많이 심으면 많이 거두게 되고, 적게 심으면 적게 거두게 되고, 정성에 따라서 수확의 양이 결정되기도 하며 봄에 뿌린 씨앗은 가을이 되어야 거두게 되듯이 기다림의 시간이 있어야 합니다.

시간이 지나면 뿌린 씨앗의 종류대로 거두게 되며 거둔 것은 나누어야 합니다. 풍성한 수확을 이웃과 나누듯이 좋은 말을 이웃과 나누었을 때 행복하게 됩니다.

🍀 마음씨

성서에는 마음이라는 단어가 1,000번 가까이 나온다고 합니다.

마음이란 무엇인가? 마음은 사람의 생각과 감정과 욕망, 즉 속사람을 가리킨다고 할 수 있습니다.

우리의 마음을 잘 지켜야 하는 이유는 무엇인가?

성경의 잠언 4장 26절에는, "지켜야 할 다른 모든 것보다 마음을 잘 지켜라. 거기에서 생명의 근원이 나오기 때문이다."

우리가 현재 누리는 삶의 질과 장래 생명의 전망은 우리의 마음상태가 어떠한지에 달려 있습니다. 마태복음 12장 34절에는 "마음에 가득한 것을 입으로 말한다"고 합니다. 말은 마음의 알맹이라고 할 수 있는 것입니다.

🍀 실없는 말

무슨 말이든지 생각 없이 나올 수 없습니다. '실없는 소리'란 생각 없이 나온다는 말입니다. 말은 분명히 자기가 하고 행동도 자기 손발로 해놓고 내 마음으로 하지 않았다, 내 잘못은 그것이 아니었다고 한들, 즉 자기를 의심하지 않게 한들 그것이 통할 리 없습니다.

자기가 해놓고 아니라면 말이 됩니까?

사람 노릇을 하려면 자기가 한 것은 분명히 했다고 하여야 합니다. 정신이 말짱한데도 몸짓이 잘못되고 실없는 소리가 나왔다고 하면 자기를 속이는 것이 됩니다. 또 남은 그렇지 않다고 생각하는데, 실없는 소리를 한 사람이 자기가 실없이 하였다는 것을 남에게 믿게 하고 쫓게 하려하면 그것은 남을 속이는 것이 됩니다.

농을 하는 사람은 자기 하고 싶은 말을 다합니다. 미친 척하고 다 합니다. 업신여겨 보기도 하고 참한 사람에게 욕질도 해봅니다. 그러고는 이것을 농으로 하였다고 합니다.

"친구 간이니까, 가장 친한 사이니까 그런 짓 좀 해보았다, 농담 좀 해보았다."

이런 말들을 합니다.

친한 사이일수록 말을 조심해야합니다. 일부러 했다면 다 되는 줄 압니다. 진실로 한 것이 아니라 일부러 했다고 합니다. 자기 마음에서 나온 것을 자기가 일부러 하였다고 하면 허물을 돌릴 수 있다고들 생각하는 모양입니다.

'실없다'는 것은 열매, 즉 과실(果實)이 없다는 말입니다. 사람들에게는 남에 대해 웃기 좋아하는 못된 버릇이 있습니다. 자기 일에 들어가서 자꾸 위로 올라가야 합니다. 즉, 자기 할 일은 하여야 한다는 것입니다.

이 세상을 얼버무려 만들어진 것이라고 하고, 친구 간에 실없는 소리를 하며 얼버무려 우스운 말을 씁니다. 실제로 웃어가면서 말씀을 써가면서 싸움을 한다는 말입니다. 웃으며 사람 죽인다는 말이 있습니다.

콩! 콩씨네 교육!

집안에서 키운 자녀는 콩나물이 되었고, 바깥에서 비바람을 맞고 자란 콩은 콩나무가 되었습니다. 씨앗을 땅에 묻지 않으면 봄은 헛것입니다. 금방 지나가버립니다.

친절한 말씨, 후덕한 마음씨, 멋진 솜씨, 훌륭한 글씨를 지금 당장 파종하시기 바랍니다.

말 한 마디=천 냥

말 한 마디=천 냥

'냥'은 조선시대의 화폐단위이므로 지금의 돈으로 환산하면 어느 정도의 가치가 될까? 천 냥을 현재의 돈으로 환산하면 약 이천만 원이 된다고 합니다. 쌀을 기준으로 했을 때를 말합니다.

말 한 마디로 천 냥을 벌 수 있는 말하기를 지금부터 소개해 보겠습니다.

그러나 어떤 말 한 마디로 이천만 원의 가치를 지닌 말하기를 할 수 있을까?

지식보다는 실천을 중시하는 평소의 행동이 말의 힘을 나타낼 수 있습니다.

1천 톤의 생각보다는 1그램의 행동이 중요한 것입니다. 믿을 수 있는 말은 평소의 실천에서 나오기 때문입니다. 말은 동시대인의 철학과 정서가 고스란히 담기는 그릇입니다.

사람은 누구나 성공할 수 있는 잠재력을 가지고 있습니다. 그러나 자신의 능력이 어느 정도인지 아는 사람은 없는 것 같습니다.

창조주께서 우리에게 주신 능력을 다 알지 못하고 그 능력의 크기가 얼마 정도인지도 모르고 섣불리 자신은 할 수 없다고 단정 짓고 자신이 그은 한계 속에서 살다가 죽어가는 것입니다.

다석 유영모 님은 말씀을 알자는 것이 인생이고, 말씀을 듣고 인생을 끝내자는 것이 인생이라고 하셨습니다.

내가 무엇을 말하고 싶은지, 말을 가로막는 것은 무엇인지, 어떤 언어를 사용해야하는지, 다른 사람의 말을 제대로 듣고 있는지, 말이 앞서고 있지는 않은지를 생각하며 자신에게 가장 적합한 말하기를 선택해야 합니다.

말은 수단이며 사람사이의 소통을 돕는다는 목적을 위해 기능합니다. 그러므로 말하기는 '듣기'와 함께여야 제대로 한다고 할 수 있습니다.

앞서 듣기는 비수로 머리를 찔리듯이 집중해서 들어야 한다고 했습니다. 그런데 문제는 내가 처한 상황, 내 마음의 상태, 그리고 내가 하는 말, 마찬가지로 상대가 처한 상황, 상대의 마음상태와 상대의 말 사이에서 이해와 오해가 생기며 그것이 쌓이다 보면 친해지기도 하고 멀어지게도 되는 것입니다.

말은 '마음의 알맹이'란 뜻의 '마알'이 줄어서 된 듯합니다.

말은 자신의 안에 있는 것을 밖으로 꺼내는 작업입니다. '열길 물속은 알아도 한 길 사람 속은 모른다'는 말이 있듯이 말하지 않으면 사람 속은 모르는 것입니다. 사람들은 자신을 드러내고 싶어 하면서 또 드러내는데 대한 두려움을 가지고 살아갑니다.

사람들은 저마다 색안경을 끼고 살아갑니다. 자신의 색깔, 대체로 어두운 색에서 자신은 밝은 바깥을 보지만 그가 어두운 곳에 있기에 바깥의 사람은 그가 무엇을 보고 있는지 잘 알 수가 없습니다.

자기는 보이지 않고 밖에 있는 남들은 자세히 속까지 다 보려고 합니다. 그러면서 자신은 제대로 보고 있다고 생각하는 것입니다. 색은 어두우면 보이지 않습니다. 빛은 어둠 속에서도 힘을 발휘합니다.

사람의 얼굴색을 살피기 전에 우리가 하는 말이 다른 사람의 삶에 빛이 되도록 하면 더 바랄 것이 없을 것입니다. 앞이 캄캄하다고 하는 사람의 삶에 빛이 되는 말, 희망이 되는 말을 해야 합니다.

사람이 사람을 알아주어야 하는데 어두운 곳에 있으면 어두운 곳에 있다고 말을 해야 알 수 있습니다. 사람을 알아주려면 그 사람의 말을 알아야 합니다.

그 사람의 말을 알면 그 사람을 알게 되는 것입니다. 그 사람을 알려고 하면 그 사람의 말을 들어야 합니다.

말씀은 우리 입에서 늘 쓰는 여느 말입니다. 보통 때에 쓰는 우리말이 우리를 심판한다고 합니다. 참으로 말씀을 알고 세상을 떠나면 악을 면하게 됩니다. 정성 성(誠)은 마음이 말씀을 이룬다는 뜻입니다.

정성 성(誠)=말씀 언(言)+이룰 성(成)

말을 할 때에는 정성을 다해야 합니다. 정성을 다해야 우리의 말을 이룰 수 있는 것입니다. 믿을 수 있는 말, 말의 힘은 믿음에 있습니다. 믿음(信)은 사람이 하는 말에서 비롯되는 것입니다.

믿음(信)=사람 인(人)+말씀 언(言)

말을 정성껏 하면, 말이 이루어지고(誠), 사람이 하는 말(信)이 되어서 다른 사람의 마음과 행동을 얻게 됩니다.

말의 힘은 대단합니다. 수천 명의 사람을 일어서게도 하고 주저앉게도 합니다. 완력으로나 윽박지르는 힘만으로는 한 사람도 움직이게 하기가 어렵습니다.

세 살 먹는 아이도 그 아이의 마음을 얻지 못하면 억지로 움직이게 하기가 어려운 것입니다. 정성을 다하여 말하고 믿을 수 있게 참말만 해야 합니다.

예수께서는, "씨 뿌리는 사람이 씨를 뿌리러 나갔다. 그가 씨를 뿌리는데 어떤 것은 길에 떨어져 발에 짓밟히기도 하고 하늘의 새들이 먹어 버리기도 하였다. 어떤 것은 바위에 떨어져 싹이 자라기는 하였지만 물기가 없어 말라 버렸다. 또 어떤 것은 가시덤불이 함께 자라면서 숨을 막아 버렸다. 그러나 어떤 것은 좋은 땅에 떨어져 자라나서 백배의 열매를 맺었다."

이 말씀을 하시고 "들을 귀 있는 사람은 들어라. 그 비유의 뜻은 씨는 하느님의 말씀이다. 길에 떨어진 것들은 말씀을 듣기는 하였지만 악마가 와서 그 말씀을 마음에서 앗아가 버리기 때문에 믿지 못하여 구원을 받지 못하는 사람들이다. 바위에 떨어진 것들은 들을 때에는 그 말씀을 기쁘게 받아들이지만 뿌리가 없어 한 때는 믿다가 시련의 때가 오면 떨어져 나가는 사람들이다. 가시덤불에 떨어진 것은 말씀을 듣기는 하였지만 살아가면서 인생의 걱정과 재물과 쾌락에 숨이 막혀 열매를 제대로 맺지 못하는 사람들이다. 좋은 땅에 떨어진 것은, 바르고 착한 마음으로 말씀을 듣고 간직하여 인내로써 열매를 맺는 사람들이다.(루카복음 8:5~11:15)"

물살이 빠른 강을 건널 때에는 나룻배에 짐을 많이 싣습니다. 때로는 큰 돌을 싣기도 합니다. 물결에 휩쓸리는 것을 막기 위해서입니다.

인생의 강물도 마찬가지입니다. 떠내려가지 않기 위해서는 '삶의 짐'을 무겁게 하거나 '시련의 바위'를 싣기도 해야 합니다. 그래서 고통이 있는 것입니다.

불평 없이 받아들일 때 말씀은 뿌리를 내립니다. 사람들은 '삶의 짐'을 가볍게 하려고 재미있는 것만 찾습니다. '득 되는 것'만 손대려 합니다. 모르는 새 겉모습만 쫓고 있는 것입니다. 길가에 떨어지고 바위에 떨어진 씨앗과 진배없습니다. 알찬 열매는 뿌리가 튼튼해야 열립니다. 보이지 않는 뿌리가 열매를 결정짓습니다. 자연의 법칙입니다.

성공한 사람들에게는 공통요소가 있습니다. 인내, 아무도 모르는 고통을 그들은 참아냈습니다. 아무도 모르는 시련을 극복해냈습니다. 말씀이 뿌리내리도록 '좋은 땅'을 만든 것입니다. 아름다운 꽃은 여건이 형성되면 언제든 피어납니다. 노력 없는 곳에는 은총도 없는 법입니다.

산다는 것, 그것은 사랑을 배우는 것입니다. 미소는 전기보다 싸지만 전기만큼의 빛을 줍니다. 세상에 있는 돈을 가지고 사람을 만들지는 않지만 사랑하는 사람들과는 무엇이든 할 수 있습니다.

🍀 분노

분노(忿怒)는 때에 따라서 해야만 합니다. 거룩한 분노는 종교보다도 깊다고 했습니다.

격분[激忿] ① 화가 벌컥 치받치다 ② 몹시 분개하여 성이 치밀다

격노[激怒] ① 몹시 화를 내다 ② 몹시 화를 냄

분노는 때에 따라서 잘 했을 때에 의로움이 됩니다.

분노는 장소에 따라서 달라집니다. 거룩한 분노는 인품이 되지만, 잘못된 분노는 인분보다 못합니다.

화는 자기방어본능이라고 합니다. 울타리가 좁으면 집이 좁은 것처럼 가슴
이 좁으면 수용이 되지 않아서 화가 자주 납니다. 가슴이 넓은 사람은 좀처럼
화내지 않습니다. 화는 자칫 화(禍)를 부르기도 합니다.

말은 때와 장소에 따라서 그 가치가 달라집니다.

김수업 선생께서는 이렇게 구분하셨습니다.

말에는 말이지만 대우를 받지 못하면 '소리'가 되고 맙니다.

아무리 떠들어도 전혀 먹혀들지 않고 팽개쳐지는 '헛소리'

생각도 없이 사정도 모르고 함부로 지껄이는 '별소리'

본디는 옳고 마땅하였으나 때와 곳을 가리지 못하고 지나쳐서 쓸모가 없어
진 '잔소리'

말의 뜻에 바람이 들어서 소리만 크게 떵떵거리는 '큰소리'

듣는 사람은 없이 하는 사람이 혼자 내뱉고 마는 '군소리'

듣는 사람의 마음은 헤아리지 못하고 덜된 제 짐작으로만 떠드는 '별소리'
는 모두 말로서 대우를 받지 못하는 소리들입니다.

소리로 되기에는 아까운 '쓴소리'도 마침내는 듣는 사람의 귀에 거슬려 열에
아홉은 쓸모없이 버려지는 말이고 듣는 사람의 귀에는 솔깃하고 입맛에는 달
지만 듣는 이에게나 사람됨을 무너뜨리는 '단소리'도 말할 나위 없이 쓸모없는
말입니다.

선생은 줄거리를 제대로 갖추어 기쁨과 즐거움을 솟아나게 하는 이야기는
진짜 이야기이고, 그것은 '말꽃'이라고 하십니다. '이야기'가 좋은 뜻에 잘 어우
러지는 까닭은 그것이 가장 값진 말이기 때문입니다.

제가 아버지께 들은 말씀은,

"이리 와 보라. 이약 좀 해보자."

"아버지! 이약이 뭡니까? 이야기지 사투리 이약."

"뭐긴 뭐여~? 이약은 이약(耳藥)이다. 귀가 먹는 약이다."

아버지 말씀이 맞습니다. 귀로 먹는 약이 이야기임을 실감합니다.

요즘 노래하는 '내 귀에 캔디' 같은 아버지의 달콤한 이야기, 꾸중이 담긴 교훈, 미래의 희망과 처신의 기준을 주셨던 말꽃이 그립습니다.

아버지의 넓은 가슴 품에서 이야기를 들으면 입가에 웃음이 스르르 잠들기도 했고 봄엔 마당에 핀 천리향 꽃향기를 맡으며 평상에 앉아서, 여름에는 밭에서 따온 수박을 쪼개고 평상에 둘러앉아서, 가을엔 귀뚜라미 소리를 들으며 낙엽을 깔고 앉아서, 겨울에는 사랑방에 앉아서 땅콩을 까며 나누어 주셨던 이야기에서 삶의 지혜와 소통과 화합이 이루어지는 웃음꽃과 도란도란 이야기꽃을 피우던 시절이 전설이 되어 가고 있습니다.

그 중에 우리에게 글자를 가르치는 학교가 생긴 이래 우리의 생각이 글의 지배를 많이 받는다고 하시며 초등학교에서 처음 배우는 글자에 따라 사회상이 만들어졌다는 이야기는 지금도 가슴에 남아 있습니다.

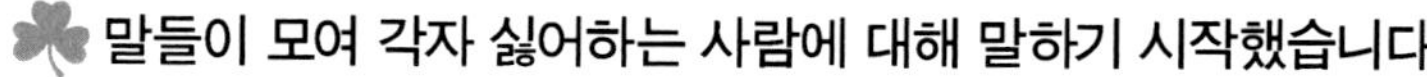 **말들이 모여 각자 싫어하는 사람에 대해 말하기 시작했습니다**

1. 말 머리 돌리는 사람

2. 말허리 자르는(끊는) 사람

3. 말 꼬리 잡는 사람

4. 말 더듬는 사람

5. 말 빙빙 돌리는 사람

6. 말 바꾸는 사람

7. 이 말 저 말 하는 사람

8. 말 꼬리 물고 늘어지는 사람(사람도 아님)

제7강

하하하 (下下下) - 깍꿍

허허허 (虛虛虛) - '나지사 명상하기'

Chapter 1

변산 바람꽃 · 곽성근

" 하하하 (ㅏ ㅏ ㅏ) - 깍꿍 "

깍꿍은 각궁으로 깨달을 각(覺), 몸 궁(躬)입니다.

놀이를 통해 없는 것 같아도 있다는 것을 알라는 가르침입니다.

우리는 건강할 때면 자신의 몸이 있는지를 잘 모릅니다.

아프면 그때서야 깨닫습니다.

"아이고~! 머리야!"

"아이고~! 허리야!"

"아이고~! 다리야!"

제2부 화합

건강할 때에 건강관리를 잘하라는 깍꿍을 기억했으면 좋겠습니다.

발표를 잘하거나 말을 잘하기 위해서는 마음과 몸의 건강관리를 잘해야 하는 것입니다.

드라마에서 "긴장! 간장 동생이야? 젠장"이란 대사를 보고 웃었던 적이 있습니다.

긴장이 되면 세포가 작아집니다.

긴장이 될 때 이완하기 위해서는 유머와 호흡이 필요합니다.

"그대 앞에만 서면 나는 왜 작아지는가?"

그 이유는 긴장해서입니다. 세포가 작아져서입니다.

몸이 편안한 상태의 세포는 이완이 되어 있어서 세포의 연결이 편안해지지만, 긴장이 되면 세포가 **빽빽**해지면서 몸도 **뻣뻣**해지는 것입니다.

이 **빽빽**과 **뻣뻣**을 없애기 위해서는 맑은 호흡이 가장 중요합니다.

나의 꽉 조인 몸에 맑은 그리고 담담한 마음을 갖게 하는 새바람이 필요합니다.

그 시간과 그 공간을 믿고 당신이 그 시간과 공간의 당당한 주인이라는 생각을 하십시오.

어떤 여자 분은 팀장으로 발령이 났는데 3개월 동안 의자 끝에 매달려 앉아 있었다고 합니다. 남자 직원들을 끌어가는 것이 걱정이 되고 긴장이 되어 마음의 평화를 잃고 밥맛도 모르고 밥 먹는 때도 잊어버렸는데 그땐 몰랐답니다. 온 근육이 뭉쳐서 아픈 줄도……

정신이 꽉 조인 긴장상태에서는 자신의 몸은 어떻게 있는지 모릅니다. '호랑이한테 물려가도 정신만 차리면 산다'는 말을 역으로 '정신을 차리면 호랑이한테 물러가지 않는다'로 돌려서 생각하라고 말씀드리고 싶습니다. 많이 불안하고 긴장될 때 맨손체조를 하거나 깊은 호흡을 하여 몸을 이완시키면 평상심을 유지할 수 있습니다.

정신의 지배를 받는 몸, 몸의 지배를 받는 정신!

잘할 수 있습니다.

당신 스스로를 믿으십시오.

어떤 일도 포기하지 않는다면 결국엔 성공입니다.

포기하지 않은 끝은 성공이니까요.

하하하(下下下).

마음을 낮추는 것이 중요합니다.

신 앞에서 "내가 무엇이건대 이토록 베풀어 주시나이까?" 하면 눈물이 나더라고 하는 분도 있었습니다. 나를 낮추면 받아들일 수 있습니다.

바다는 모든 것을 '받아들인다'는 의미라고 합니다.

겸손

正=下+止

바르게 산다는 것은 아래에서 그친다는 뜻입니다.

이해 understand=under+stand

바르게 산다는 것은 아래에서 그치는 것입니다. 이해한다는 것입니다.

우리나라와 중국 그리고 영어가 다 아래에 선다는 것을 말하고 있습니다.

♣ 웃음

우리는 웃음이 돈이고, 브랜드이며 파워인 시대에 살고 있습니다. 긍정적인 사고(思考)와 부정적인 사고를 가진 사람 중에 누가 더 발전가능성이 있느냐고 묻는다면 그것은 너무나 뻔한 대답이 될 것입니다. 사고방식(思考方式)의 차이가 결국엔 먼 훗날의 인생 자체에 큰 차이를 만들기 때문입니다.

물이 반쯤 담긴 컵을 보고 '물이 반이나 있구나' 하는 사람과 '물이 반밖에 없구나. 이거 큰일 났는데' 하는 사람과의 차이, 알래스카에서 냉장고를 파는 사람과 팔지 못하는 사람과의 차이는 바로 사고의 차이 때문입니다. 이러한 사고의 차이는 결국 인생 전반에 걸친 가치관을 바꿔놓기도 하는데 인생이 괴롭고 무의미하다고 생각하면 자신도 모르는 사이에 점점 무의미해지고 비관적인 삶이 되고 맙니다. 하지만 반대로 인생이 참 즐겁고 재미있다, 라고 생각하면 실제로 즐겁고 낙관적인 삶이 되는 것입니다.

자기에게 플러스적으로 해석하는 사람은 현재의 삶을 보다 더 나은 방향으로 개선해가지만 그렇지 못한 사람은 자기 성장의 기회를 놓쳐버릴지도 모릅니다. 그러므로 매사에 긍정적으로 사고하는 훈련과 습관을 기르는 노력이 바로 '웃음'입니다.

사람이 사람을 좋아하는 이유는 의외로 간단합니다. 특히 이성 간의 경우는 더더욱 그렇습니다. 상대방의 부드러운 웃음과 배려와 매너 그리고 상냥한 말씨에 쉽게 끌립니다. 그 중에서도 매력적으로 웃는 얼굴은 이성에게 더없이 강한 마력(魔力)을 발휘합니다. 이는 얼굴이 잘생기고 못생긴 것과는 크게 상관없는 일입니다. 얼굴은 평범하게 생겼는데 왠지 웃는 모습이 매력적이고 자꾸 끌리는 사람이 있는 것을 보면 알 수 있습니다. 이렇듯 웃는 얼굴이 아름다운 사람은 웃음의 효력을 한껏 발휘할 수 있기 때문에 그만큼 인생에서 성공할 가능성도 큽니다.

사람의 얼굴표정은 무려 7천여 가지나 된다고 합니다. 얼굴표정은 사람의 내면을 그대로 드러내주는 거울과 같은 것입니다. 기쁨, 슬픔, 사랑, 분노, 두려움, 공포 등의 감정을 고스란히 반영하는 것이 바로 얼굴이기 때문입니다. 그래서 웃는 모습은 가장 편하고 온화하며 충만한 아우라(Aura)이어야 합니다.

윗니가 살짝 드러나면서 입술 사이가 살짝 벌어지는 스마일 라인이 U자형일 때 가장 아름다운 웃음이 되는 것입니다. 하지만 안타깝게도 우리나라 사람들은 거의 ─자 라인에 가깝습니다.

사람마다 웃는 모양이 다 다르지만 아름다운 웃음이 좋은 인상과 이미지를 준다는 데는 모두 공통된 의견을 모읍니다. 물론 이도 노력이 필요한 일이며 그렇게 되기 위해서는 웃음의 기술이 필요합니다.

선지식처럼 한 마디로 깨닫게 해줄 수 있는, 말 잘하는 방법을 늘 연구하고 그런 말을 할 수 있기를 늘 기도해왔다. 하지만 말을 잘하기는 참 쉽지 않다. 말이란 것이 시간과 장소, 전문지식과 일반적 상식 차이 그리고 언제나 상대가 있기 때문에 나는 잘한다고 해도 받아들이는 상대의 기분과 상태에 따라 본래 의도했던 것과 완전히 다르게 전달될 때도 있기 때문이다. 앞 뒤 정황을 살피지 않고 말했다가는 이곳에서는 아주 훌륭한 말이었지만 다른 곳에서는 그 말 때문에 설화(舌禍)를 겪기도 한다.

한 마디 말로 그 사람이 그리운 사람이 되었다가 한 마디 말로 기분이 상하고 정이 떨어져 그 사람을 다시는 보고 싶지 않게도 되는 것이다.

그래서 흔히들 "말에는 정답이 없다" "말하기 어렵다"고 하는 것이다.

어느 날 의대생이 학원에 찾아왔다. "선생님! 저는 의대공부를 하느라고 바빠서 학원에 다닐 시간이 없습니다. 시간이 없으니까 딱 한 마디로 말을 잘할 수 있는 방법을 좀 가르쳐 주십시오. 환자들과 소통이 잘 될 수 있도록 말입니다."

'딱 한 마디로 환자와 소통하는 방법? 한 마디 말로 천 냥 빚을 갚는다는 말보다 더한 과제일세.' 말을 잘하는 방법을 딱 한 마디로 가르쳐 주기는 어렵지만 환자와의 관계라면 '사랑과 관심' 이라고 말해 주었다. 환자를 사랑하는 마음으로 관심을 가지고 대하다 보면 할 말이 생길 것이고 지금은 조금 서툴고 어색하다고 해도 시간이 지나면 진실이 전달될 것이기 때문이다.

흔히 눈빛만 보아도 서로의 마음이 어떤지 읽을 수 있고, 알 수 있다는 말을 한다. 즉 사랑과 관심을 가지고 많은 시간을 함께하며 지켜봐야만 알 수 있는 것이다. 길가에 구르는 돌멩이도 사랑과 관심을 가지고 보면 내 감정이 이입이 되어 시(詩)가 된다. 그러나 사랑과 관심이 없으면 귀찮은 존재인 돌멩이일 뿐이다.

내 마음에 사랑을 가득 채워서 상대에게 따뜻한 관심을 가지고 웃자. 이것이 소통의 방법이다. 하하하(下下下) 마음을 겸허하게 내려놓고, 허허허(虛虛虛) 마음을 비우고, 호호호(好好好) 좋아하며, 희희희(喜喜喜) 기뻐하자.

-김옥희, '경남일보 경일춘추' 에서

중세 후기, 연쇄 살인 사건이 일어나는 베네딕트 수도원에 프란치스코회의 수사가 파견됩니다. 범인은 늙은 수사 호르헤.

호르헤는 웃음을 긍정하는 아리스토텔레스의 저작인 『시학』을 수도사들이 읽지 못하도록 하기 위해 금서로 지정하고 그것도 모자라 혹시 읽을 것을 대비하여 책장에 독을 묻혀 놓았던 것입니다. 침을 묻혀 책장을 넘길 때 독을 먹게 됨으로써 죽음에 이르게 된 것입니다.

웃음은 사람의 얼굴을 경박하게 일그러지게 하기 때문에 행해서는 안 될 대단히 불경스러운 덕목으로 간주되었습니다. 그런데 아리스토텔레스는 웃음을 긍정하였습니다.

흔히 살아있음을 숨 쉬기 운동만 하고 있다고 합니다만 긴장이 되면 숨쉬

제2부 화합

기를 제대로 못합니다. 말하기 이전에 우리의 몸 상태를 제대로 아는 것이 중요합니다. 어린 시절에 우리 어른들이 숨었다가 얼굴을 내밀며 '까꿍'을 가르친 이유가 있습니다.

🍀 8자

사람은 누구나 8자를 가지고 있습니다.

사주 8자!

생년 생월 생일 생시를 사주로 하고 그 사주를 기준으로 8자를 봅니다.

흔히 8자를 고친다고 합니다. 8자는 어떻게 고쳐야 할까요?

8자는 고치는 것이 아니라 8자는 마음먹기에 달려 있는 것 같습니다. 8자를 접으면 0이 되지만 8자를 펼치면 무한대가 되는 것입니다.

인생을 아무 의미 없이 사는 제로에서 인생을 책임지고 긍정화하면서 지혜롭게 펼치면 무한대로 살 수 있는 것이 아니겠습니까?

중심잡기(中)를 못하게 되면 치우쳐서 쓰러지게 되는 것입니다. 삶(生)이란 소 한 마리(牛)가 외나무(一) 건너듯 하는 것입니다. 사람은 균형을 맞추면 되지만 소는 한 다리가 올라가면 세 다리가 빠지는 격입니다. 가정과 일의 병행. 상하 좌우의 균형 맞추기가 인생인 것입니다. 이때 필요한 것이 소원인 바라는 것 바람과 공기를 이동시키는 바람이 같다는 사실은 얼마나 재미난 일입니까?

별은 늘 그 자리에 있었으나 낮엔 그 존재감을 느끼지 못합니다.

우리가 좋아하는 별! 그러나 어둠이 있어야 반짝이는 별을 볼 기회도 생깁니다. 각자 할당받은 암흑의 구간을 씩씩하게 견뎌야 할 까닭이 여기에 있습니다. 도시에서의 밤, 그 휘황찬란한 인공불빛이 사람과 별사이의 소통을 가로막습니다.

외롭고 힘든 오늘이 바로 별을 볼 수 있고 별을 탄생시킬 수 있는 시간임을 기억하시기를……

그리고 열심히 노력했음에도 원하는 결과가 나오지 않는 것은 그 노력이 잘못됐기 때문이 아니라 아직 더 해야 할 노력이 남아 있었기 때문이라는 사실을 깨달았으면 좋겠습니다.

부자, 칭찬, 인연, 젊음, 건강, 삶!

문제는 이 상태에 있어도 다 행복해하지 않다는 데 있습니다.

울음을 닦는 걸레는 결국 희망, 성실, 감사에 있다고 생각합니다.

수양(修養)

수양(修養)은 무엇인가를 닦고 기른다는 뜻입니다.

무엇을 닦고 무엇을 기른다는 뜻이겠습니까?

제 생각에는 울음을 닦아서 웃음을 기른다는 뜻인 것 같습니다.

울음…………………………………웃음

울음을 닦는 걸레는 첫째는 희망, 둘째는 성실, 셋째는 감사입니다.

오늘 가난, 비난, 실연, 늙음, 병듦, 죽음의 공포에 시달릴지라도 내일 부, 칭찬, 인연, 젊음, 건강, 삶이라는 희망을 꿈꾸며 이것을 이루기 위해 성실하며 오늘을 감사하게 생각할 수 있다면 행복해질 수 있습니다.

" 허허허(虛虛虛) - '나지사 명상하기' "

🍀 비움

우리 삶 속에서의 비움이란 곧 일상에서 '여백'을 확보하는 일입니다. 바쁜 일상에서 여백을 확보하는 건 쉽지 않습니다. 할 일이 산더미 같은데 어떻게 시간을 비워낼 수 있을까요?

그러나 비워진 여백을 통해서 '미래의 쓰임'을 …….

별 쓰임이 없는 것처럼 여겨지는 여백이 우리 인생의 또 다른 면을 풍성하게 한다는 사실을 기억합시다.

노자(老子)는,

"바퀴살 서른 개가 모두 한 개의 바퀴 중앙으로 모여 있다. 그러나 모인 자리가 비어 있어 그곳으로부터 수레의 쓰임이 생긴다. 흙으로 그릇을 만들되 그릇의 빈 곳으로부터 그릇의 작용이 일어난다. 문과 창을 내어서 방을 만들지만 그 비어 있는 곳이 방으로 사용된다. 그러므로 '있음'을 '이로움'이라 하고 '없음'을 '쓰임'이라 하는 것이다.(『도덕경』 11장)

결국 꽉 찬 것이 그 존재의 의의를 가지기 위해서는 비움이 있어야 하고, 그 비움이 있어야만 꽉 찬 것도 쓰임새가 있다는 이야기다.

마음을 비운다는 것은 감정에서 자유로워진다는 것입니다.
마음은 쓰레기통처럼 뒤집어서 비울 수가 없는 것입니다.

'나지사 명상하기'

나지사 명상

'나지사 명상' 은 동사섭이라는 집단 상담을 이끄는 용타 스님이 개발한 자기수양 방법입니다. 원래 '나지사 명상' 은 불교에서 '삼독' 이라고 말하는 탐.진.치의 마음이 일어날 때 그에 휩쓸려 들어가지 않고 객관적으로 바라보는 힘을 기르기 위해 활용하는 방편입니다. 참고로 탐.진.치는 좋아하는 대상에 대한 집착, 좋아하지 않는 대상에 대한 반감과 혐오, 지적인 번뇌 등을 말합니다. '나지사 명상'은 상대방을 판단하거나 평가하지 않고 있는 그대로 받아들이는 방법으로 '~구나, ~겠지, ~감사'의 마지막 세 글자를 딴 것입니다.

구체적인 연습 방법은 다음과 같습니다.

첫째, 상대방이 어떤 말이나 행동을 할 때 '~라고(저렇게) 말하고 행동하는구나' 하고 중립적인 언어로 상대방이 하는 말이나 행동을 기술합니다.

둘째, 상대방이 하는 말이나 행동의 배경에 어떤 사연이 있을 거라고 생각하고 '~라고(저렇게)말하는 사정이나 사연이 있겠지' 하고 그냥 받아들입니다. 이때 어떤 기준을 세워 판단하거나 평가하지 않습니다.

셋째, 상대방의 말과 행동이 더 악화되지 않고 그 상태에서 그친 것을 다행으로 여기며 '그래도 더 하지 않고 저 정도에서 그쳤으니 감사하지(다행이지)' 하고 감사하는 마음으로 받아들입니다.

상황1: 친구가 나를 뚱뚱하다고 나의 외모를 가지고 놀린다.

'저 사람이 나를 뚱뚱하다고 놀리는구나.'

'나를 뚱뚱하다고 놀리는 이유가 있겠지'

'그래도 더 심하게 하지 않고 뚱뚱하다고만 했으니 그만한 게 감사하지.'

상황2: 자녀가 부모가 바라는 대로 하지 않을 때

'저 애가 제 생각대로 하고 있구나'

'그렇게 생각하고 판단하고 결정한 이유가 있겠지'

'그래도 부모의 생각대로 꼭두각시처럼 하지 않고 자신이 생각하고 행

동하고 판단하니 정말 감사한 일이지'

　상황3: 시어머님이 별거 아닌 일로 심하게 꾸중하실 때

'어머님이 심하게 꾸중하시는구나'

'아마 저렇게 꾸중하셔야 할 무슨 사정이 있으시겠지'

'그래도 혼자 속으로 앓지 않고 저렇게 밖으로 표현하시니 감사하지'

　상황4: 차가 갑자기 끼어들기를 한다.

'저 사람이 갑자기 끼어들기를 해서 사고가 날 뻔했구나.'

'갑자기 끼어들기를 한 사정이 있겠지.'

'그래도 충돌사고가 나지 않았으니 이만한 게 감사하지.'

　사람의 말이나 행동은 늘 어떤 맥락 속에서 일어납니다. 따라서 어떤 말이나 행동을 제대로 이해하고 받아들이려면 그 말과 행동이 일어난 전후 맥락을 함께 고려해야 합니다. 맥락에 대한 고려 없이 이미 벌어진 장면이나 상황에만 주의를 기울이면 사태를 오해할 가능성이 매우 높습니다.

　받아들일 수 없는 어떤 일이 발생했을 때 즉각 반응하지 않고 조금 기다리면서 전후 맥락과 사정을 충분히 파악하는 습관을 들인다면 그만큼 수용의 폭이 커질 것입니다.

- 박성희, 『수용』에서

 ## 참외

　참외는 참으로 외롭다는 뜻입니다. 참외의 ‘외’는 둘이 아니라는 뜻. ‘외아들’ ‘외딴집’ 할 때의 그 ‘외’입니다.

　영어로도 참외는(me - lone)입니다. lone의 뜻은 “동반자가 없는, 혼자의, 고독한, 외딴, 고립된, 쓸쓸한, 인가에서 떨어진, 인적이 드문, 독신의, 미망인의”라는 뜻입니다. 숙어로서 by one's lone의 뜻은 외로이, 혼자서만, 단독으로의 뜻.

　한자의 외로울 고(孤)자에도 참외 하나, 외(오이) 과(瓜)자가 들어 있습니다.

　‘혼자’라는 의미에 똑같이 ‘외’라는 과일을 사용한 건 희한한 일입니다.

　‘외’는 마디 하나에 꽃이 하나씩만 핍니다. 다른 식물은 대개 쌍으로 꽃이 피어 열매도 쌍으로 달리는데 박과 식물만은 홀로 꽃피니 열매도 하나뿐입니다. 홀로 피어야 열매가 둥글게 자랄 수 있습니다. 방해받지 않고 마음껏 몸이 굵어질 수 있습니다.

　‘외’가 홀로 비와 어둠과 바람과 땡볕을 견디고 또 누리는 것은 그 길만이 안에서 익어가는 성숙을 담보하기 때문입니다. 이것이 ‘외’의 진정한 의미입니다.

　일상 언어생활에서 이 오래되고 의연한 말을 사용하지 않게 됐습니다. 원래 ‘외로움’이란 당당하게 홀로 섬을 선택한다는 의미가 강했을 것입니다. 외꽃이 하나인 건 원래 둘이었던 것의 결핍이 아니라 홀로됨을 기꺼이 선택해 성숙에 이르기 위함입니다.

　요란한 척, 바쁜 척, 친구가 많은 척하지만 깊은 내면에서 ‘외로움’을 느끼지 않은 사람은 없습니다. 독일 작가 마르엘라 자르토리우스의 말처럼 “외로움은 주위에 아무도 없을 때가 아니라 사람들과의 관계 속에 있을 때 엄습”하게 마련입니다.

정신분석가 이승욱은, "외로움이란 내가 말할 대상이 없는 데서 비롯된 상처가 아니라, 내가 누구에게도 말 걸어지는 대상이 아니라는 데서 비롯된 것이라고 했다. 말 걸어지는 대상이라는 것은 존재감의 확인이다. 우리에게는 말 걸어주기를 진정 원하는 사람, 오직 한 사람, 또는 소수의 몇 명이 있다. 그러나 자신의 일부만을 받아들여지는 느낌은 어중간한 외로움을 만들어낸다. 그래서 많은 이들의 외로움은 대체로 어정쩡하다. 절절히 외롭지도 않지만 그렇다고 외롭지 않은 것은 아니다."라고 했습니다.

외로움을 호소하는 이들이 점점 늘고 있습니다. 떠밀려서 당하던 외로움을 혼자로 즐겨 보는 것입니다. 새벽, 아무 방해도 받지 않는 절대 고독의 시간을 즐겨보기로 한 것입니다.

내 영혼을 보살피고 갈무리하는 것입니다. 내가 하루 동안 반드시 해야 할 일, 나의 사명, 나의 꿈을 점검하는 것입니다.

외로움 - 의로움

외로움과 잘 친하면 의로움이 되지만

외로움과 잘 못 친하면 불쌍하게 됩니다.

외로움은 사랑의 필요를 호소하는 원초적 욕구입니다.

고독은 그 사랑의 샘을 자신 안에서 발견하는 탐색의 장입니다.

외로움이 영글 때는 육신이 처절하게 흐느끼지만, 고독이 영글 때는 영혼이

기쁨에 벅차 흐느낍니다. 그리고 외로움은 손을 안으로 오그라들게 하지만, 고독은 손을 밖으로 내밀게 해줍니다.

- 차동엽 신부

🍀 강용일의 한비자의 리더십

"3류 리더는 자신의 힘을 이용하고, 2류 리더는 남의 힘을 이용하며, 1류 리더는 남의 지혜를 이용한다." 또 "진정한 리더는 '거울과 저울' 같아야 한다. 거울이 흔들리면 분명하게 볼 수 없고, 저울이 흔들리면 바르게 잴 수 없다."

모두 한비자에 나오는 말로서 음미해볼 만한 대목입니다. 진정한 리더는 '거울이나 저울' 같아야 한다는 말은 자신의 분명한 가치관이나 정체성을 갖고, 매사에 흔들림이 없어야 한다는 말일 것입니다. 리더가 흔들리지 않아야 하는 것은 당연한 말입니다. 정치인이 국민을 걱정해야 하는데, 요새는 오히려 국민이 정치를 걱정해야 하는 시대 같기도 합니다.

사람은 자기의 힘으로 세상을 살아가는 것 같지만, 알고 보면 남의 힘으로 살아가는 경우가 훨씬 더 많을 것입니다. 자신의 생존을 위해서 스스로 할 수 있는 일이 얼마나 되겠습니까. 삶의 기본인 의식주만 봐도 상당 부분이 타인의 도움으로 유지되고 있음을 알 수 있습니다. 그러니 서로가 서로에게 감사할 줄 알아야 합니다.

어느 원로 정치인은 머리는 빌릴 수 있어도 건강은 빌릴 수 없다는 말을 하였지만, 머리를 잘 빌릴 수 있어야 한다고 생각합니다. 그게 남의 지혜를 활용하는 능력이기 때문입니다.

강철 왕 카네기의 묘비내용을 봅시다.

"여기 자신보다 더 훌륭한 인재를 다루는 방법을 아는 사람이 잠들다."

기업경영을 포함한 모든 인간의 생활에서도 이와 같아야 할 것입니다. 조직이 번성하려면 조직원의 머리, 즉 지혜를 잘 활용해야 합니다. 그럼 상대의 지혜를 활용하려면 어떻게 해야 할까요?

지혜라는 영어의 뜻인 'Wisdom'에서 그 방법을 찾아보기로 합시다.

- ▶ W: Willingness of Giving - 기꺼이 베풀어라.

- ▶ I: Interest & Motivation - 흥미를 유발하고 동기부여를 하라.

- ▶ S: Smile & Service - 밝은 미소로 봉사하라.

- ▶ D: Donation of Belief - 신뢰를 주어라.

- ▶ O: Optimistic Thinking - 긍정적이고 낙관적인 사고를 가져라.

- ▶ M: Managing Yourself - 자신을 적절히 다루어라.

한비자의 리더십인 지혜를 잘 활용함으로써 더욱 아름다운 사회가 되었으면 좋겠습니다.

지도자가 알아야 할 것

1. 힘은 칼과 같아서 마구 쓰면 위험하고 써야 할 때에 쓰지 않아도 위험하다.

2. 결단력 있는 지도자는 특정한 자를 해치지만 우유부단한 지도자는 많은 자를 해치고 만다.

3. 형평의 원칙을 그르치면 지도자는 자신의 부정함 때문에 어쩔 수 없이

그렇게 한다는 불신만 생기게 한다.

4. 탁월한 지도자는 도의적 기반과 인간적 아량과 정신적 균형을 이루고 있
   어야 한다.

5. 지도자는 대중보다 일보만 앞서 있어야 한다. 너무 앞서면 선각자는 될지
   몰라도 지도자가 되지는 못한다.

6. 고발은 장려해야 하지만, 중상모략을 하도록 해서는 안 된다.

7. 자신에 대해 너무 많이 알게 하면 존경과 신비로움이 사라진다.

8. 타인의 호의를 몰라주면 망하고 타인의 호의에만 의존해도 망한다.

9. 정보를 빨리 소유하는 자는 성공하고 반대의견을 포용하는 자는 존경받
   는다. 만나야 할 자를 만나지 않으면 기회를 잃고 만나지 않아야 할 자
   를 만나면 서로 얽혀 버리고 만다.

10. 때를 기다리는 자보다 때를 놓치지 않는 자가 성공한다.

11. 서로의 관계는 짝사랑만으로는 오래 가지 못한다.

12. 힘은 틀이 없으면 쓰지 못하고, 세도는 터가 없으면 쓰지 못한다.

우리는 누구나 희로애락 애오욕(喜怒哀樂 愛惡慾)이라는 감정을 가지고 있습
니다.

대부분의 사람들은 마음을 비운다고 하면서 어떻게 비우는지를 모르는 것
같습니다.

마음을 비운다는 것은 감정에서 자유로워진다는 것입니다. 허허허.

지혜의 공통점은

첫째, 유용하고

둘째, 인격보다는 인정을 베푸는 데 있고

셋째, 사회보다는 자연에서 찾을 수 있습니다.

소설가 최인호님은,

"하느님이 지상으로 자신의 존재를 감추고자 하셨다. 하느님은 인간이 쉽게 발견할 수 없는 곳에 숨기로 하셨다.

하느님은 깊은 바닷속에 숨을까 아니면 깊은 산 속에 숨을까 망설이다 마침내 인간이 발견하기 힘들어할 만한 좋은 장소를 발견하셨다. 바로 인간의 마음속이었다.

인간은 하나님이 너무나 가까운 장소에 숨어 계셔 오히려 하느님을 찾지 못한다. 우리의 눈이 사물을 볼 수 있지만 눈 자체는 볼 수 없듯이 우리의 칼이 무엇이든 벨 수 있지만 칼 자체는 벨 수 없듯이"라고 했습니다.

🍀 침묵

침묵의 시간에 나와의 대화, 내면 들여다보기!

주어진 일, 습관이 시켜서 하는 일을 멈추고 잠깐 나 자신에게 묻는 것입니다.

가벼운 산책이나 여행하기는 나와 하는 소통!

"하느님은 나를 사랑하신다."

하느님이 나를 사랑하신다면 나는 놀라운 일들을 이루고, 위대한 일들을 시도하고, 무엇이든 배우고 성취할 수 있습니다. 하느님과 함께라면 내가 곧 절대다수인데 어느 누가 나를 거스를 수 있겠습니까."

그렇습니다.

무조건적인 사랑을 받아본 사람은 자신을 긍정하게 되어 있습니다.

그러므로 훼손된 자존감을 치유하는 최고의 명약도 사랑인 것입니다.

🍀 열등감

"열등감은 지구상에 존재하는 생명체들 중에서 오직 인간만이 갖고 있는 현시욕(顯示慾)의 소산이다. 알고 보면 인간은 지구상에 존재하는 모든 생명체들 중에서 가장 초연하지 못한 생명체다. 그러면서도 자신들을 만물의 영장으로 착각하면서 살고 있다. 자존심 때문이다. 자존심의 질량과 열등감의 부피는 정비례한다. 자존심이 강할수록 열등감도 강한 법이다. …… 자존심이 상처를 받을 때 열등감의 부피도 증대된다. 열등감은 현시욕이라는 아버지와 무력감이라는 어머니 사이에서 태어난 정신적 미숙아다."라고 이외수님은 『청춘불패』에서 열등감에 대해 말했습니다.

사람들은 자신을 표현하고 싶은 원초적인 본능이 있습니다.

제가 대학에서 2시간씩 15번을 강의할 때였는데 개강할 때부터 종강할 때까지 떨었던 사람이 있었습니다. 치맛자락이 달달 떨리는 모습을 볼 때마다 가슴이 아렸습니다. 대신해주고 싶은 마음이 가득했지만 교육은 긴 기다림을 알기에 참아야만 했습니다.

당신의 삶은 그 누구도 대신해 줄 수 없는 것!

그러나 그녀는 한 번도 지각도 결석도 하지 않았습니다. 그 결과 그녀는 바라던 대로 유치원 원장이 되었습니다.

왜 이렇게 사는 게 쉽지 않을까요?

지금 우리들은 과거보다 더 큰 자유를 누리고 있고, 물질적으로 더 풍요로워졌는데 왜 더 행복해졌다는 느낌을 갖지 못하는 걸까?

과학논문을 뒤져보니 선택할 게 많으면 처음엔 행복곡선이 치솟다가 가짓수가 일정 수를 넘어서면 만족도는 떨어지고 마음이 불안해진다는 연구결과가 있었습니다. 그래프가 무지개 형태가 된다는 점에서 무지개 현상이라고 합니다. 선택이 자유롭고, 대안이 많을수록 책임도 무겁고, 선택 후 '다른 걸 선택했더라면' 하는 후회의 여지도 크다고 합니다.

이른바 '자유의 그늘'입니다. 사회가 선택가능성을 맘껏 열어줬다는 이미지를 강하게 심어줄수록 오히려 개인들이 불행을 느낄 확률도 크다는 것도 같은 맥락입니다. 독재국가에서 꺾이고 좌절하는 사람은 때로 영웅이 되기도 하지만 자유국가에서 패배하는 사람들은 말 그대로 '루저'로만 통하게 됐다는 설명입니다.

뿐만 아니라 선택할 게 많아지면서 사람들은 이전처럼 서로 자신을 온전히 열고 헌신하지 않게 됐습니다. 경제적인 실패가 수치감과 연결되면서 지위경

263

쟁이 더 치열해지고 익명성이 심해진 사회에서 모르는 사람이라도 자신을 알아볼 수 있도록 지위상징(옷이나 자동차)에 더 매달리게 된 것도 우리가 불행하게 된 또 다른 이유라고 합니다.

인간관계에서 답을 찾아야 합니다. 우정, 결혼, 자녀, 가족 등의 친밀한 유대관계는 우리의 자유를 제한하지만 오히려 그렇기 때문에 수많은 가능성 속에서 길을 잃지 않게 해준다는 것입니다.

돈보다 사람을 귀하게 여기고 '아름다운 구속'을 어느 정도 받아들이는 게 마음에 평화를 준다는 것입니다.

제8강

호호호(好好好) - 선물

희희희(喜喜喜) - 말의 기준

" 호호호(好好好) - 선물 "

호호호는 여성이 입을 가리고 좋아하며 웃는 웃음입니다.

아마도 선물을 받으면 호호호 웃음이 날 것입니다.

🍀 선물(膳物)

선물을 받으면 누구나 좋아합니다. 그러나 선물의 선(膳)이 반찬을 뜻하는 반찬 선(膳)이라는 사실을 아는 사람은 드문 것 같습니다. 착할 善(선), 베풀 宣(선), 먼저 先(선) 뽑을 選(선) 깨끗할 鮮(선) 반찬 膳(선)!

너무 많은 양은 그러니까 선물(膳物)이 아닌 것입니다. 주는 사람의 마음이 살갑지 않기 때문입니다. 뇌물(賂物)은 주는 사람 마음과 받는 사람 마음이 돈을 앞세우는 것입니다. 마음과 정성을 다한 뒤에 돈이나 칼을 사용해야 하는 것입니다.

🍀 돈

'돈'은 칼을 뜻하는 '도(刀)'에서 유래 되었다고 합니다.

고려 말까지 전(錢)과 도(刀)는 화폐를 의미하는 뜻으로 나란히 쓰였고, 소리도 '도'와 '돈'으로 같이 쓰였다가 조선시대에 한글이 창제된 후 '돈'으로 통일되었다고 합니다.

고려 시대에 '도'가 무게의 단위 '돈쭝'으로 변용되어 '도'가 '돈'으로 와전되었다는 주장이 있습니다. '돈'은 도(刀)에서 나온 것으로 그 의미는 사회정책상의 훈계가 포함된 것이라는 이야기도 있습니다. 돈은 한 사람이 많이 가지게 되면 칼(刀)의 화를 입기 때문에 그것을 훈계하기 위해 돈을 '도'라 하고 그것을 '돈'으로 읽었다는 것입니다. 우리나라 고대 무덤에서 출토되는 명도전(明刀錢)같은 화폐가 칼 모양으로 생긴 것이 이 학설을 직접적으로 증명해 주는 것이라는 주장입니다.

'돈'이란 것이 쓰기에 따라서 사물을 자르고 재단하는 '칼'처럼 유용한 것인가 하면 생명을 죽이거나 상처 내는 '칼'처럼 무서운 것이기도 하다는 공통된 전언을 담고 있습니다.

우리나라나 모든 나라의 돈에 새겨진 인물들은 그 시대를 풍미한 사람들이라고 할 수 있습니다. 우리나라 돈에 새겨진 사람은 세종대왕, 이이, 이황, 이순신 모두 이씨입니다. 사임당 신인숙 여사는 이씨 집 며느리입니다.

♣ 청빈(淸貧)보다는 청부(淸富)를 가르쳐야 합니다

부자가 존경받는 나라, 우리나라에서 하나 밖에 없는 직업인 대통령이 되고 싶어서 대통령을 꿈꾸는 것은 희망이 바로 선 나라입니다. 맑은 부자는 자신이 노력하여 노력한 만큼의 대가로 된 것이기 때문에 누가 봐도 그의 노력을 존경할 수 있는 상태에서 부를 이룬 것이라고 할 수 있습니다.

청빈(淸貧)사상은 잘못된 것입니다. 예나 지금이나 '곳간에서 인심난다' '나이가 들면 입은 닫고 지갑은 열어라' 등 따시고 배부르면 걱정이 없다'는 말과 같이 물질이 있어야 마음을 표현하기가 쉬웠습니다. 물심양면(物心兩面), 부귀영화(富貴榮華), 재색겸비(財色兼備) 등 모든 것이 물(物)이 마음(心)보다, 부(富)가 귀(貴)보다, 재(財)가 색(色)의 힘보다 컸습니다. 그러나 그것에 너무 치우쳐서는 안 되기에 정(情)과 신(神)교육을 하는 것입니다.

그러나 일상생활에서 누구나 베푸는 것을 좋아하지만 베풀 물질(物質)이 없다고 하는 이들을 위하여 재물이 없이 베푸는 방법을 수록합니다.

맹자는 천시보다 지리가 중요하고 지리보다는 인화(人和)가 중요하다고 했습니다. 천시(天時)란 하늘이 내려준 기회를 말합니다.

제 때에 비가 내리고 일조량이 적당하고 지상의 기후가 좋은 것은 천시(天時)라고 할 수 있겠습니다. 기후가 좋아서, 자연재해 없이 환경이 좋아 먹을거리가 풍부한 것을 천시라고 할 수 있습니다. 지리(地利)란 입지조건(立地條件)입니다. 우리 속담에 '아재비 논사지 말고 풍년 되기를 기원한다'는 말이 있습니다. 더 넓게 말하면 풍성한 경영환경이라고 말해도 좋을 것입니다.

무재칠시 (無財七施)

🍀 보시(布施)란 남에게 무엇을 베푸는 것을 말합니다

보시는 세 가지 형태의 보시가 있습니다. 법시(法施), 재시(財施), 무외시(無畏施)를 말합니다. 여기서 법시란 진리를 모르고 무명 속에 방황하는 사람들에게 부처님의 말씀을 전하는 것을 말합니다. 그리고 재시는 우리가 일반적으로 이해하는 보시의 개념으로 물질적인 것을 남에게 베푸는 것을 말합니다. 그리고 마지막으로 무외시는 다른 사람에게 정신적 불안이나 공포를 주지 않는 것을 말합니다. 일반적으로 무엇을 베푼다고 할 때 거기에는 당연히 어떤 물질적인 것이 상정됩니다. 하지만 불교에서는 물질을 가지지 않고도 일곱 가지의 보시를 할 수 있다고 가르치고 있습니다. 그것이 바로 '재물을 갖지 않고 베푸는 일곱 가지 보시'라는 뜻의 무재칠시(無財七施)입니다.

1. 안시(眼施)

부드럽고 편안한 눈빛으로 사람을 대하는 것을 말합니다. 부드럽고 안온한 눈빛 하나만으로도 이미 충분한 보시가 됩니다. 부드럽고 편안한 눈빛으로 사람들을 대하는 것만으로도 충분한 보시가 되는 것입니다.
독일 사람들이 꼽은 이 세상에서 가장 아름다운 것 세 가지는 밤하늘의 별, 아가의 손등, 아가를 바라보는 어머니의 눈길이라고 했습니다.
모든 사람을 측은하게 가엾게 바라보는 눈길이 필요합니다.

2. 화안열색시(和顔悅色施)

자비롭고 미소 띤 얼굴로 사람을 대하는 것을 말합니다. 가장 아름다운 장신구는 밝은 표정이라는 말이 있습니다. 얼굴에 화기애애하고 기쁨으로 가득한 미소를 머금은 표정은 그 자체만으로도 주위의 많은 사람들에게 기쁨을 안겨주는 소중한 보시가 되는 것입니다

3. 언사시(言辭施)

공손하고 아름다운 말로 사람들을 대하는 것을 말합니다. '말 한 마디로 천 냥 빚을 갚는다'는 속담도 있듯이 친절한 말은 사람의 마음을 열게 합니다. 언사시는 삼업 가운데 구업에 해당하는 부분입니다. 우리가 몸으로 짓는 열 가지 업 가운데 입으로 짓는 업이 무려 네 개나 된다는 점을 상기해 봐도 우리의 언어생활에서 부드럽고 친절하며 예의바른 말 한 마디가 얼마나 중요한지 알 수 있습니다
그것은 자신의 인격을 나타낼 뿐만 아니라 그를 대하는 다른 사람에게는 따뜻한 보시행이 되는 것입니다.

4. 신시(身施)

예의 바르게 친절하게 사람들을 대하는 것입니다. 이것은 몸으로 베푸는 보시행으로 삼업 가운데 신업(身業)에 해당합니다.

사람을 만나면 공손한 자세로 반갑게 인사하고, 어른을 만나면 머리 숙여 인사할 줄 알고, 몸으로 남을 돕는 이 행위들이 바로 몸으로 베푸는 보시행입니다. 이렇게 공손하고 예의바른 몸가짐은 우리 주위의 많은 사람들에게 훈훈한 마음을 안겨주는 보시행입니다.

5. 심시(心施)

착하고 어진 마음을 가지고 사람을 대하는 것입니다. 이것은 우리의 마음으로 이웃들에게 베푸는 보시행으로 삼업 가운데 심업(心業)에 해당합니다.

늘 따뜻하고 자비로운 마음으로 상대를 대한다면 우리 사회는 한결 아름다운 사회가 될 것입니다. 이렇게 마음을 착하게 가지고 사람을 대하는 것도 하나의 소중한 보시행입니다

6. 상좌시(床座施)

다른 사람에게 자리를 양보하는 것을 말합니다. 이것은 요즘 같은 때 얼마나 필요한 보시인지 모릅니다. 노약자에게 또는 지치고 힘든 사람에게 자리 하나를 양보하는 것도 참으로 아름다운 보시행임을 잊어서는 안 될 것입니다.

7. 방사시(房舍施)

사람을 방에 재워주는 것을 말합니다. 이것은 요즘같이 부동산을 재산의 중요한 목록 가운데 하나로 생각하는 사회에서는 엄격히 말해서 무재시라고 하기는 어려울지도 모르겠습니다. 하지만 이미 있는 집에 사람을 재워 준다고 했을 때 돈 드는 일이 아니므로 무외시로 분류했다고 생각됩니다. 특히 옛날에는 걸어 다니는 사람들이 많았으므로 밤길을 가다가 남의 집에 하룻밤 묵어가는 일이 많았을 것입니다.

이상이 물질을 가지지 않고도 남을 위해 베풀 수 있는 일곱 가지 보시행입니다. 어쩌면 요즘처럼 물질적으로 풍요한 사회에서는 이같이 무재칠시(無財七施)가 오히려 더 의미 있는 보시행이 될 것입니다.

얼마 전 신문 기사에 우리나라 중산층은 월 소득 500만 원 이상, 99m²(약 30평) 이상의 아파트, 1억 원 이상의 은행예금을 보유해야 한다고 했습니다.

조르주 퐁피두 전 프랑스 대통령은 삶의 질 향상을 위한 중산층의 기준을 6가지로 제시했습니다. '외국어 1개 이상 구사, 직접 즐기는 스포츠와 악기 1개 이상, 요리, 약자 돕기, 기부' 등입니다. 미국과 영국도 재산이 아닌 정신적인 부분과 관련된 항목을 중산층 구분지표로 삼는다는 점에서 행복지수 최하위권(OECD 34개국 중 32위)인 한국에 시사하는 바가 큽니다.

인간이 추구하는 가치에는 행복, 기쁨, 평화 등의 '목적가치'와 이 목적가치를 이루는데 도움이 되는 부귀, 권세, 명예 등의 '수단가치'가 있습니다. 우리가 궁극적으로 원하는 것은 목적가치입니다. 수단가치는 그 자체로는 의미가

273

없습니다. 예를 들어 은행에 저금한 100억 원은 그것이 좋은 용도에 사용되지 않으면 종잇장에 지나지 않는 것입니다. 그것이 자신에게 어떤 보람을 창출해 낼 때에야 가치를 지닐 수 있습니다.

반면에 꽁보리밥을 먹어도 행복하다면 부귀나 권세가 굳이 필요치 않습니다. 따라서 수단가치에 매여서 이미 누리고 있는 목적가치를 과소평가한다면 무척 불행한 일입니다. 이미 자신이 목적가치를 이루고 있다면 그 자체로 행복한 것입니다.

그 다음으로 우리 각자에게 인생의 목적이 주어지기도 합니다. 이를 우리는 '사명'이라 부릅니다. 스위스의 저명한 심리학자 칼 융의 다음 말은, 사명 혹은 소명에 대하여 뚜렷한 느낌이 없는 독자들에게 일말의 도움이 될 것입니다.

"처음부터 나는 인생에서 이루어야 할 사명이 운명적으로 내게 주어졌음을 감지했다. 그 느낌은 내적 안정감을 주었다. 비록 내가 그 운명을 나 자신에게 증명할 수는 없었지만, 운명이 내게 스스로를 증명했다. 내가 운명을 확신한 것이 아니라 운명이 나를 확신했다."

선택이 되었건 사명이 되었건 자신의 목적을 발견한 사람은 이미 절반을 이룬 셈입니다. 스티브 잡스는 "여정이(목적지로 가는 과정이지만, 그 자체로) 보상이다" 라고 했습니다. 결과를 너무 미리 짐작하고 움츠러들기보다는 과정을 즐기는 것을 말한 것 같습니다.

말년의 아인슈타인이 연구를 게을리 하지 않는 것을 보고 제자가 물었습니다.

"선생님은 이미 그렇게 해박한 지식을 가지고 계신데 어째서 배움을 멈추지 않으십니까?"

이에 아이슈타인이 재치 있고도 뼈 있는 대답을 했습니다.

"이미 알고 있는 지식이 차지하는 부분을 원이라고 하면 원 밖은 모르는 부분이 됩니다. 원이 커지면 원의 둘레도 점점 늘어나 접촉할 수 있는 미지의 부분이 더 많아지게 됩니다. 지금 저의 원은 여러분 것보다 커서 제가 접촉한 미지의 부분이 여러분보다 더 많습니다. 모르는 게 더 많다고 할 수 있지요. 이런데 어찌 게으름을 피울 수 있겠습니까?"

" 희희희(喜喜喜) - 말의 기준 "

기쁨이라는 말은 기가 뿜어져 나오는 것이라고 합니다.

자신의 내부에서 생긴 힘이 밖으로 뿜어져 나온다는 것입니다.

좋은 기가 뿜어져 나오는 것이 기쁨일 것입니다.

나쁜 기운이 나오면 그것은 기쁨이 아니고 슬픔인 것입니다.

초등학교 교사 한 분이 제게 질문했습니다.

"선생님! 말의 수준은 어떻게 나눌 수 있겠습니까?"

말의 수준은

초급: 사실 나열을 합니다.

　　예) 아침에 일어났다. 세수 했다. 밥 먹었다. 학교 갔다.

중급: 사실에 느낌을 더합니다.

　　예) 봄기운이 완연하니 잎의 색이 아름답다.

고급: 사실에 느낌을 더하면서 설득합니다.

참말과 거짓말의 기준은 사실에 있습니다. 옳은 말과 그른 말의 기준은 이치입니다. 그러나 아무리 참말이고 이치에 맞는다고 해도 할 말과 못할 말이 있습니다. 할 말과 못할 말의 기준은 사랑입니다.

사랑은 마음의 가장자리인 느낌과 생각을 지나 뜻과 얼까지 들어가고 몸과 마음과 얼까지 주고받는 깊은 관계입니다. 15세기까지 사랑은 한자말 '사량思量(생각하여 헤아림)'이 변한 말이라고 알려져 있습니다.

사랑 애(愛)=마음 심(心)+받을 수(受)

마음을 받아주는 것이 사랑입니다.

'사랑' 이라는 말이 　'은혜' 라는 거룩한 말을 물리쳤습니다. 방송이 '사랑' 이라는 음란말을 마구잡이로 사용했기에 그렇게 되었습니다. 　'사랑' 이라는 말은 남녀사이 비밀스러운 마음을 일컫는 말입니다.

　　어버이에게 "사랑해요" 라고 말하는 어린이가 있습니다. 불륜입니다. 버릇없이 자라면 폭력배가 됩니다. "아버지를 공경합니다" "어머니를 공경합니다" 로 바로 잡아야 합니다.

　　배달겨레는 사랑으로 사는 겨레가 아닙니다. 배달겨레는 '은혜' 와 '다정' 으로 사는 겨레입니다. 사랑해서 사는 사람은 헤어지기를 쉽게 합니다. 사랑은 남녀 사이에 있게 되는 열이기 때문에 그 열이 식어버리게 되면, 그 사이가 벌어지는 것입니다.

　　'은혜' 와 '다정' 으로 사는 사람은 그 사이가 벌어지는 일이 없게 됩니다.

- 짐계 려증동 선생의 『효도보감』 에서

지도자와 지배자는 다릅니다. 지도자는 자기 자신을 이기는 강(强)한 사람이고, 지배자는 남을 이기는 힘(力)이 센 사람입니다. 강(强)하다는 뜻은 무척 강건하다는 뜻입니다. 물질을 말할 때에는 무척 단단하고 세다는 뜻이겠지만 사람은 겸손하고 온유한 사람이 강한 사람입니다.

자기 자신은 한 사람이므로 스스로를 이기면 됩니다. 스스로를 이긴 사람을 스승이라고 합니다. 여러 사람 앞에 서면 떨린다고 발표 불안을 호소하지만 여러 사람의 문제가 아니라 자기 자신의 문제임을 잊어서는 안 됩니다.

어느 대학의 수업 시간.

신의 존재에 대한 역사적 사상들이 검토되고 있었습니다.

그곳에 하느님을 믿지 않는 학생이 있었습니다.

그는 쉬는 시간에 당돌하게 교단 앞으로 걸어 나가 칠판에 이렇게 적었습니다.

"God is no where!(신은 아무데도 없다!)"

그러자 이번에는 다른 학생이 걸어 나갔습니다. 띄어쓰기를 달리 했습니다.

"God is now here!(신은 지금 여기에 있다!)"

🍀 corea - core A

우리나라는 세계의 중심국가입니다. 핵 중에서도 A급입니다.

우리나라의 문화는 보자기 문화입니다. 보자기는 내용물이 작거나 조금 커도 쌀 수 있습니다. 저고리를 보면 알 수 있습니다. 저고리의 옷고름도 꼭 필요하지는 않지만 여분을 만들어 놓았습니다. 정월의 복쌈이나 상추쌈이나 쌈밥집에서 채소로 밥이나 반찬을 싸 먹는 것을 보면 보자기 문화를 알 수 있습니다.

서양의 문화는 박스문화입니다. 내용물이 작으면 박스도 작은 편이고 옷도 몸이 커지면 작아져서 입기가 불편합니다.

어느 문화가 좋다고 단정하기는 어렵지만 산타 할아버지가 007가방을 든 모습이나 제임스본드가 산타할아버지의 선물보따리를 들고 있다고 바꿔 생각하면 재미있습니다. 어디에서 어떻게 보느냐는 이렇게 반전을 이루는 것입니다.

사람들은 새해가 되면 복 많이 받으라는 덕담을 아무 생각 없이 합니다. 덕담은 고맙지만 남발되면 의미가 없어집니다.

복이 돈인가요? 건강인가요? 잘난 자식인가요? 편한 친구인가요? 기분 좋은 마음인가요?

그 모든 것이 한꺼번에 뭉친 것이라면 좋기야 하겠지만 설령 그렇다 해도 그런 항목의 속성이 한결 같을 수야 없다는 걸 우리는 이미 잘 알고 있습니다. 긴장과 노력과 정성을 바쳐 돈과 건강과 기분 좋음을 유지하는 것이 행복인가요? 과연 그렇게 불러도 괜찮은 것인가요. 간단하게 말하면 넓게(畐) 보는 것(示)이 복(福)이랍니다.

복(福)=가득할 복(畐)+보일 시(示)

반대 개념을 알면 뜻이 더욱 뚜렷해집니다.

화(禍)는 허물 즉 지나침, 실수, 허물(過)을 보는 것(示)이랍니다.

길(吉), 흉(凶), 화(禍), 복(福).

글자를 가만히 들여다보면 길은 선비의 입, 이치에 맞는 것이 길한 것입니다. 순리에 맞게 사는 것이 길한 것입니다. 흉은 가슴속에 있는 무엇인가를 부정하는 듯한 느낌이 듭니다.

화도 무엇인가 조금은 삐딱한 것 같습니다. 복은 하나(一)를 경계(口)지으며 펼쳐나가는(田) 느낌입니다. 구속하는 것이 아니라 발전되어 나가는 느낌입니다.

인류는 지상에 생명을 받은 아래 수만 년간 바로 이 '넓게 보기' 위한 방법으로 필사적으로 진화해 온 것 같습니다. 덕분에 우리는 검색 창에 단어 하나만 치면 사람이든 사물이든 깡그리 검색되는 시대를 살고 있습니다.

지난 2월에 라오스에 갔더니 싸이의 얼굴이 그려진 T셔츠 파는 것을 볼 수 있었습니다. 이제 시공을 자유자재로 뛰어넘는 것도 가능해져 싸이의 말춤을 수억 명이 동시에 따라 합니다.

그러나 넓게 본다는 건 온 세계의 소식과 지식과 기술을 시시콜콜하게 안다는 의미는 아닐 입니다. 세상과 이웃의 허물을 들여다보는 대신 멀찍이 밀어놓을 줄 아는 '광폭시각'을 복(福)으로 규정했다는 지적은 의미심장합니다.

서양인들의 복은 우리와는 좀 다른 것 같습니다.

영어의 happiness는 happen에서 온 말로 '예상치 않는 시점에서 쏟아지는 신의 은총'이고 불어의 bonheur는 bon(좋은)+heur(시간)입니다. 둘 다 시간과 신이 연관된 단어입니다.

현대 한국인이 자주 쓰는 '행복'은 다른 여러 추상어가 그렇듯이 일본을 거쳐 수입된 말입니다. 메이지 시대 일본인이 서양의 happiness나 bonheur를 번역하면서 마땅한 단어를 찾지 못해 일본어 '사치'에 해당하는 행(幸)과 중국과 한국이 오랫동안 사용했던 복(福)을 묶어 '행복'이란 말을 급조해냈습니다. 일본어 사치는 경계를 나타내는 '사'와 영력을 의미하는 '치'가 합성된 말입니다. 원래는 수렵에서의 풍부한 사냥감이 '사치'였습니다.

지금도 일본인은 바다에서 나는 해산물을 '우미노사치', 산에서 잡은 짐승·산나물·열매들을 '야먀노사치'라고 부르고 있습니다.

자연의 정령들이 경계를 허물고 인간에게 뭔가를 쏟아 부어 주는 것을 '행'이라고 여겼던 것입니다. 동양은 시간보다는 공간 개념에 가까웠다고 볼 수 있습니다

- 나가자와 신이치, 『대칭성 인류학』에서

중국과 우리가 자주 쓰던 복(福)도 일본과 흡사합니다. 세상 바깥과 인간세상을 잇는 귀신들이 인간이 원하는 생명이나 곡식을 갖다 줬다고 여겼습니다.

우리나라는 복(福)보다는 덕(德)을 강조했음을 알 수 있습니다. 복은 받는 것이 아니고 만드는 것, 다시 말해서 복은 짓는 것이고, 덕은 하루만 베풀고 마는 것이 아니고 늘 나누는 마음으로 쌓아 가는 것입니다.

세월은 그냥 물처럼 흘러가는 것이 아니라 하루하루가 쌓이는 것입니다.

행복(幸福)의 행(幸)속에는 매울 신(辛)이 들어 있습니다. 행복은 '자신이 제대로 살고 있구나' 하는 것이 자주자주 확인되는 것입니다. 해야 할 것에 몰두하는 것입니다.

행복에서의 안정감, 신뢰감, 관용, 포용하는 사람은 성공하게 됩니다.

심리학자들에 따르면 사람들에게는 행복을 결정하는 두 가지 질문이 있다고 합니다.

첫째, 지금 내가 하고 있는 일이 나에게 의미를 가져다주는가?

둘째, 나와 주변 사람들과의 관계가 좋은가?

오늘날의 리더가 필요로 하는 것은 다른 사람의 유용함을 활용하는 것입니다. 리더십은 흔쾌히 따르고 싶은 마음이 드는 것. 그 사람을 좋아할 때, 자진해서 자발적으로 고민하며 기쁘게 해주려고 노력하는 것입니다. 우리를 약하게 만드는 것은 자신의 가치를 다른 사람으로부터 인정받고 싶어 하고 검증받고 싶어 하는 욕망이라고 할 수 있습니다.

교육에 있어 무엇보다 중요한 것은 인성교육이라고 생각한다. 무엇보다 먼저 사람이다. 하지만 요즘 보통 가정의 분위기는 자식이 학교에서 좋은 성적을 얻어 좋은 대학 들어가는 것만을 제일의 목표로 삼기 때문에 예의와 도리, 책임의식 같은 가정교육과 인성교육은 관심이 별로 없는 것 같다.

‘공부가 인생의 전부는 아니다.’ ‘행복은 성적순이 아니다’ 하고 항변해보고 스스로 위로를 해보기도 하지만 학교 현실이 어디 그런가? 교육현장인 학교에서는 학생부터 교사까지 가장 민감한 것이 점수와 등수인 것을……

이런 교육현실에서 우리는 결국 인성보다는 경쟁을 우선할 수밖에 없는 것이다. 같은 교실에서 공부하는 친구들도 친구이기 이전에 경쟁자인 것이다.

이러나저러나 결국은 잘하라는 말이겠지만 그래도 일등보다는 백점을 받기 위해 노력하라고 당부하고 싶다. 내가 일등보다는 평균 백점을 받기 위해 노력하라고 하면 학생들이 놀라서 어이없는 표정을 한다. 그러나 학교에서 배운 것을 제대로 익히면 백점 못 받는 것이 오히려 이상한 일이다.

일등 하겠다는 의지와 백점을 받겠다는 결심은 공부를 잘한다는 결과에 접근하는 근본적인 마음자세와 방식이 다르다. 일등 하겠다는 마음 저

변에는 다른 사람을 이기겠다는 경쟁심이 전제되어 있다. 백점을 받겠다는 결심은 내적 성숙에 대한 자신의 야무진 결심과 다짐이 전제 되어 있는 것이다.

물론 모든 과목을 다 맞추면 평균 백점인데 일등이 안 될 리가 없다. 선생님이 가르쳐 주는 것을 열심히 배우고 익히면 기본 점수가 백점이 되는 것이다. 한 과목이라도 똑 부러지게 열심히 해서 백점을 받아 보자.

백점을 받아 보면 자신감도 생기고, 성취감도 생긴다. 그리고 자신의 소질과 적성도 정확하게 알 수 있는 기회가 되기도 한다. 백점을 목표로 하면 백점 받기 위해서 학습태도가 달라진다. 이 문제가 시험에 나올지도 몰라 하면서 수업시간에 하나도 흘려듣지 않게 되고 시험문제를 출제하는 선생님의 입장에서 생각해보기도 하고, 수업시간에 선생님이 중요하다고 한 것을 귀담아 듣게 되어 수업태도도 좋아진다.

그렇게 하나도 소홀하게 넘기지 않고 익히게 되면 백점을 받을 수밖에 없다. 우리 도내 학생들의 2학기 성적은 모두 만족한 전 과목 100점 받기를 기원한다.

- 김옥희, '경남일보 경일춘추' 에서

엄격함이 때로는 진정한 자비입니다.

참을 인(忍)자에도 칼(刀)이 들어 있습니다.

🍀 케네디 가문의 자녀교육

미국의 케네디 가문은 150여 년 전 아일랜드에서 혹독한 가난을 피하여 미국으로 이주한 집안입니다. 그때 아일랜드에 지독한 흉년이 계속 들어 백만 명 이상이 굶어 죽은 때였습니다. 케네디가의 조상들은 굶주림에서 살아남기 위하여 무작정 미국으로 떠난 지 3대째에 큰 부자가 되었고 4대째에 국회의원과 대통령을 배출하여 미국 이민자들에게 American Dream의 본보기가 되었습니다.

그러한 케네디가가 가훈(家訓)으로 정하고 대대로 이어오면서 자녀교육의 내용으로 삼고 있는 열 가지 조항이 있습니다. 자녀를 바르게 키워 가문의 번영을 꾀함에는 동양이나 서양이나, 옛날이나 지금이나 마찬가지이겠기에 소개합니다.

1. 아이의 육아일기와 독서 기록을 만들어 철저히 점검한다.

2. 자녀들에게 시간약속을 지키는 습관을 길러준다.

3. 아버지가 사업상 일어나는 일들을 자녀들에게 자주 들려준다.

4. 식사를 하면서 자연스럽게 토론할 수 있는 분위기를 만든다.

5. 일등을 하면 무시당하지 않는다는 세상의 법칙을 가르쳐 준다.

6. 자녀들이 어려움에 처할 때는 아이의 편에 서서 도와주고 해결하여 준다.

7. 명문대학에 진학하여 최고의 인맥 네트워크를 갖게 한다.

8. 처음에는 서툴러도 열심히 반복하면 최고가 될 수 있음을 가르친다.

9. 목표는 크게 정하되 서둘지 말고 단계적으로 실현하도록 지도한다.

10. 부모형제끼리 화합하고 서로가 자기 일처럼 챙기게 한다.

부모(父母)라는 한자어를 잘 살펴보면 짐계 선생님 말씀이 생각납니다. 부(父)는 도끼를 휘두르는 형상을 본 딴 것입니다. 아버지가 자식의 밥을 지키기 위해 땀 흘리며 도끼를 휘두르는 것 같은 모양입니다. 그래서 아버지는 밥을 지켜주는 남성중에서 최고의 남성이 아닌가 합니다.

모(母)는 가슴을 뜻한 형상이라고 합니다. 아이들을 위해 모유를 주는 형상. 그래서 어머니는 자식에게 최고의 먹거리를 제공하는 으뜸 여성을 뜻하는 말일 것이라고 생각합니다.

세상에서 가장 중요한 것

가장 중대한 장애는 두려움

가장 좋은 날은 오늘

가장 하기 쉬운 일은 결점을 찾는 것

가장 쓸모없는 재산은 자존심

가장 큰 실수는 포기하는 것

가장 큰 방해물은 이기주의

가장 큰 위안은 잘 끝낸 일

가장 불쾌한 사람은 불평만 하는 사람

가장 심각한 파산은 의욕상실

가장 큰 필요는 상식

가장 나쁜 감정은 타인의 성공에 대한 유감

가장 좋은 선물은 용서

가장 숭고한 순간은 죽음

가장 고귀한 지혜는 신

세상에서 가장 중요한 것은 사랑

- '천국으로 가는 시' 중에서

 **나만의 원칙**

- 긍정의 힘을 믿어라. 항상 웃고 즐기자. - 고보경 골프 선수

- 언제나 전성기. - 양현석 yg 엔터테인먼트 대표 프로듀서

- 갖춘 다음 소망하라.(Deserve then desire) - 노동영 서울대병원 암진료 부원장

- 남이야 뭐라 하든 내 갈 길을 간다. - 장은수 민음사 대표

- 정도(正道)로 가는 것이 가장 빠르고 당당한 길이다. - 이창양 카이스트 경영대 교수

- 지금 최선을 다하면 다음은 저절로 따라 온다. - 이자스민 새누리당 의원

- 20년 뒤 당신은 저지른 일보다 저지르지 않은 일에 더 실망하게 될 것이다.

  - 정기선 보스턴 컨설팅그룹 컨설턴트

- 99%의 인덕에 1%의 지혜가 쌓이면 그 지혜는 빛나도, 99%의 지혜에 1%의

  인덕만 있으면 그 지혜는 무너진다 - 이인영 민주 통합당 의원

H

영어 H를 보면 두 사람이 마주 보며 악수하는 것 같습니다.

요즘은 글자의 뜻보다 말을 기호화한 것으로서 글자 자체를 보는 버릇이 생겼습니다. 그래서 H를 보니 그랬습니다. 두 사람이 마주 보고 서서 악수하는 것!

H로 시작하는 글자를 보면 그것이 증명되는 것 같습니다. 수소 두 개와 산소 하나가 합쳐야 물이 됩니다. H2O 사람 둘이서 두 번 정도 만나서 악수하고 나면 만사가 OK 될 수도 있을 것 같은 생각이 듭니다.

그리고 Hi를 보면 '안녕'을 물을 때에도 남의 비위만 맞추지 말고 자신을 겸손하게 조그마하게 드러내라는 뜻으로 보이기도 합니다. 오래도록 말을 지도하며 말의 뜻을 생각하다 보니 직업병처럼 이런 버릇이 생겼습니다.

H는 참 따뜻한 것 같습니다. H로 시작하는 단어들이 그렇습니다.

여보세요(Hello), 집(Home), 건물(House), 그 안에 인간적인(Human), 그이(He), 그녀의(Her), 희망(hope) 그리고 역사(History), 그 역사 안에 사람과 사람 사이에서 만들어지는 천국(Heaven), 지옥(hell) 그리고 행복(Happiness), 치유(Healing)가 일어나는 것입니다. 시간(Hour), 명예(Honor), 습관(Habit), 머리(Head), 가슴(Heart), 손(Hand), 건강(Health), 병원(Hospital), 일치와 화합을 뜻하는(Harmoney)도 H로 시작합니다.

🍀 소통과 화합의 인성지수, 직접 체크해 보세요.

정직

- 나는 손해를 조금 보더라도 정직하게 행동해야 한다고 생각한다.
- 길에서 돈을 주웠을 때 주인을 찾아줘야 한다.
- 친구나 부모님을 속이는 경우가 거의 없다.

정의

- 친구가 시험을 볼 때 부정행위를 하려고 하면 말려야 한다.

법 준수

- 나는 학교규칙을 잘 지키는 편이다.
- 길을 건널 때 신호를 지키거나 횡단보도를 이용해야 한다.

책임

- 조별과제를 할 때 내가 맡은 일은 책임 있게 하려고 한다.
- 내가 맡은 일은 책임감을 갖고 한다.
- 생명이 있는 것은 모두 존중하고 보호해야 할 책임이 있다.

공감

- 다른 사람의 감정을 이해하려고 한다.
- 친구가 어려운 처지에 있을 때 걱정이 된다.
- 친구가 슬퍼하면 위로해주고 싶다.

소통

- 나는 다른 사람의 의견을 존중한다.
- 친구가 도움을 필요로 할 때 도와주려고 한다.
- 남과 함께 어울려 살아가는 것이 중요하다.
- 다른 환경의 사람들과 더불어 살아가는 것이 중요하다.

배려

- 약자라고 생각되는 사람을 만났을 때 양보하고 배려한다.
- 소외되거나 따돌림 받는 친구가 있으면 도와주려고 한다.
- 어려운 사람들을 돕기 위해 봉사활동을 하는 것이 중요하다.
- 나는 봉사활동을 활발히 하고 있다.

협동

- 조별활동 시 내가 좀 손해 봐도 조 전체성과가 높아지는 게 좋다.
- 학급 대청소를 해야 할 때 하기 싫더라도 친구들과 함께 한다.

자기이해

- 내가 사회에서 가치 있는 사람이 될 수 있다고 생각한다.
- 나는 나의 감정을 잘 이해한다.
- 나만의 장점이 있다고 생각한다.
- 나는 행복한 사람이다.
- 내게 주어진 일에 의욕을 갖고 최선을 다한다.

자기조절

- 화가 많이 났을 때도 친구·가족에게 화내거나 분풀이하지 않는다.

- 화가 나서 흥분될 때 분노를 가라앉히려고 노력한다.

- 친구와 다툴 때 내가 잘못한 것을 알면 바로 인정하고 사과한다.

전혀 그렇지 않다 0점, 별로 그렇지 않다 33.3점, 대체로 그렇다 66.7점, 매우 그렇다 100점으로 계산해 나온 평균점수가 인성지수임. 인성이 좋다고 판단되는 기준점은 평균 80점 이상. 인성교육이 시급한 상태인 인성 미달 기준은 67점 이하.

안세사표, 공자의 즐거움에 편승해서!

'큰 일 났다!'에서 가장 큰 일은 사람의 죽음이 아닐까 싶습니다.

남편이 갑자기 이 세상을 떠나고 15개월과 다섯 살 된 어린 두 아들과 시어머님과 헝클어진 가정은 족식(足食), 족병(足兵) 그리고 민신(民信)을 생각해야 하는 순간이었습니다. 너무 순식간에 일어난 일이었습니다. 헝클어진 가정을 맡아야하는 가장의 책임이 고스란히 내 것이 되었습니다. 그 순간에는 아마 춘추전국시대보다 더 혼란스러웠던 것 같습니다. 혼란의 순간에는 원망도 많고, 서로를 탓하기도 하는 것입니다.

지도력을 발휘해야 했습니다.

삶의 모범답안인 성경과 불경 그리고 사서삼경 등 고전을 읽었습니다. 책에는 삶의 방법을 여러 가지 제시했지만 결국 인생의 정답은 자신만이 쓸 수 있는 것임을 깨달았습니다. 사람의 삶에 있어서 가장 소중한 것을 사랑이라고 한다면 그것을 잃었던 순간 - 그때는 그것을 잃었다고 생각했다 - 이 있었습니다.

성현의 가르침은 내 삶의 몽둥이이기도 했고 또 내 삶의 지팡이였습니다.

공자 말씀하시기를,

"배우고 때로 익히면 기쁘지 아니하랴!

벗이 먼 곳에서 찾아오면 즐겁지 아니하랴!

남이 알아주지 않아도 성나지 않는다면 군자가 아니랴!"

1. 배우고 때로 익히면 기쁘지 아니하랴!

"배워야 사람이다." 싱겁고 또 고리타분하다고도 하는 이 구절이 내게는 참 절절했습니다. 배우고 익히고 싶었지만 늘 쉽지 않은 환경이었습니다.

초등학교 시절에는 전깃불이 없어서 호롱불 아래에서 책을 읽다가 머리카락을 태우기도 했고, 중학교 입학할 무렵 마을에 전기가 들어왔지만 통학거리가 멀었습니다. 새벽밥을 먹고 집을 나서면 어두컴컴한 시오리 새벽길이 무서워 뛰어갔습니다. 시오리 길을 뛰다 보면 1교시는 땀에 절어서 졸다가 보내기 일쑤였습니다.

경남 의령군 화정면 상이리 공모 마을(공모: 공자를 사모하는 마을)에는 고등학교가 없어서 통영까지 유학을 갈 수밖에 없었습니다. 고등학교에 다닐 때에도 학생을 가르치는 일로 학비를 벌기도 하고 대학에 진학해서도 마찬가지로 경제적인 문제를 해결하기 위해 가르치는 일을 해야 했고 장학금을 받아야만 학업을 계속 할 수 있었습니다.

그 시절만 해도 여자에게 배움의 기회는 적었습니다. 경상대학교에서 또 방송통신대학 그리고 서울대학교 미래지도자 인문학과정을 수료했습니다. 진주에서 서울까지 천리 길! 참 만만하지 않은 거리였습니다. 그러나 이 시대에 감사합니다. 배우고자 하면 얼마든지 배울 수 있고, 배움에 있어서 여자라고 차

별 받지 않아도 되는 시대여서……:

그러나 아직도 나의 배움의 길은 멀고 험난합니다. 서울대학교 신양학술 정보관까지 가려면 차 시간이 늦을 때면 택시를 타야하고, 고속버스를 타고 3시간 40분! 진주에서 서울대학교 도착하기까지 5시간이 넘는 거리였습니다. 전철을 두 번 갈아타고 마을버스를 타고 학교까지 가는데 왕복 차편만 10번을 갈아타면서 오전 11시에 출발해서 다음 날 새벽 4시에 귀가하는 통학의 길! 내게 있어 배움의 길은 결코 쉽지 않은 고난의 길이었습니다. 일주일을 두고 월요일에는 학원에서 일반 성인 특강, 화요일 경남 과기대 강의, 수요일 서울대 수강, 목요일과 금요일 학원 강의, 주말에는 주부로서 집안일 그리고 경남 교육연수원, 산림환경연구원, 진주시청, 진주 문화원, 산청, 하동, 남해, 함양 학부모 강의 등 가르치는 일과 배우는 일의 씨줄과 날줄이 아주 촘촘하게 얽혀지는 느낌입니다.

매슬로우는 사람의 욕구를 생리적 욕구, 안전욕구, 애정(사회적 욕구)의 욕구, 자기 존중의 욕구, 자아실현의 욕구 5단계로 나누고 알더퍼는 존재욕구, 관계욕구, 성장욕구로 나누었습니다. 배움은 이 욕구를 지혜롭게 채울 수 있기에 인생에 있어서 기쁨은 학습의 강을 건너야 한다는 사실을 그리고 '배움=기쁨'이라는 항등식을 긍정하고 수긍하지 않을 수 없습니다.

남이 나를 칭찬해서가 아니라 스스로 나 자신이 대견스러워 흐뭇해지는 것. 이것은 사람이 살면서 느낄 수 있는 가장 큰 기쁨이자 또 사람만이 느끼는 기쁨입니다. 짐승은 배움의 기쁨을 누리지 못합니다. 오로지 배워서 기쁨을 얻을 수 있는 유일한 존재, 이것이 인간이라는 공자의 인간선언이기도 하지만 저의 존재 선언이기도 합니다.

2. 벗이 먼 곳에서 찾아오면 즐겁지 아니하랴!

여기서 벗이란 배움과 익힘을 함께 하는 사람입니다. 그 친구는 충무공 이순신 정신으로 애국을 가르쳐주던 통영여고로 전학가면서 만난 짝이었습니다. 1학년 3반 부반장이던 그 친구는 내가 전학해서 적응하는 동안 내내 도와주었던 이제 고인이 된 교사 이선엽입니다. 그 친구와 저는 붕우였습니다. 朋과 友.

朋(벗 붕) 同文(동문), 즉 같은 스승 아래에서 공부한 친구였고, 友(벗 우) 同志(동지), 즉 뜻을 같이 하는 친구였습니다. 다시 만난 뒤 암이 걸려 지난해 세상을 떠나기 전까지 그 친구는 늘 먼 곳에서 찾아와 나를 기쁘고 즐겁게 해주었습니다.

우리는 참 부러울 게 없었습니다. 참으로 많은 이야기를 주고받았습니다. 세상사는 이야기부터 아주 사소한 결정까지 그 친구의 의견은 내 삶에 많은 영향을 주었습니다.

백아절현(伯牙絕絃)지기의 관계였습니다. 어려운 점을 함께 하고 뜻을 같이 하고 같은 학교를 다니며 35년간 친구였습니다. 동지(同志)였고 동반자(同伴者)였습니다. 나와 가치관이 같았던 벗이 이 세상을 떠나고 난 뒤 나는 또 다른 동문(同文)을 찾아 서울로 가게 되었습니다. 제대로 사는 삶이란 배우고 익히는 길에서 나를 이해하고 옹호하는 참된 벗을 만나 흔쾌한 즐거움을 나누는 길입니다. 이것이 배우고 익히며 자신의 길을 걸어가는 사람이 인생에서 얻는 기쁨이고 즐거움일 것입니다. 나의 길을 확고하게 걸을 적에야 참된 친구, 진정한 벗이 생겨남을 가르쳐 주는 것이라고 생각합니다.

3. 남이 알아주지 않아도 성나지 않는다면 군자가 아니라!

내 삶의 참 막막했던 시간이 지나갔습니다. 그 막막했던 시간에 내 생각을 지배하고 나의 생활에 동행했던 것이 성현의 가르침이었습니다. 선비 유(儒)를 들여다보며 그런 생각을 했습니다.

사람이 비가 와도 쓰임이 있어야 한다고 생각했습니다.

인생에 비가 온다는 것! 삶의 위기, 눈물 나는 시기에도 사람답게 살아야 한다고 생각했습니다. '성나지 않는다.'는 화가 나지만 애써 성을 드러내지 않는 것입니다. 내공의 극치!

목계자 정도의 경지라고 할까요? 남의 비평이나 칭찬으로부터 초연히 벗어나 내 속에 깃들인 진리(목표)와 더불어 묵묵히 살아가는 경지를 이른다고 할 수 있습니다.

'배움과 익힘의 기쁨'에서도 벗어나고 '인정해 주는 벗이 있어 즐거운 순간'에서도 벗어나 그저 내가 가야 할 길이기에, 운명으로 받아들이는 경지가 아닐까? 싶습니다.

주변의 시비와 관계없이, 또 물질적 곤궁과도 관계없이 자신 앞에 놓인 그 길을 확고하고 확신에 찬 걸음으로 걷는 것입니다.

내 삶의 정답을 쓰기 위해 나는 사내(四耐)를 생각했습니다.

"내냉(耐冷), 세상 사람들의 냉대를 참지 않으면 안 되고, 내고(耐苦), 세상살이 괴로움을 참지 않으면 안 되고, 내번(耐煩), 모든 번민, 번뇌를 참지 않으면 안 되고, 내한(耐閑), 한가한 때를 참는다."

마음이 산만해지고 허탈감을 느낄 때 몸도 마음도 황폐해지기 쉽기 때문입니다.

하지 말아야 할 4가지 사불(四不)이 있습니다.

불격(不激), 큰일을 하려고 할 때 흥분하거나 과격한 행동을 해서는 안 되고

부조(不躁), 초조하게 굴어서도 안 되고

불경(不競), 쓸데없는 경쟁을 해서도 안 되고

불수(不隨), 남의 뒤를 따라가서도 안 됩니다.

공모 마을에서 종가의 막내로 태어났습니다. 김가 집성촌 공모는 공자를 사모하는 마을이라는 뜻입니다.

제가 초등학교 6학년 때까지 전기가 없었던 곳입니다. 호롱불 아래에서 책을 읽다 머리카락을 태운 적도 많았습니다.

조부께서는 일제강점기 시대에 면장 직을 맡으시고 독립군을 지원하셨고, 6·25때 설매실에서 온 고을이 울릴 정도로 "대한독립만세"를 외치다 북한군에게 총살 당하셨다고 합니다.

지금은 없어진 학교, 폐교가 되어 버렸지만 화양초등학교를 세워 인재양성이 국력이라고 하시며 교육에도 관심을 두셨습니다. 친할아버지는 돌아가셔

서 얼굴을 접한 적은 없지만 일기를 남기셔서 우리들에게 공자의 사상을 전수하셨습니다.

그리고 외할아버지께서도 함안 법수에서 후학 양성을 하신 학자셨습니다.

지금도 잊을 수 없는 외조부님에 대한 기억은 방과 방 사이를 이어주던 장지문을 떼어 내고 그 문을 칠판처럼 사용하며 먹을 갈아 붓으로 한자를 쓰시고, "대학, 크게 배운다는 것은……" 하며 이야기와 함께 글자를 가르쳐 주시던 외할아버지의 모습이 생생합니다. 친할아버지는 활동적이셨지만 외할아버지는 오직 자신의 학문과 후학 양성에만 집중하셨다고 합니다.

우리 마을에 전기가 들어오고, 도로를 내고 자동차를 다니게 하고, 경지정리를 하게 한 분은 선친이셨습니다. 마을 사람들이 설득되지 않아 힘들어 하시던 아버지 모습이 생생합니다. 자신의 땅이 도로에 들어간다고 아버지께 돌을 던지고 차비를 내지 않고 도망가며 길을 낸 아버지께 돌을 던져 이마를 다쳐 피를 흘리며 병원에 입원하신 적도 있었습니다.

저는 아버지의 굽히지 않은 소신과 행동을 보며 자랐습니다.

독립군이나 애국지사들의 후손은 빈곤할 수밖에 없는 환경이지만 선친께서는 가난한 가운데도 우리 4남매를 체온이 있는 사람으로 잘 가르치신 것 같습니다. 공부할 수 있는 사람만 하라고 하셨습니다.

삶에 있어서 누구든지 고비가 없을 수는 없습니다.

유(儒). 불(佛), 선(仙)이 다 사람을 우선으로 하는 가르침입니다.

크게 배운다는 것(大學)과 행복의 극대화와 자유존중 그리고 미덕추구를 떠올리며 글을 마무리합니다.

고마운 분이 많은데…….

따뜻한 가르침을 주신 선친 김 화(華)자 산(山)자 어르신,

고인이 된 사랑 류홍규님,

우정 이선엽님을 묵념하며

늘 안타까운 눈으로 딸을 바라보며 연명하시는 어머니와

오직 당신에게 희망이라고 생각하시는 시어머님!

따뜻한 마음으로 잘 자라서 맏이로서 책임을 다하려는 성화,

자신의 삶을 성실하게 살며 좋은 의견을 주는 든든한 성민이.

삶의 선배로 늘 자문을 아끼지 않는 언니 옥지 님과

큰 오라버니 풀빛 자유인 복근님과

작은 오라버니 광수님과 남강 가족 여러분,

시집 류문의 식구들과

동문의 길을 허락하고

배움의 기회를 주신 화양초등학교, 화정중학교, 통영여자고등학교, 경상대학교, 방송통신대학교, 서울대학교 은사들과 동문들께 감사하며 추천사를 주

신 서울대학교 교수 이영목님과

우리말의 발전을 위해 노력하시는 짐계 려증동 선생님과

토마스 아퀴나스 김수업 선생님!

건강을 챙겨주시는 명성 이용백 원장님,

무릎 꿇고 앉아 찍은 야생화 사진을 준 후배 곽성근,

신정근교수, 남유진, 박정희, 이정옥.

제 강의를 수강하고 기뻐함으로

제게 격려를 아끼지 않는 모든 분들과

경남과기대 평생교육원 화합과 소통 수강생 여러분!

아름다움을 찍는 법을 가르쳐 준 조명수 선생과 꽃빛그림 사우들과

앞서 우리말의 발전을 위해 노력하신 모든 분들과

북랩 출판사 관계자 여러분!

이 밖에 거론하지 않은 심우(心友)들께 깊이 고개 숙여 감사합니다.

고맙습니다. ^함^

2013년 10월 마지막 날

언덕당(言德堂)에서

NEW YORK
USA
MIAMI
BOSTON
뉴욕, 온몸으로 느끼다

NEW YORK

하루하루가 아쉬워 일하는 시간 외에는 여기저기 무작정 돌아다닌다. 오늘은 맨해튼의 중심 타임즈스퀘어 광장. 타임스퀘어라고 해서 시간의 광장인 줄 알았더니 타임즈스퀘어라고 한다. Times Square. 이곳에 뉴욕타임스의 사옥이 있었기 때문에 타임즈스퀘어라고 부른다.

타임즈스퀘어 광장

미국의 드라마, 뉴스 등 미디어를 많이 접하다 보니 뉴욕에 가면 다 소매치기 당하고, 강도 당할 줄 알았는데 당한 사람을 본 적도 없고, 당

해본 적도 없다. 2개월 있었는데 뭘 알겠느냐마는, 100% 안전하다는 건 아니지만, 너무 우려하지 않아도 된다는 게 내 입장이다.

그렇게 따지고 보면 우리나라도 마찬가지. 정말 위험하다. 연쇄살인마도 있고, 청소년 성폭행, 아동 성폭행, 사기 등 온갖 종류의 범죄. 밤에 으슥한 골목 걸어 다니기가 무섭고 위험하긴 마찬가지이다. 미국 가면 총 쏜단다, 마약 많단다, 애들 칼 들고 다닌다. 이런 말을 실제로 나에게 해준 사람들이 많이 있다. 그런데 그들 중 한 사람도 실제 미국에 다녀온 적이 없다. 그들은 그저 TV 드라마나 그러한 미디어를 통한 경험으로 자신들이 실제 그것에 대해 많이 알고 있다는 인상을 심어주고 싶어 한다. 그런 의견들은 무시해도 좋다. 가서 경험하는 거다.

뉴욕, 우연히 마주치는 친구 같은 풍경들

뉴욕에 있는 두 달이 조금 넘는 시간 동안 많은 곳을 돌아다녔다. 책과 다른 블로그에 나와 있는 정보를 보고 여기저기 찾아다닐 수도 있었겠지만, 특정한 목적지 없이 혼자 발 가는 대로 다니는 게 더 좋았다. 그러다 우연히 TV에서 본 장소라도 보이면

트리니티 교회

청동 황소

'아, 거기가 여기였구나!' 하며 우연히 마주치는 느낌이 좋았다.

월 스트리트의 상징인 청동 황소도 만나고 엘리자베스 여왕이 서 있었다는 트리니티 교회도 마주쳤다. 맨해튼 맨 끝자락부터 할렘 입구까지 걸어가 보기도 하고, 한인 쉐어룸에서 만난 친구들과 함께 할렘도 가보았다. 사실 할렘은 혼자 가기는 조금 부담스러웠다. 할렘 길가를 걷고 있는데 한 흑인 여인이 말을 건다.

할렘

할렘의 어느 교회

"너 가방 열렸다."

분명 가방을 닫고 다녔는데 언제 열려있었을까? 귀중품이 들어있지 않아 다행이었다. 사실 나에게 귀중품은 카메라와 뉴욕에서 중고로 구입한 소형 노트북이 전부. 그나마 노트북은 집에 두고 다닌다. 흑인들이 사는 할렘은 말로만 듣던 것과는 조금 달랐다. 낮이어서 그랬는지 허름하긴 하지만 조용하고 평화로운 느낌이 더 강했다. 교회가 정말 많았다. 이런 동네가 정말 그렇게 위험할지 약간 의문이 생기기도 하면서 그래도 뭔가 두려운 마음에 우리 일행은 어두워지기 전에 집으로 가기로 한다.

Empire state building의 꼭대기 층까지 뉴욕시의 야경을 보러 올라갔다. 빌딩 내부로 들어가기 전엔 공항에서처럼 몸과 가방 수색을 한다. 입장료는 $20. 가격은 기간에 따라 수시로 바뀐다고 한다.

고속 엘리베이터를 타고 86층 전망대까지 올라가면 지금껏 사람들이 만들어온 거대한 콘크리트 정글, 뉴욕이 한눈에 들어온다. 뉴욕 시내를 내려다보고 있으면 마치 역사의 한 순간 속에 서 있는 듯하다. 사람들이 세운 엄청난 빌딩 숲과 그 안에서 빛나는 찬란한 불빛들을 보고 있으면 추위조차 잊게 된다.

친절한 안내원들의 안내로 건물 안으로 들어서면 한 사진사가 기념촬영을 '무료'로 해주는 척을 한다. 엠파이어스테이트빌딩을 둘러보고 내려오면, 기념품을 파는 코너가 있는데, 그곳에서 사진을 찾을 수가 있다. 사진을 가리키며 "얼마에요?" 하자 50불이라고 한다. "너무 비싸요"라고 하자 25불이라고 한다. "미안하지만 안 사요"라고 하자 15불이라고 한다. 재미있는 흥정의 세계.

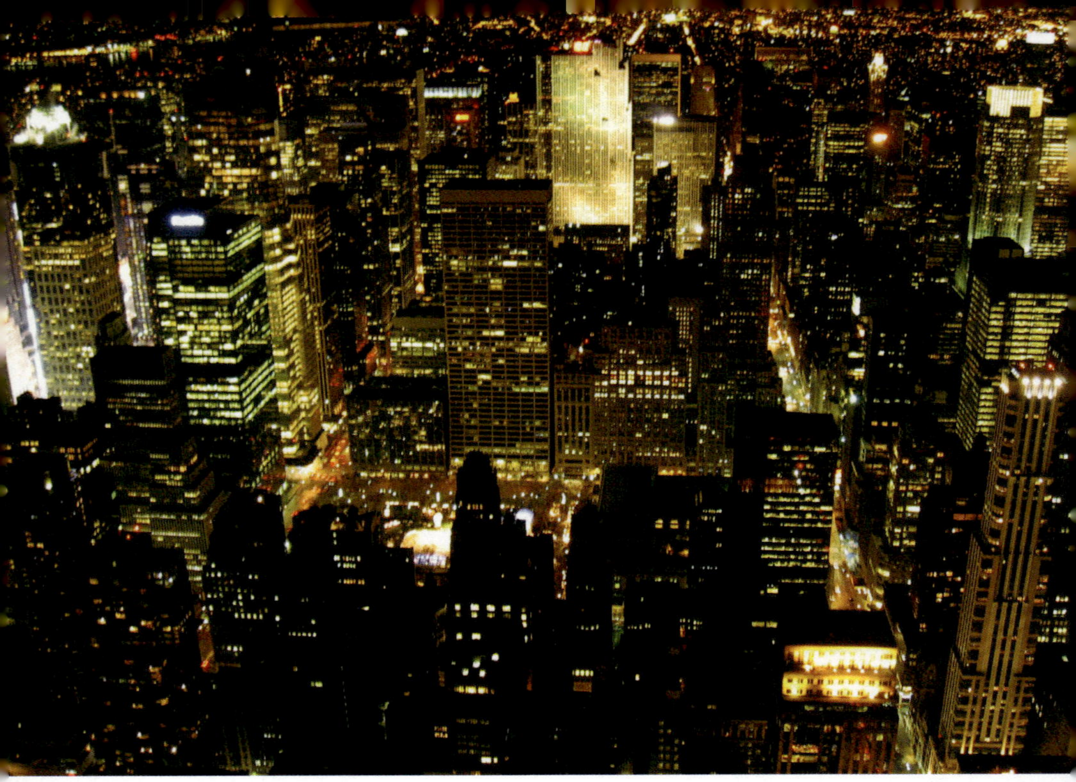

　게스트하우스에서 생활을 하다 보니 많은 이들이 잠시 머무르다 다른 곳으로 이동하곤 한다. 두 달 이상 머무는 나 같은 경우는 장기 투숙자에 속한다. 나 같은 장기 투숙자는 네 명이 있었는데 그들은 모두 나이가 많았고, 학생비자를 받아 뉴욕에서 어학연수 비슷한 생활을 하고 있었다.

보통 어학연수라 하면 TV에서나 보는 푸른 잔디가 펼쳐진 캠퍼스가 있는 어느 대학교에 다니며 수업도 열심히 듣고 학생비자로 정해진 시간만큼 아르바이트도 하며 보람된 하루하루를 지내는 것. 어학연수를 마치고 나면 영어를 자연스럽게 구사할 수 있게 되는 것을 상상하곤 한다. 이러한 어학연수 생활을 하는 사람이 있을 것이라고 믿는다. 하지만 뉴욕에서 생활하던 짧은 기간 동안 내 주위 사람들은 달랐다.

아는 형 1

어떻게 구하는지 매일같이 한국의 버라이어티쇼를 다운로드 받아서 온종일 낄낄거리다 배가 고프면 밥 먹고, 음식이 떨어지면 장 보러 가자고 보챈다. 이 집의 리더 같은 존재였는데 밥은 잘 챙겨 먹는다. 덕분에 나 할 일 못하고 장 보러 끌려갈 때가 많았다. 그 형은 아마도 유학원을 통해 소개받았을 법한, 학교도 아닌 영어를 가르치는 학원과 비슷한 기관에 다녔다. 그나마 출석률이 높은 것도 아니다. 학원을 마치고 집에 오면 온종일 인터넷을 하며, 한국 버라이어티쇼를 보며 빈둥빈둥 대다가 나에게 이런 얘길 종종 했다.

"나는 왜 영어가 늘지 않지? 영어 좀 가르쳐줘."

뉴욕까지 와서 나한테 영어를 가르쳐 달라고 하는 건 뭐람?

역시 유학원을 통해 영어학원 비슷한 기관에 다녔었고 집에서 돈은 보내주었지만, 가정 형편이 한눈에도 넉넉지 않다는 것을 알 수 있었다. 공부라도 열심히 하면 좋으련만 결석 일수가 너무 잦아 결국 I-20인지 뭔지 하는 비자를 받지 못해 한국으로 쫓겨날 신세가 되었다.

일자리를 구하기 위해 한인 구직사이트를 검색해서 일자리를 구했다. 한인이 운영하는 술집이었다. 슬프게도 외국에서는 한인이 한인 등쳐먹는다는 말이 맞을 때가 많다. 짧은 시간 뉴욕을 여행하는 동안에도 여러 번 봤고, 이후 호주를 여행할 때도 그랬다. 아는 형 2는 일을 했지만, 보수가 너무 적은 나머지 생활고에 시달리고, 그런 상황에서 게스트 하우스에서 만난 여자와 눈이 맞아 공부는 더욱 할 수가 없었다. 통장 잔액이 거의 남아있지 않아 나에게 돈까지 빌렸던 그 형이 첫 주급으로 한 일은 담배구입. 뉴욕은 담배가 비싸다. 당시 환율로 한 갑에 만 원이 넘는 금액이었다. 애석하게도 어디 가서 길 한번 물어보는 영어도 하지 못하다가 한국행을 했다. 그렇게 6개월간 뉴욕 유학을 마치더라.

아는 누나 1

누나들과는 이야기를 많이 하지 않아 어떤 비자를 받아 어떻게 왔는지는 모르지만, 아는 누나 1은 한인이 운영하는 미용실에 다니고 있었

다. 아는 형1의 여자친구였으며 다른 거처가 있었음에도 매일같이 찾아와 남자친구와 밤을 보내곤 했다. 한 가지 확실한 것은 영어에 목적이 있었던 누나였지 미용실 취직은 목적이 아니었다. 역시나 실패 후 한국으로 돌아갔다.

아는 누나 2

가장 착실했던 누나이다. 학원에도 꼬박꼬박 나가고 방 안에 틀어박혀 뭐라도 하는 듯했다. 밥 먹으라고 부르면 쫄래쫄래 나와서 밥 먹고 설거지도 하고, 함께 장도 많이 보러 다녔다. 아는 누나2는 일은 하지 않았고 집에서 보내주는 돈으로만 생활했다. 함께 있을 땐 영어를 쓰지 않기 때문에 영어를 얼마나 구사하는지 알지 못한다. 한국에 돌아와서 가끔 얘기를 나눴는데 역시 언어는 하루아침에 늘진 않나 보다.

이들과 생활하며 남는 기억은 돈 모아서 장 보러 다닌 일, 한국 음식 해먹은 일, 할렘에 갔던 일 말고는 딱히 떠오르는 게 없다. 내 하고 싶은 일을 못하고 다 함께 장 보러 가는 것이 가장 나를 귀찮게 했는데, 형이 가자고 하면 가야 했다. 그러지 않으면 잘 어울리지 않는다고 뒤에서 욕하고 함께 사는 집에서도 모른 체하며 지내기 때문이다. 쉬운 말로 왕따를 당하기 때문. 그런 사람들이 몇몇 있었다.

한국 문화가 원래 공동체를 중요시하기도 하고, 군대를 다녀온 남자라

면 더더욱 단체생활에 익숙해져 있기 때문이기도 하다. 하지만 외국에서도 이럴 필요가 있을까 하는 생각이 들었다. 이들이 원하는 건 영어를 배우는 것이 아닌가? 그렇다면 영어를 24시간 쓸 수 있는 환경에 있는 것만으로도 부족할 텐데 학원 다니는 시간을 제외하고는 이렇게 한인들끼리만 똘똘 뭉쳐있으면 뭐하러 비싼 돈 주고 뉴욕까지 와 있을까 하는 생각을 지울 수가 없었다. 똑같은 일을 한국에서도 할 수 있는데 말이다. 여행자의 입장에서 잠시나마 한인들을 만날 수 있어 나에겐 좋은 점이 많았지만, 이들의 생활 방식은 이해할 수 없는 부분이 참 많았다.

뉴욕, 느리게 걷는 여행이 좋다

여행책자를 보며 여행 루트를 정하다 보면, 남들이 다 가는 명소만 따라다니게 되는데, 그러면 뭔가 여행답지 않다는 생각이 든다.

물론 그러한 장소들이 관광명소가 된 데는 다 이유가 있겠지만, 그 도시를 관광객이 아닌 여행자의 눈으로 즐기고 싶다면 아무런 정보 없이 발길 닿는 대로 다니는 것이 더 즐거울 것 같았다.

한 번 지나쳤던 장소를 나중에 어느 책이나 영화에서 보기라도 하면,

"어? 여기 내가 갔던 곳인데?" 하며 미소가 지어지는. 그런 여행을 하고 싶었다. 책자는 덮어두고 무작정 맨해튼으로 나갔다. 50번가부터 1번가까지. 무조건 직진만 하면 많은 것을 놓칠까 싶어 지그재그로 걸었다. 겨울이었지만 날씨도 따뜻하고 여기저기 열심히 걸어다니다 보니 어느덧 땀이 송골송골 맺힌다. 입고 간 점퍼를 가방에 넣고 후드티만 입은 채 맨해튼에 심취해 이곳저곳 돌아다니다 보니 미국 드라마나 영화에서, 혹은 다른 어디선가 본 것 같은 건축물들이 보이곤 한다.

Washington Square Arch

Washington Square Arch

미국 최초의 여성 신문기자인 Jessie Beals가 "캘리포니아의 꽃을 다 주어도 이 워싱턴 스퀘어 앞의 풍경과 바꾸지 않겠다."라고 말해 유명해졌다고 한다. 내 생각이 맞았다. 이렇게 우연히 맞닥뜨리는 풍경이 여행을 더욱 즐겁게 했다.

게이 스트리트

초등학교

뉴욕 거리를 걷는 연인들

패션거리 SOHO

차이나타운

Little Italy

공자

브루클린 브리지

혹시나 게이들이 추근대지 않을까 걱정하며, 우연히 지나가게 된 게이 거리를 비롯해 아이들이 나와서 뛰어 놀고 있는 초등학교를 지나, 아담하면서 아름다운 장식이 되어있는 건물 옆을 지나가는 연인들의 모습을 바라보며, 맨해튼을 걷고 또 걷는다. 어느덧 허드슨 강까지 걸어왔다.

태극 1장을 연습하는 아저씨들도 있고 강 옆의 벤치에 엎드려 책 읽는 여인의 모습도 보인다. 강 건너편에는 Brooklyn이라는 동네도 보이고, 또 다른 쪽엔 자유의 여신상이 우뚝 서 있다. Fashion의 중심지 SOHO, 차이나타운, 뉴욕 속의 작은 이탈리아인 Little Italy를 지나 어느덧 브루클린 브리지까지 걸었다. 여덟 시간을 걷다 보니 체력이 다 되었다. Subway 패스트푸드점이 보여 출출함을 달랠 겸 들어갔다.

음식을 주문한 후 계산을 하려고 보니 내 카드가 임시카드라서 계산을 할 수 없다고 한다. Temporary Card는 은행계좌 신청 후 실제 카드가 주소지로 도착하기 전까지 임시로 사용할 수 있는 체크카드이다. 다른 곳에선 잘 사용했는데 왜 하필 이렇게 배가 고플 때 문제가 발생할까. 나는 당황해 하며 "Really?" 라고 묻자 옆에서 보던 매니저는 쿨하게 그냥 음식을 가져가라고 한다. 그래서 "Thank you"하고 가져왔다. 공짜 점심. 난 항상 운이 좋다.

월 스트리트에서 브루클린 다리로 가는 길목에 섰는데 공자 동상이 딱~! 중국인들 대단하다는 말밖에 나오지 않는다. 맨해튼 전체가 이런 훌륭한 관광지가 될 수 있다는 것이 멋지다. 자신들을 New Yorker라

고 부르는 자부심까지. 온종일 걸어서 오늘의 목표인 브루클린 브리지를 건너고 나니 집에 간신히 돌아갈 체력만 남았다. 지하철을 타고 집으로 돌아가는 길에 스르르 잠이 든다.

뉴욕, 즐거운 출근길, 여행이 주는 선물

BBQ 치킨. 미국 여행 중 마지막으로 일한 곳이다. 출근하면 매니저 형이 반겨준다. 재미교포 2세인 Janice와 곧 미군에 입대한다는 Jay, 미모의 컬럼비아대학 한국인 유학생, 그리고 막 군대를 전역하고 여행 중인 강원도 철원 촌놈, 멕시코에서 올라와 나처럼 불법노동을 하는 친구들 두 명.

이들이 작은 매장에서 옹기종기 일한다. 매니저 형과 사장님은 다른 장소의 매장을 둘러보러 다니느라 바빴고 Janice가 매니저가 해야 할 일을 도맡아 한다.

멕시코 친구가 얘기한다.

“여자친구 있어?”

“없어.”

“나는 부인이 있어. 여자친구도 세 명이나 있어.”

“와우…….”

그냥 할 말도, 하고 싶은 말도 없었다. 그 친구는 틈만 나면 여자 애길 한다.

“클럽에 갈래?”

“오늘 월요일이잖아.”

“원래 사람이 없을 때 성공할 확률이 높은 거야.”

“아하…….”

“운전면허 있어?”

“아니.”

“나도 없어. ㅋㅋ 어제 경찰이 내 차를 세우는 거야.”

“면허 없다며?”

“내가 아임 쏘 쏘리, 쏘리, 하니까 그냥 보내주더라고 ㅎㅎㅎ”

“아하…….”

그냥 멕시코 친구들은 쿨하구나 하며 넘어간다. BBQ 치킨 바로 맞은 편에는 버블티 가게가 있다. 같은 건물을 반씩 나눠 쉐어를 하는 셈이

멕시코 친구와

맞은편은 버블티 가게

다. 우리가 닭 몇 조각을 튀겨주면 버블티 가게 직원은 버블티 한잔 주는 식으로 우리는 매니저 몰래 거래도 많이 했다.

버블티 직원은 모두 타이완 사람이었다. 그 중 남자직원 한 명의 영어 발음은 도저히 알아들을 수가 없었다. 그 친구와 대화를 할 때면 나는 "Sorry? Sorry? What was that?"을 연발해야 했다.

어느 오후, 그 친구가 또 말을 건다. 내가 또 한 번 "Sorry?" 하자. "I'm tired"라고 한다. 나도 피곤해서 "Yes, I'm tired too."라고 하자. "No, I'm tired of you."라고 한다.

갑자기 뒷골부터 성질이 뻗쳤지만 일단 참기로 하고 돌아가 일을 보는데 뭔가 손에 잡히지가 않는다. 생각할수록 점점 열이 받은 나는 그 친구를 계속 쳐다봤다. 몇 번 눈이 마주치자 그 친구는 "What?"이라고 했고, 나는 이때다 싶어서 싸움을 걸었다.

"지하 창고로 따라와."

그제야 그 친구는 미안하다고, 그런 뜻은 아니었다고 한다. 주위에서 말려줘서 일이 커지지 않아 다행이다.

하루는 BBQ 사장이 함께 한인타운에 있는 매장에 가자고 해서 얼씨구나 하고 따라 나섰다. 미국에서 처음 타보는 자가용이었다. 꽉 막힌 맨해튼을 벗어나 한강대교 같은 다리를 건널 땐 뉴욕 드라이브는 이런 맛이구나! 했다. 참 맛있었다. 도착한 매장은 맨해튼점보다 10배는 커 보였다. 말이 BBQ 치킨이지 2층 건물에 술도 함께 파는 넓은 바였다. 치킨을 한 마리 뜯으며 사장이 얘기한다.

"너 나랑 일해볼래?"

"네? 전 관광비자로 왔는데요?"

"그러니까, 내가 후원해 주면 비자 받을 수 있어."

"아, 괜찮은 것 같지만 전 대학교 졸업도 해야 하고, 일단 곧 있으면 한국도 돌아가야 하고……."

"천천히 생각해봐. 괜찮은 놈 같아서 그래."

나를 이용하려는 건지 뭔지 의심이 갔지만 그래도 듣기 좋은 말이었다. 결국, 인연이 닿지 않아 끝까지 함께 일할 순 없었지만, 그 한 마디가 내가 잘하고 있구나, 앞으로 더 열심히 하자! 라는 각오를 다질 수 있게 했다.

일하다 어이없는 사기를 당하기도 했다. 한 흑인이 매장에 들어오더니

5불짜리를 8개를 주며 20불짜리 2장으로 바꿔달란다. 나는 다른 일로 바빠 정신이 없는 상태에서 돈을 바꿔줬는데 자신은 5불짜리를 10장을 줬는데 왜 40불만 주냐고 한다.

"어? 그랬나?"

하고 5불짜리 10장을 줬을 때 이미 그 흑인은 사라지고, 난 아차! 한다. 정신을 차려야 한다. 어디서 들었는지 단골 학생 두 명이 와서 똑같은 짓을 하려고 한다. 이번엔 안 당한다. 그들이 미리 건넨 5불짜리 8장을 돈 통에 넣어두지 않고 따로 놔뒀다가,

"아까 10장 줬는데 왜 40불만 줘?" 하길래
"이게 너희가 줬던 돈이잖아."

하며 아까 그 돈을 보여주자 그냥 나간다. 양심의 가책이 없는지 다음 날 아무 일 없다는 듯 인사하고 들어와 치킨을 시켜먹는다. 이런 경험 하나하나를 단순히 관광만 했다면 얻을 수 있을까? 그 당시는 사기당한 돈을 내 시급에서 제해야 했지만, 이후에 웃으며 이야기할 수 있는 정말 특별한 경험을 얻었으니 그걸로 퉁 치면 된다.

컬럼비아 대학교(Columbia University)

컬럼비아 대학교

나:　　“아니 왜 컬럼비아 대학교가 콜롬비아에 있지 않고 뉴욕에 있지?”

아는 형 “글쎄.”

남미의 콜롬비아는 Colombia

여기는 Columbia

　IVY League 중 하나인 뉴욕의 컬럼비아 대학교에 가봤다. 단순히 아이비리그 대학의 분위기를 느끼고 싶었다. 맨해튼 상부에 있는 컬럼비아 대학교. 생각했던 것만큼 넓진 않았지만, 아이비리그라는 자체로 풍기는 분위기는 학교 규모와는 별개였다. 마침 눈까지 내려 그 운치를 더한다. 지금 생각해 보니 건축 중인 건물이 보이지 않았다.

　"내가 대학생 때 잠시 대학 행정과에서 일한 적이 있는데, 수시 응시료만 40억이더라고."

　현재 함께 일하는 직장 동료가 얘기해 주었다. 수시 응시료만 40억. 대학에서 요구하는 등록금, 입학금 등이 쌓이면 얼마나 많은 돈이 쌓이는지는 잘 모르지만, 한국은 공사 중인 대학교가 많다. 이후 여행한 보스턴의 하버드, MIT, 보스턴 대학 등. 나의 관점에서 캠퍼스 내의 건물들은 한눈에 봐도 오래되었다는 것을 알 수 있었다. 다른 점이 있다면, 20년 후에는 건물이 낡아 철거하고 새로운 건물을 올리는 재개발 식의 건축물이 아니라 오히려 시간이 지나면 지날수록 고풍스러운 멋을 보이는 건물들이 대부분이라는 점이다. 따로 배우지 않아도 그 속에서 자연스럽게 학교의 역사를 느끼며 자부심을 갖기에 충분할 듯하다.

아침 일찍 일어나 자유의 여신상을 보러 간다

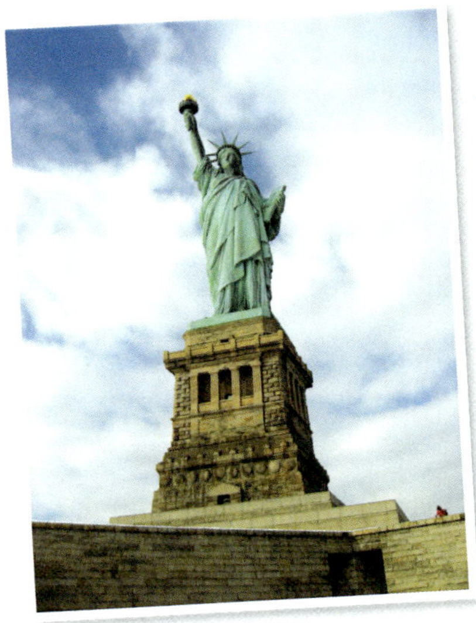

자유의 여신상

뉴욕에 왔으면 당연히 자유의 여신상을 봐야 한다. 하루 일정을 정해 자유의 여신상을 만나러 간다. 이제는 뉴욕 지하철에 너무나 익숙해져 환승은 눈 감고도 한다. Red Line 지하철을 타고 South Ferry 역에서 하차하고 Battery Park 쪽으로 성큼성큼 걷는다.

그냥 자유의 여신상이 보이는 쪽으로 계속 걷다 보니 선착장이 나온다. 자유의 여신상을 보려면 배를 타고 Liberty island로 들어가야 한다. 선착장에서

얼어붙은 허드슨강

Ellis Island

왕복 10불을 내고 왕복 티켓을 구입하고 많은 사람들 틈에 끼어 줄을 서 있다. 날이 추워 허드슨 강엔 쪼개진 얼음들이 둥둥 떠다니고 강바람은 날카로웠지만, 갑판 위에서 주변 경치를 보며 자유의 여신상과 가까워진다.

잠시 Liberty Island 주위를 둘러본 후 자유의 여신상 몸으로 들어간다. 몸 속엔 역사를 보여주는 자그마한 박물관이 있는데 입장료는 왕복 페리 티켓에 포함되어 있으니 놓칠 이유가 없다. 공항에서처럼 간단한 몸수색 절차를 마치고 박물관에 들어선다.

짧은 관람 후 Liberty Island 옆에 있는 Ellis Island도 들른다. 미국 이민자들이 처음 입국 심사를 받아야 했던 곳으로 지금은 뉴욕의 역사를 보여주는 한 관광지로 자리 잡고 있다.

Happy New Year in New York

외국에서 처음 맞는 새해이다. 12월 31일. 며칠 전부터 새해는 맨해튼에서 맞겠다는 계획을 세웠고 그날 밤 10시 반쯤, 함께 쉐어하우스에 머무는 친구들과 맨해튼에 도착했다.

맨해튼 타임즈스퀘어 광장. 얼마 전 우리나라 대표 가수 싸이가 공연

을 했던 바로 그 장소이다. 새해를 맞이하러 나온 인파로 지하철이며 도로며 타임즈스퀘어 광장 주변 몇 km 교통은 전부 마비가 되었다. 타임즈스퀘어 역은 지하철이 폐쇄되어 근처 몇 정거장 떨어진 곳에 내려서 타임즈스퀘어까지 걸어갔다.

새해를 맞이하기 위해 정말 많은 사람이 거리로 쏟아져 나왔다. 사람들 속에서 이리저리 떠밀리며 카운트다운을 할 때까지 한 시간 반을 추위에 덜덜 떨며 새해를 기다린다. 잠시 후면 2009년 새해. 여기저기서 들려오는 환호소리와 경적 소리, 발 디딜 틈 없이 빼곡히 몰려든 사람들, 그들의 안전을 담당하는 뉴욕경찰(NYPD)들, 그해 가장 추운 날씨임에도 타임즈스퀘어엔 수많은 사람이 빼곡히 모였다.

드디어 카운트다운!!
"10! 9! 8! 7! 6! 5! 4! 3! 2! 1!"
"Happy New Year~~!!"

현란한 폭죽과 수많은 사람들의 함성, 키스하는 연인들. 그렇게 뉴욕에서 25번째 새해를 맞이하게 되었다. 나에겐 영원히 찾아오지 않을 것만 같았던 20살을 훌쩍 넘어 어느덧 20대 중반이다. 지금까지 지내온 날들을 돌아보며, 좋았던 일들을 추억하며, 잘못했던 일들을 반성하며, 집으로 가는 지하철에선 또다시 정신을 놓는다. 지하철만 타면 잠이 온다.

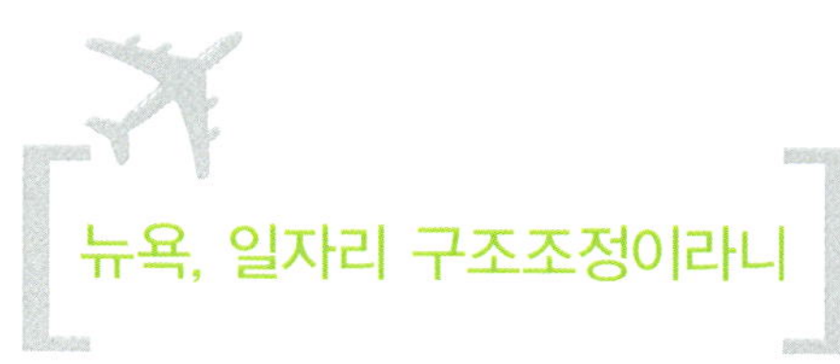

뉴욕, 일자리 구조조정이라니

경기가 좋지 않아 다른 곳에 있는 매장 하나를 정리하게 되었다. 그곳에서 일하는 더 숙련된 요리사들 두 명이 우리 가게로 오게 되면 함께 일하던 멕시코 친구들 두 명은 이제 일을 그만두어야 한다.

매니저: "우벤띠노랑 오스바르도 내일부터 이제 나오지 말라고 얘기 좀 해줘."

단 며칠 동안이라도 시간을 주는 것이 아니라 당장 내일부터 나오지 말라니, 이건 좀 너무했다. 더군다나 이러한 메시지를 전해야 하는 입장에 서니 마음이 너무나 불편하고 미안해진다. 그 친구들은 내일도, 모레도 계속 여기서 일을 하는 걸로 알고 있을 텐데, 너무나도 갑작스러운 일일 텐데. 게다가 밖엔 눈까지 내린다. 뉴스에서만 보던 구조조정이다. 밤 10시, 퇴근 시간이 가까워져 오고, 멕시코 친구들에게 이야기한다.

나:　　"할 얘기가 있어."

멕시코: "뭔데?"

나:　　"음, 너희들 있잖아."

멕시코: "응."

나: "이제 내일부터 그만 나와도 돼."

멕시코: "그럼 언제 나와?"

나: "흠……. 이젠 더 이상 나오면 안 돼."

멕시코: "왜? 나 일해야 하는데? 나 돈 필요해."

나: "……. 나도 잘 알아. 정말 미안해. 우리 가게도 지금 어려워서 이렇게 된 거니까 이해 좀 해줘. 다른 곳에서 일자리 금방 구할 수 있을 거야."

멕시코: "……."

나: "정말 미안해……."

가슴이 답답하고 너무 미안하다. 그 친구들이 더 좋은 일자리를 찾기를 바라며 집으로 무거운 발걸음을 옮긴다.

뉴욕 지하철

어느덧 익숙해진 뉴욕

　뉴욕에서의 생활이 벌써 두 달이나 됐다. 마이애미에서보다 조금 빠 듯하지만, 매일매일 돈보다 값진 경험을 하고 있다. 경기가 좋지 않은 탓 에 나도 주 4일로 근무일이 줄었고 덕분에 더 많이 이곳저곳을 구경하 며 다닐 수가 있게 되었다.

　시간만 나면 돌아다닌 탓에 뉴욕이 더는 낯설지가 않다. 지하철을 탈

때도 지도를 볼 필요가 없고, 밤늦은 시간에 귀가해도 무섭지 않다. 얼마 전 뉴스에서 한 할머니가 총에 맞아 숨졌다는 기사가 보도됐다. 알고 보니 내가 자주 지나던 길이었다. 이런 일에 충격받는 건 잠시뿐이고 이내 곧 무덤덤해진다. 너무 익숙해져서 지하철에서 자다가 가끔 내려야 할 정거장을 지나치기도 한다.

매니저에게 이야기해서 1월 말까지만 일을 하기로 하고 2월 초엔 마지막 여행지인 보스턴으로 갈 계획이다. 뉴욕의 화려함과 풍요함, 겉으로 보이는 뉴욕은 충분히 느꼈다. 지금까지의 뉴욕 생활을 돌아보며 잠시 명상에 잠겨있는데 함께 일하는 친구가 오늘 일 끝나고 Bar에 가자고 한다. 고맙지만 혼자 가라고 이야기를 하고 집으로 가는 기차 안에서 또다시 잠이 든다.

뉴욕, 정말 위험한가?

"난 뉴욕 오면 다 소매치기 당하는 줄 알았어."

뉴욕에서 만난 친구와의 대화이다. 미국에 오면 자신에게 뭔가 좋지 않은 범죄가 발생할 것만 같았는데 생활해 보니 전혀 위험하지 않은 것

이다. 당연한 것이 우리가 접하는 미국은 주로 미디어를 통해 보이는데, 그런 드라마 또는 영화들이 그려내는 미국은 상당히 위험한 곳이다. 매일 총격전이 벌어지고 살인사건, 강간, 납치사건 등 흉악한 범죄는 죄다 미국에서 일어난다. 이상기후로 인한 갑작스러운 빙하기가 찾아오는 곳도 미국이고, 심지어는 외계인들조차 미국만 공격한다.

마이애미에서 알게 된 한 이스라엘 친구가 나에게 이런 질문을 한다.

"내가 한국 가면 위험하지 않아?"

"그럼, 절대 위험하지 않아. 밤에 혼자 다녀도 아무 일도 안 일어나."

"정말? 거기 되게 위험하다고 하던데."

위험하다는 건 어떤 기준에서 판단할 수 있을까? 몇 년에 한 번씩 뉴스를 통해 미국 내 한인이 사망했다는 사건이 보도된다. 총기 난사의 규모도 다르다.

군 생활 당시, 하루는 행보관이 오더니 다짜고짜 "야 살인자!"라며 날 부른다. 알고 보니 나와 같은 이름을 가진 조승희라는 사람이 버지니아 공대에서 총기를 난사한 것. 내 싸이월드 미니홈피엔 하루에 4,000명 이상 방문을 했고 방명록엔 "나쁜 놈, 벌 받을 거다." 등의 글이 여러 개 올라왔다.

본론으로 돌아가 얘길 하자면, 미국은 총기 휴대가 법적으로 가능하기 때문에 총기사고가 더 자주 일어날 수 있지만, 우리나라도 뉴스를 보

면 크고 작은 사건과 사고가 끊임없이 이어진다. 결국, 위험하다는 것은 개인이 느끼는 정도의 차이일 뿐이다.

여행을 하다 보면 항상 어떠한 형태로든 두려움과 걱정은 따라다니기 마련이다. 그 두려움의 크기에 따라 그곳은 위험한 곳이 되기도 하고 평화로운 곳이 되기도 한다. 여기도 다 사람 사는 곳이기에 특별히 다를 거 없다.

마음 편히 먹고 그냥 있는 그대로를 즐기는 것. 걱정과 불안이 엄습해 오면 다른 좋은 생각들을 함으로써 그 걱정을 떨쳐버리는 것이 내가 자주 사용하는 방법이다. 그러면 어느새 그런 걱정들이 '잘 될 거야'로 바뀌게 된다. 즐거워야만 하는 여행에서조차 매번 걱정이 따라다니면 좋을 거 하나 없다. 그냥 있는 그대로를 즐기면 된다. 생각이 단순해질수록, 여행은 더 즐거워지는 법이다.

TOW AREA
NO
PARKING
AT
ISLAND

3611
3611
NEW YORK
USA
MIAMI
BOSTON
잘 있어 뉴욕,
반가워 보스턴!

BOSTON
Harvard Book Store

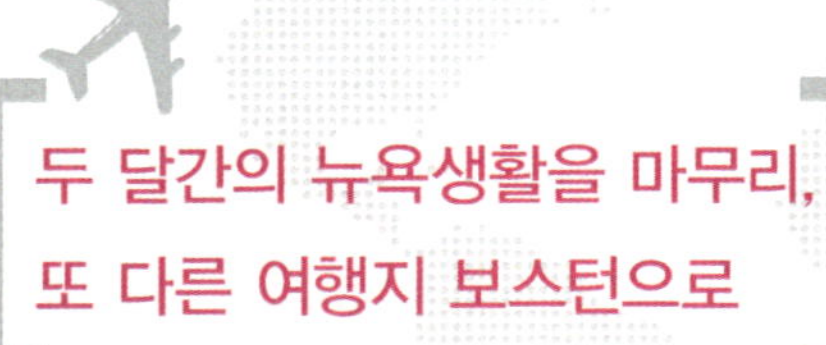

플로리다에서 2개월이 넘는 시간을 보내고, 뉴욕에 입성한 지도 벌써 두 달을 훌쩍 넘겼다. 가족도 보고 싶고, 친구들도 보고 싶고, 한국에 돌아가면 복학해서 열심히 하겠다는 의지도 다진다. 플로리다는 플로리다 나름의, 뉴욕은 뉴욕대로 특유의 분위기를 충분히 느꼈고 일도 하며, 사람들도 만나고, 공부도 하면서 여행도 하고. 나의 20대의 첫 외국여행은 순항을 하고 있다.

미국에서의 첫날, 어두운 저녁 공항에 홀로 떨어져 뻘쭘하게 택시에 오른 기억부터, 그레이하운드 버스를 타고 장거리 이동. 마이애미에서의 아르바이트. 그곳에서 만난 활기찬 친구들. 아쉬운 이별과 뉴욕과의 만남. 또 새로운 사람들과 새로운 장소. 어느덧 또다시 이별해야 할 시간이 성큼 다가왔다.

함께 머물고 있는 게스트하우스 사람들과 저녁을 먹고 작별 인사를 나눈다. BBQ 치킨에서 함께 일하는 친구들도 초대해서 조촐하게 맥주 파티를 했다. 그동안 정도 많이 들었는데 아쉬울 뿐이다. 하지만 만남이 있으면 헤어짐도 있는 법. 보스턴으로 떠나기 전 뉴욕 공항, 탑승 전까진 10분 정도 남았다.

뉴욕에서의 여행은 나에게 정말 많은 것을 가르쳐 주었다. 여행하며

보게 되는 이국적이면서도 아름다운 풍경들 말고도, 삶을 살아감에 있어서의 그 무언가를 가르쳐 주었다. 예를 들면 어디서 나오는지 출처를 모르는 근거 없는 자신감 같은 것.

단지 주변 풍경과 먹거리들 외에 딱히 남는 게 없다면, 그건 그냥 '관광'을 했을 뿐이다. '관광'은 더 늙어서 해도 충분하다. 돈과 시간만 있으면 되니까. 여행은 그렇지 않다. 가슴속에 '젊음'이라는 것이 있어야 참다운 여행도 가능해지나 보다. 그 안에 어려움이 있었든, 슬픔이 있었든, 기쁨이 있었든, 설렘이 있었든, 그것들은 모두 여행이 주는 선물이기에 우린 그 선물을 통해 웃으며 더욱 성장할 수 있다. 이륙하는 비행기 안에서 아래를 내려다보며 그동안 정들었던 뉴욕에게 인사를 한다. 맨해튼, 퀸스, 뉴저지, 롱아일랜드, 그 넓었던 뉴욕이 한눈에 다 보인다. 그러고는 한 시간도 되지 않아 보스턴에 도착한다.

보스턴을 달리는 트램

보스턴 도착, 유스호스텔을 찾아서

마지막 여행지가 될 보스턴.

그동안 준비 없이 무작정 했던 여행과는 달리 이번엔 미리 지도도 찾아보고 호스텔 예약도 마쳤다. 고기도 먹어본 사람이 먹는다고 여행도 하는 만큼 기술이 는다. 처음 메고 온 작은 배낭은 커다란 이민 가방으로 바뀌었고, 다른 곳으로 발걸음을 옮길 때 느끼던 두려움은 자신감과

호기심으로 변했다.

지하철이 인상적이다. 트램. 장난감 같기도 하고 동굴로 들어가는 놀이기구 같기도 하다. 정거장 표시도 잘 되어있지 않아 내려야 할 역이 나타나기만을 두 눈을 부릅뜨고 주시하고 있었는데도 내려야 할 역을 지나쳐버렸다. 다음 역에서 내린 후 사람들에게 길을 물어본다.

조용한 보스턴의 거리

뉴욕에서 잠시 잊고 있었던 사람들의 정을 느낀다. 길을 물어보는 사람마다 친절하게 길을 안내해준다. 알려주는 사람마저 길을 모르면 다른 사람을 부르고, 그 사람은 다시 택시기사를 불러서 나에게 길을 알려준다. 길을 가는데 옆에서 아까 그 택시기사가 날 부르며 말한다.

"Keep going that way, Keep going." (저쪽으로 계속 가요. 저쪽으로 쭉~~)

여행지에서 느끼는 사람들의 정. 따뜻하다. 길을 물어물어 도착한 유스호스텔. 정말 아늑하게 잘 꾸며놓았다. 능숙한 여행가처럼 짐을 풀고 밖으로 나가 거리를 활보한다. 편의점은 그냥 걷다 보면 나오겠지만 그래도 길 가던 사람을 붙잡고 길을 물어보기로 한다.

"Are there any grocery stores around here?" (가까운 곳에 편의점이 있나요?)

이번엔 아가씨가 나를 편의점까지 데려다 준다. 단지 이 몇 번의 경험으로 모든 보스턴 사람이 친절하다고 할 순 없지만 중요한 건 여행객에게 이러한 친절함은 고향에서 느낄 수 있는 포근함만큼이나 따뜻하다는 것이다. 나도 다른 여행자에게 같은 친절을 베풀게 하는 것, 이것 역시 여행이 주는 선물이다. 이후에도 몇 번 더 길을 물어볼 일이 생겼는데, 그럴 때마다 부담될 정도로 친절하게 길 안내를 받았다. 보스턴 지도를 한 장 사고 내일을 준비한다. 길거리를 배회하다 호스텔로 들어서니 마침 로마출신 친구 한 명이 와 있다. 4인실이 허전했었는데 잘됐다. 나는 피자를 사고, 그 친구는 맥주를 사고. 이런저런 얘기를 나누다가 잠이 든다.

하버드 대학교 책 가게

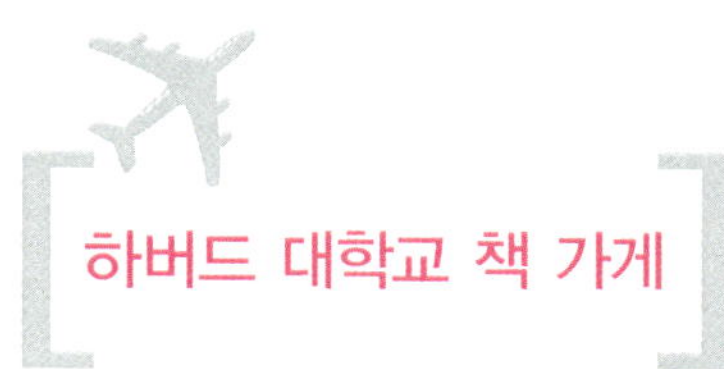

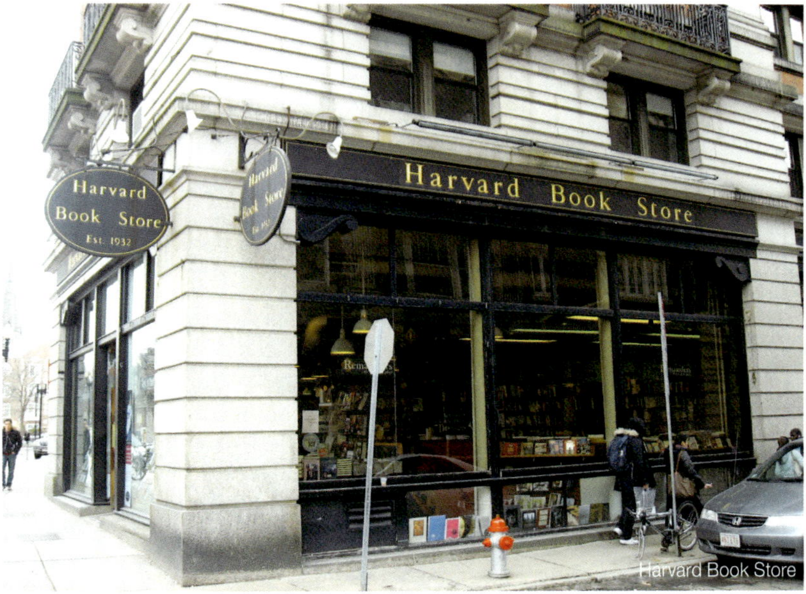

Harvard Book Store

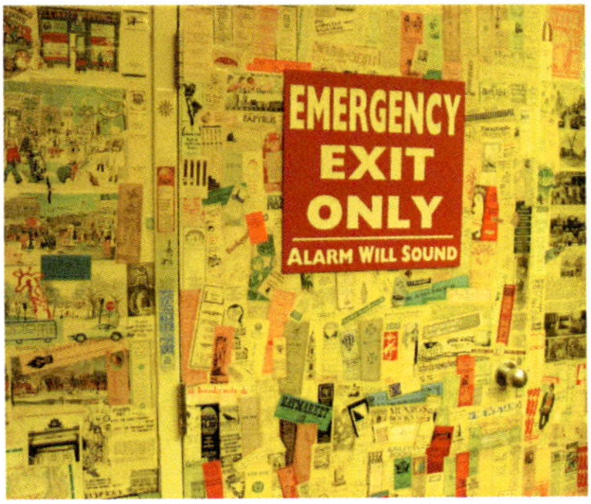

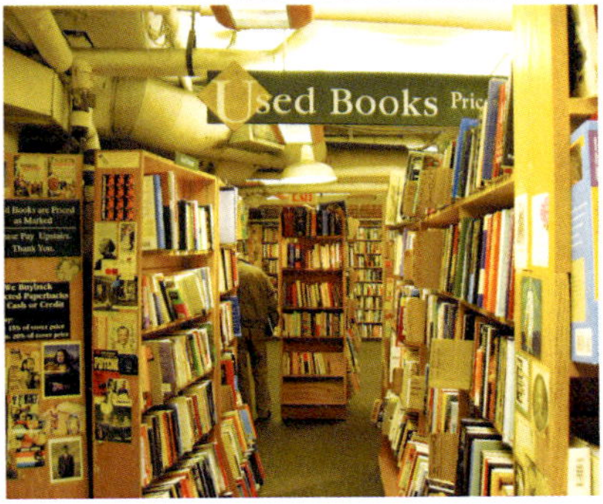

중고서적란

아침 일찍 일어나 하버드 대학교에 간다. 가는 길에 상점에 들러 샌드위치를 하나 사서 걸으면서 먹는다. 어제 길에서 본 뉴에라 모자를 쓰고 바지를 엉덩이까지 내리고 걸으며 샌드위치를 먹던 흑인을 따라 한 것이다. 영화 '굿 윌 헌팅'에서 맷 데이먼과 그의 여자친구가 커피를 마시며 얘기를 나눴던 카페에서 점심을 먹었다. 이렇게 우연히 마주치는 풍경들이 여행을 더 즐겁게 한다. 하버드 대학을 들어가려던 참에 길가에 서 있는 하버드 서점을 보았다. Harvard Book Store.

책 읽는 걸 좋아하기도 하고, 이런 곳을 그냥 지나치면 여행에 대한 예의가 아니다 싶어 들어갔다.

1층은 보통 서점과 다를 바 없었는데 지하로 내려가니 과거로 시대를 거슬러 올라간 느낌이다. 덕지덕지 붙어있는 스크랩들이 벽을 장식하고 있다. 보던 책을 팔 수도, 살 수도 있는 중고서적 섹션. 대학 앞이라 그런지 주로 전공서적들이 눈에 띈다. 오래된 소설들도 함께. 보스턴의 분위기는 고요하다. 귀에 이어폰을 꽂고 운동하는 사람들도, 맥도날드에서 햄버거를 먹는 사람들도, 바에서 술을 마시는 사람들도, 공원에서 데이트하는 연인들도. 아마도 세계에서 제일 유명한 대학인 하버드와 MIT가 있기 때문일까? 엄숙함이 묻어난다.

하버드 대학교

보스턴에서는 주로 대학을 많이 돌아다녔다. 휴학생의 신분이다 보니 아무래도 대학에 관심이 많이 간다. 여느 때와 같이 일찍 일어나 간단하게 샌드위치와 콜라로 아침을 해결하고 하버드 대학으로 걸어간다. 버스를 타는 게 시간도 절약되고 편하지만 걸어가며 천천히 마주치는 풍경이 좋아 항상 걷는다.

찰스 강을 건너면 하버드 대학이 나온다. 어떤 사람들이 이런 곳에서 공부를 하는 걸까? 캠퍼스가 웬만한 마을만큼 크다. 보는 것만으로도 가슴을 설레게 하는 하버드 경영대학원도 돌아보고, 발을 만지면 하버드에 들어갈 수 있다는 전설이 있는, 그래서 수많은 사람의 손길이 닿아 발부분만 반짝반짝하는 하버드 동상의 발도 만져본다. UN 반기문 사무총장이 다녔다는 하버드 케네디 스쿨 사진도 찍고, 이제 한국으로 돌아갈 시간이 얼마 남지 않았기 때문에 더 부지런히 돌아다닌다.

보스턴 다운타운

매일 하버드만 갈 수는 없었기에 보스턴 시내를 종일 걷기로 한다. 어차피 가야 할 곳이 정해진 것도 아니고, 특별히 봐야 할 것도 없었기에 지도를 보면서 강 따라 걷는다. 겨울이지만 날씨도 따뜻해 반팔 위에 가벼운 외투 하나 걸치고 가볍게 산책하는 마음으로 걷는다. 호스텔에서 15분 정도 걸으니 찰스 강이 나오고, 조깅하는 사람들이 듬성듬성 날 지나쳐간다. 강 건너편으로 MIT 대학이 보이긴 했지만, 다음에 가기로 하고 오늘은 시내 쪽으로 계속 걸어간다.

아기자기한 거리도, 우아한 거리도, 손을 들고 길을 건너는 아이들도, 벤치에 앉아 이야기하는 사람들도. 도시 안에 자연스럽게 녹아 든 공원도, 나무에 새겨진 연인들의 낙서도. 그렇게 도착한 보스턴 시내의 고층 건물들과 어딜 가도 빠지지 않는 차이나타운까지. 오늘은 이렇게 온종일 걷는다. 플로리다, 뉴욕에서와는 달리 일을 하지 않고 돈만 쓰니 특별히 재밌는 일은 일어나지 않는다. 고요한 보스턴 풍경 속 행인 1일 뿐이다.

찰스강

뛰노는 어린이들

고요한 거리

다운타운

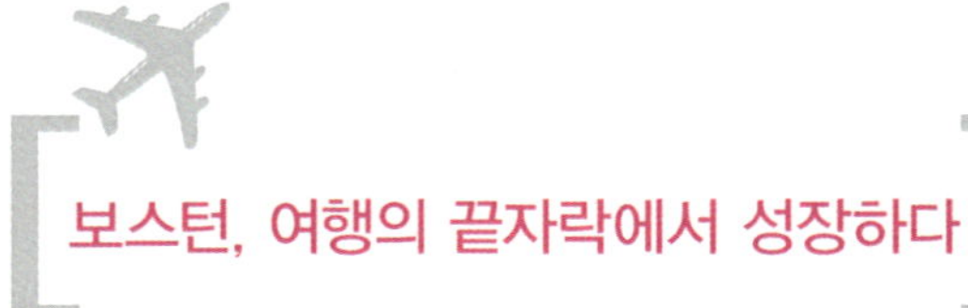

보스턴, 여행의 끝자락에서 성장하다

보스턴. 조용하고, 인재들로 넘쳐나고, 맑은 것 외엔 딱히 떠오르는 이미지가 없었다. 막상 가보니 진짜 조용하고, 고요하고, 대학 주변엔 인재들로 넘쳐나고, 물과 공기도 맑았다. 고요하게 강한 인상을 남기는 보스턴.

태생적으로 공대와는 거리가 먼 나지만, 공부하러 가는 게 아니니 MIT 공대로 지도를 보며 뚜벅뚜벅 걸어간다. 금방 눈이라도 내릴 것처럼 구름이 잔뜩 꼈다. 걸어가는 길에 보스턴 대학교가 보인다. 하버드와 MIT만 있는 게 아니었구나, 하며 절대 도망가지 않는 오리들을 지나 기찻길을 따라 MIT 방향으로 걷고 또 걷는다.

미안해요 노숙자님

물을 많이 마셨는지 화장실이 급해졌다. 두리번거리다가 시야에 작은 터널이 들어왔고 그 옆의 작은 노숙자의 집이 보였다. 노숙자는 잠시 자리를 비웠는지 인기척은 느껴지지 않았고 그 옆 마른 나뭇가지들 사이에서 일을 봤다. 일 보는 내내 노숙자에게 걸릴까 조마조마했지만 스릴은 있었다. 일을 마무리 짓고 다시 MIT로 걸어간다.

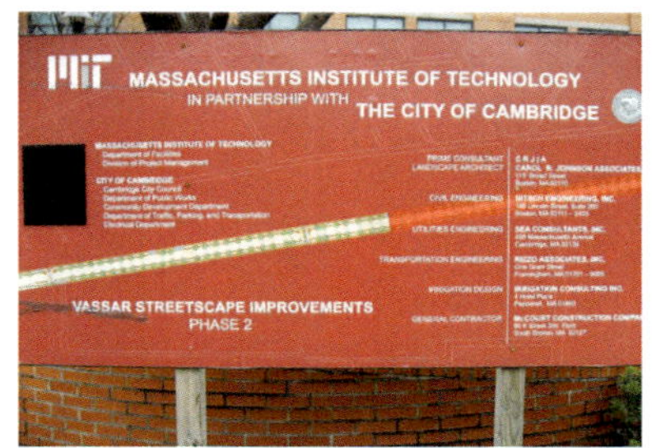

Massachusetts institute of Technology

MIT

찾았다.

찾았다 MIT

지도 한 장 손에 들고, 가방에 물 한 병 넣고 MIT대학을 찾아 걸어가는 길. 분명히 지도상에는 하얏트 호텔이 보이면 길을 건너고, 그러면 MIT가 나오게 되어 있는데 왠지 공장단지처럼 보이는 장소만 나온다. 건너편에 보이는 건물이 공대건물처럼 보여서 그런가 보다 하고 계속 간다. 가면 갈수록 공장처럼 보이는 건물만 나오고 사람도 보이지 않는다. 가다 보면 있겠지 하던 습관대로 하다가 길만 잃었다. 날이 추워서 손을 주머니에 넣고 다니느라 지도도 잘 보지 않은 탓도 있다. 뭐 하는 곳인진 몰라도 Research Center가 보인다. MIT공대 캠퍼스 내부이거니 하면서 그냥 주위나 둘러봐야겠다 했는데 마침 세 명이 내 앞으로 걸어간다. 뛰어가 길을 물어봤다. 여기가 MIT 맞나요? 하니까 웃는다.

막 가면 이런 길로 들어설 수도 있다

이렇게 길을 잃는구나

그들이 친절하고 자세하게 길을 안내해준 덕에 드디어 MIT가 보인다. 문뜩 이런 생각이 든다. 이런 분위기에서는 공부가 정말 잘 되겠다. 주변에 보이는 것은 강, 나무, 잔디, 깨끗한 공기.

보이지 않는 것은 술집, 피시방, 비디오방, 노래방. MIT 캠퍼스 내부로 들어가 여기저기 셔터를 눌러댄다. 영화 knowing에서 니콜라스 케이지가 강의했던 건물도 보인다. 학생들은 활기차 보였고 자연과 완벽하게 어우러진 캠퍼스를 보는 내내

'세계는 참 넓구나. 나도 아직 20대구나. 난 우물 안 개구리였구나.'

knowing에 나왔던 건물

MIT 학생들

이런 생각들로 나 자신의 위치를 돌아볼 수 있었고, 미래를 더 좋은 방향으로 그려볼 수 있었다. 이런 걸 견문이 넓어졌다고 표현하나 보다. 그래서 여행은 한 번쯤 꼭 해볼 만한 가치가 있다. 여행의 막바지에서 어느덧 훌쩍 지나가 버린 미국에서의 여행을 돌아본다.

군대 전역하면 절대 부모님에게 손 벌리지 말아야지 하는 각오와 어떻게든 미국여행 한 번 해보겠다는 마음으로 막노동, 과외를 거쳐 비행기에 오른 순간부터 일자리를 구하고, 친구들도 사귀고, 뉴욕 한복판에

서 자전거로 치킨 배달도 하며, 게이 주인에게 쫓겨나고, 불량배들도 마
주치고, 모든 추억거리를 사진기와 마음속에 담고 귀국일이 며칠 남지
않은 지금, '더도 말고 덜도 말고 딱 한 달만 더 있었으면 좋겠다……'라
는 생각뿐이다.

5개월이 조금 넘는 기간의 미국여행을 마치고 돌아온 인천 공항. 부
모님께서 마중 나와 있고 애정 표현에 서툰 부모와 자식은 악수로 반가
움의 인사를 대신한다. 참 이상하다. 비행기 안에서는 부모님을 보면 꼭
안아드려야지 했었지만, 막상 얼굴을 보니 그게 되지 않는다. 처음 만난
남미 친구와는 볼에 뽀뽀하는 인사를 그렇게 즐겼으면서 말이다.

여행하는 내내 부모님을 만나면 사랑한다고 말하려 했지만, 그 역시
실패다. 외국물 조금 먹었다고 "I love you"라는 말이 쉽게 나오진 않나
보다. 집에서 엄마가 끓여준 된장찌개에 그동안 먹고 싶었던 음식 목록
을 적어놓은 종이는 필요가 없어졌다. 이렇게 한 순간에 다시 한국에 익
숙해질 수 있는 것에 놀랐으며 이렇게 빨리 어제까지의 여행이 추억 한
자락으로 남아있을 수 있다는 것에 놀랐다.

인생의 가장 소중한 20대. 하고 싶은 것도 많고 할 수 있는 것도 많은
나이. 그때 나의 여행은 인생에 대한 긍정적인 자세와 자신감을 채워줬
기에 평생을 살아가며 내가 잘한 일 중 하나로, 그것도 아주 큰 부분으
로 남아있을 것이다.

Used Books
Social Sciences
EXIT
monet
INDIA
KOREA

김갑수 「마음이 담긴 동양 예술 산책」 삼성출판사, 2012

김상현 「아퀴나스의 신학대전」 삼성출판사, 2012

김수업 「국어교육의 바탕과 속살」 나라말, 2007

김수업 「배달말 가르치기」 나라말, 2007

김수업 「우리말은 서럽다」 나라말, 2009

김성우 「로크의 정부론」 삼성출판사, 2012

김양호 「그 말이 정답」 비전코리아, 2011

김영균 「강의법에 길을 묻다」 상상채널, 2011

김영민 「커뮤니케이션 특강」 새로운 제안, 2009

김영우 「정약용의 목민심서」 삼성출판사, 2012

김재기 「마키아밸리 군주론」 삼성출판사, 2012

김제란 「원효의 대승기신론소·별기」 2012

김진엽 「예술에 대한 일곱가지 답변의 역사」 책세상, 2007

김형철, 김정대, 김정우, 김혜영 편저 「언어와 언어생활」, 2010

다석학회 「다석 강의」 현암사, 2006

D·K지음, 김동사 옮김 「소통으로 가는 길」 새벽이슬, 2012

려증동 「효도보감」 문음사, 1977

려증동 「가정언어」 문음사, 2000

방송통신대학 편집부 「국어화법」 은하출판사, 2001

박성희 「공감」 학지사, 2012

박성희 「수용」 학지사, 2012

박성희 「진정성」 학지사, 2011

박진국 「니체의 계보학」 삼성출판사, 2012

숙명여자대학교 의사소통능력개발센터 「발표와 토론」 2006

연효숙 「모어의 유토피아」 삼성출판사, 2012

이어령 「엄마, 나 한국인 맞아」 웅진출판주식회사, 1997

이어령 「너 정말로 한국말 아니」 웅진출판주식회사, 1997

이승헌 「우리말의 비밀」 한문화, 2013

이중텐, 곽수경 옮김 「미학강의」 김영사, 2009

전호근 「맹수레 맹자」 삼성출판사, 2012

조관일 「멋지게 한 말씀」 쌤앤 파커스, 2011

George W Burn 저 김춘경. 배선윤 공역 「마음에게 들려주는 101가지 이야기」 학지사, 2010